北のオントロギー

岡 千曲

oka chikuma

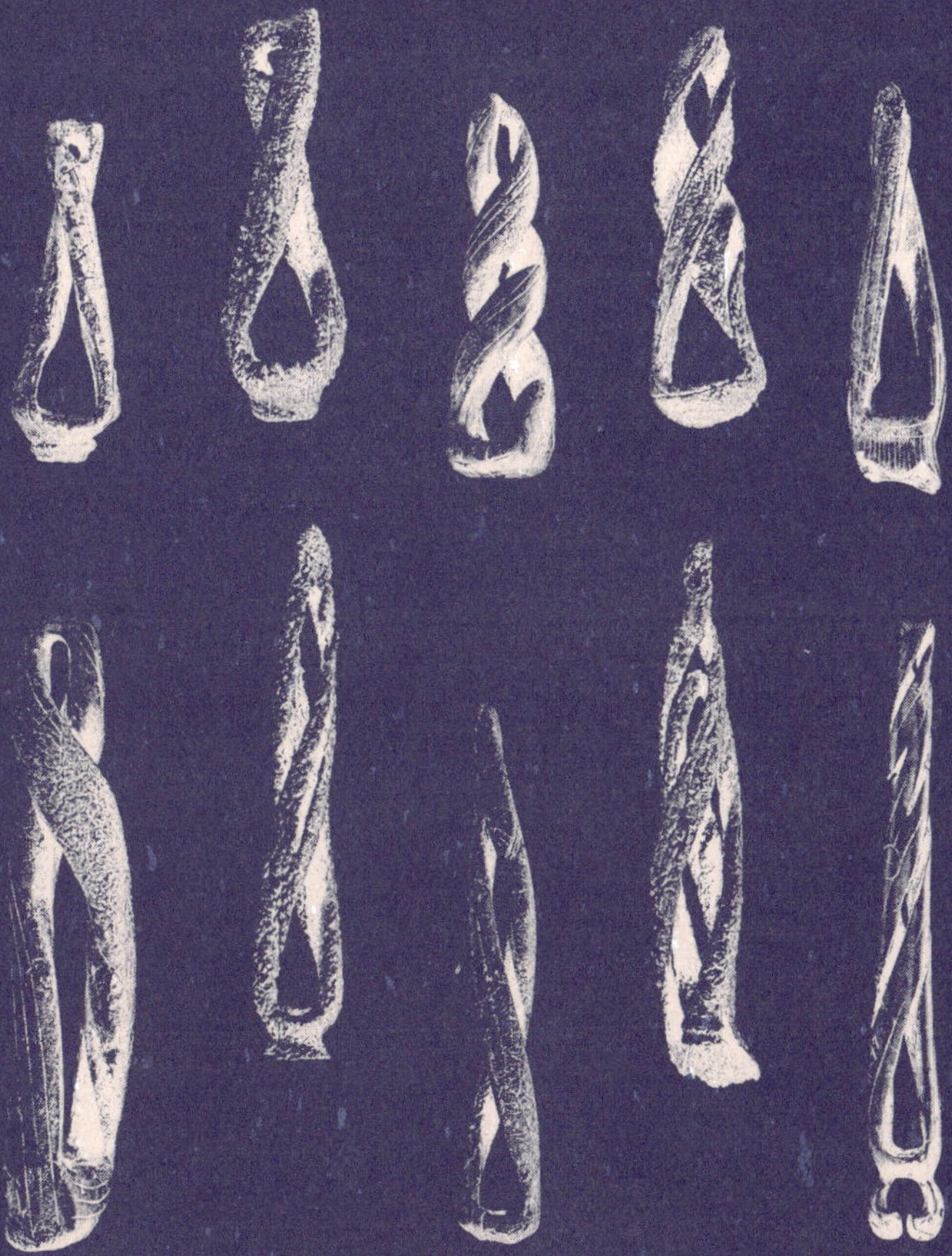

国書刊行会

北のオントロギー◉目次

I　北方へのまなざし

II　動物と人

III　シャーマニズムと修験

I　北方へのまなざし

北のオントロギー

大いなる海が
私を漂わせている、
それは私を動かす
大河の水草のように
大地、そして大いなる気象が
私を動かし
私を運び去っていく
そして私の内を喜びで動かす
ウヴァヴヌク(1)

新大陸の極北・亜極北帯の狩猟民の存在論、というよりはむしろ前・存在論的ともいうべき存在感覚の基調をなしているものの特性とはなにか、以下はその荒削りなスケッチの試みである。これを存在論でなく、前・存在論的とするのは、ひとつには、彼ら北の狩猟民がわれわれの「存在」とか「自然」などに相当する語を持たないばかりか、たとえこれと近似する語があったとしても、それを概念的、哲学的に思考することがないからである。哲学者たちによって書かれたテクストの解釈でことたれりと言うのではない。北の狩猟民の間に見られるのは前存在論的な存在感覚のハビトゥス、すなわち、存在についての感覚であるとともに存在するセンス、生のセンスでもある前概念的な感覚である。哲学という知的営為ももとより人間の普遍的な営みなどでは決してなく、特定の文明の歴史のうちにしか見いだされないものだとすれば、前存在論の「前」とは存在論の体をなしてないというような否定的なニュアンスをもってみられるべきものでは決してなく、むしろ人間のありかた一般を規定する可能性を懐胎しているマトリックスを指す肯定的な接頭辞とみなすべきではないだろうか。

潜在性のオントロギー

カナダの亜極北帯に住むクリー・インディアンで狩猟に相当する語はニタオ（nitao）と言う。フェイトはこの語根の狩猟に関わる意味を五つ挙げている。一、何かを見る、見つける。二、何かを手に入れる、捕まえに出かける。(2) 三、何かを必要とする。四、何かを欲する。五、成長する、成長し続ける。(3)

このうちの一、何かを見る、見つけるとは具体的には動物の存在している兆徴を見つけることである。自然は隠れることを好む（ヘラクレイトス）。もちろん動物達も隠れることを好む。クリーの相手とする動物たちは、シャイで引っ込み思案で、容易に人前に姿を見せない。そんな厄介な動物を相手にしなくてはならないわけだが、気まぐれな野生の動物達のありかやふるまいは、人間のコントロールのきいた状態のもとにある牧畜民の家畜とは異なり、あらかじめの技術的計算や見込みによる予測をはるかに超えたところにある。野生の動物達は、ハンターの予期する眼差しに対して予測困難なかたちで潜在し、伏在しているのだ。だからクリーにとって動物を見つけるとは、まずはハンターと動物との間で実際に起こるであろう遭遇を予示する兆徴を探し求めることに他ならない。何かを見る、見つけるとは、物理的な視界のうちにあるものを視認するという単純な知覚行為以上のものを意味しているのである。動物の存在する兆徴は、足跡や糞、給餌といった物理的なものに限らない。夢見や、動物の肩胛骨をはじめとする卜占《ぼくせん》用の骨にも兆徴は現れるのであり、その意味で「何かを見る」とは、こうした様々な現れをする兆徴を「見つけ」、それらがほのめかす意味を解読することでもある。(4) 例えばナスカピ・インディアンは、カリブーや野兎などの動物の肩胛骨をもちいた卜占によって「何かを見る」（次頁A）。焼いた肩胛骨に浮かび上がるひび割れの線、斑などは、「現実」の土地の中に現れるであろうハンターのキャンプ（AのAとC）、動物とハンターのトレイルとその交差（AのAからB）、湖、川などを予徴している。夢の予兆ではおおまかなパターンとしてしか見えなかったもの、「現実の」地形の中ではっきりとは特定できにくいトレイルや場所などを、肩胛骨卜占は後追い的に確認するのである。(5) 北の狩猟民の生を根源的に織り上げている狩猟という営為は、まずは潜在性に関わるテクネーとして見なくてはならないのである。

だがこうした潜在性というありかたはなにも内気な動物に限るものではない。降り積もる雪と風によって覆い隠された人の足跡、橇のシュプール、枯れ草、鏡のような海面を走っては消えていくカヤックの航跡、たき火にくべたカリブーの肩胛骨の表面に現れるひび割れの走行線。人の言葉や歌は気管に潜在するし、彫刻する者が手に取る流木やセイウチの牙などのマッスのうちには今にも現れ出ようとしているフォルムが潜在している。

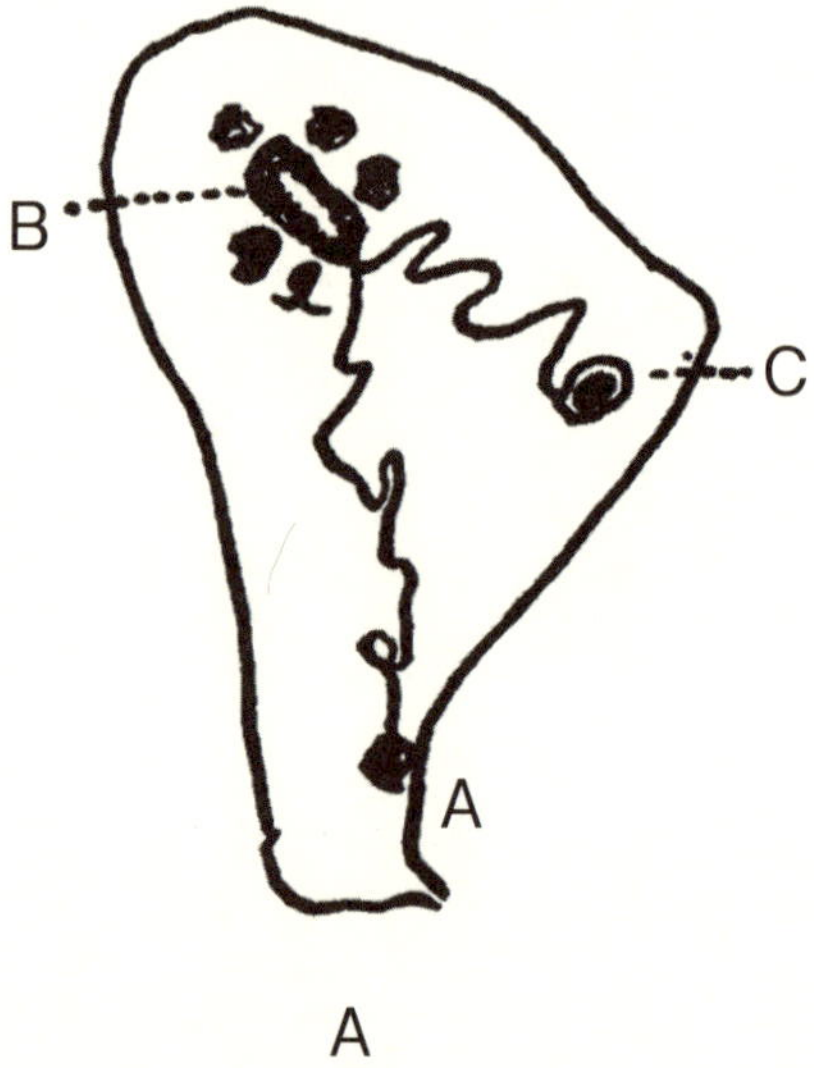

カリブーの肩胛骨に現れたトレイル
（Speck 1935より）

存在するものの一切が隠れ、潜在することを好むのだ。彼らの間では自然（あるいは存在と言ってもよい）はこうした潜在＝顕在化の途切れることのないプロセスとして感じ取られているのである。とはいえ、われわれが自明のものとして使い慣らしている「自然」という語に対応する概念は彼らの間には存在しない（当然その対立項である「文化」に相当する概念もない）。それでも彼ら北方狩猟民の「自然」に近似する概念を強いて取り出してみるなら、クリー語には pimaatisiiwin という語がある。スコットによれば、クリーのあるインフォーマントはこの語を「絶えざる産出」とよんでいる。インゴールドはこれについて次のような解釈を加えている。

「絶えざる産出」とは、さまざまな存在者がそこから立ち現れ、それら存在者が、人間なら人間の、雁なら雁のという具合に、それぞれ特定のかたちをとることになる、そのような関係性の全領域が展《ひら》き開かされていくことである。生とは予め特定されているかたちが（予定調和的に）露わになることではなく、かたちが作りあげられていくプロセスなのだ。(6)

クリー・インディアンが感取している「自然」もしくは「生」がこのような在り方をするものだとすると、この「自然」概念は現代の我々が慣れ親しみ、ごく自明化している近代西欧由来の自然概念とはあまりにもかけ離れたところにあると云わざるを得ない。クリーの「絶えざる産出」としての自然は、まずもってダイナミックな生成のプロセスであり、生成の完了した結果として凝固してしまった事物のスタティックな集合体としてながめられるようなものとは違うのである。その意味では、ハイデガーが古代ギリシャに見いだしたピュシス、その後ナトゥーラとラテン語訳されてその本来の意味が忘却される運命をたどることとなったピュシス＝自然の概念の近くにあるものである。(7)

「現れ出ること」としてのピュシスは、いたるところで経験される。たとえば、天空の出来事

（日の出）、海の大波、植物の成長、動物や人間の誕生などにおいて経験される。しかし、「現れ出つつ支配すること」としてのピュシスは、われわれが今日もなお《自然》とみなしている
これらの現象と同じ意味ではない(8)。

クリー・インディアンの「自然」をめぐるこうした前存在論的なセンスは北方狩猟民の多くに通底する基調をなしている。

たとえばカーペンターは、カナダのイグルーリク地域のイヌイトの存在感覚が動詞的であることを指摘している。彼らの言語は、われわれとは関わりなくすでに存在している認識対象の事物を命名するだけの、スタティックな名詞的言語とは様相をことにしている。動詞的性質を色濃くするダイナミックなその言語は、「事物／行為を存在へともたらす」。それを端的に物語るものとして、彼は、生まれ出ようとする赤ん坊を陣痛時に命名する習俗を挙げている。

母親が陣痛になると、一人の老女が思いつく限りの（その子に）相応しい名前を口にしていく。子供は、（その子の本名となる）名前がよばれているその瞬間に子宮から出てくる(9)。

ここでは、子供とその名前はまさに未決定の状態で子宮に潜在しているといえよう。現代のわれわれのように、子宮の中の胎児の様子、それも性別だけでなく、胎児の丸ごとの存在を医療器械を通じて出産前から確定的に知ることによって、産まれる前からその胎児に相応《ふさわ》しい名前を用意して

おくようなことはしないのだ。ここで思いあわされるのはイグルーリク・イヌイトのジェンダー・アイデンティティの流動的な様相についてのダングリュールの論考である。彼は、イグルーリクにみられる胎内記憶をめぐる多くの事例をもとにして、赤ん坊のジェンダーが分娩時において流動的であること、またその後の成長過程においてもこうしたジェンダー・アイデンティティのゆらぎが尾をひいていることを明らかにしている。[10] 彼らのジェンダーは、われわれのように「男」と「女」しかない出生届の二項的な記入欄によって生涯にわたって決定、固定されるものではない。イヌイトのジェンダー・アイデンティティの生成や命名というのは、未決定の潜在的なものが新たに生まれ出ることとかかわる事柄なのであって、われわれのようにあらかじめ書き込まれた決定済みの事柄に関わるものではない。男が出るか、女が出るか、それとも第三の性が出てくるのかは、ふたを開けてみなくてはわからないというわけだ。

これと似たような感覚は、イヌイトの彫刻にまつわる一つのエピソードにもうかがえる。その話では、白人があるイヌイトにアザラシの彫刻を頼んだのだが、受け取ったのはセイウチだったという。[11] これはわれわれにとってはちょっとした笑いを誘うような話だが、イヌイトの彫刻家にとってはごく当たり前の自明の出来事であろう。何故なら彼が彫り出そうとするフォルムは、未決定の状態で流木やセイウチの牙といったマテリーにすでに内蔵されてあり、彫刻する人間、彼が手にした彫刻刀、そして素材という三者の互いの関わり合いのプロセスの中から立ち現れてくるからだ。ここを削り、あそこを彫り、流木の固い節や芯にあたればこれを迂回し、また彫刻刀の切れ味が鈍れば彫りやすい方へと向きを転ずるといった具合に、互いにたわむれ揺らぎながらの流動的な関わりのなかでかたちを取っていくプロセス。制作を頼んだ白人と彫刻者との契約のうちに共有されてあるアザラシというイメージを、むりやりマテリーに押しつけて、あらかじめこしらえておいた制作計画の線から逸脱することなく制作していくというのではない。フォルムはいわばマテリーに潜在する自発的な生成の線に沿って、「あたかも散歩するかのように」（クレー）現れ出てくるのである。言うなれば素材のうちに襞のように折り畳まれて潜在するフォルムが自らを展け開いていくのに、人間はちょっとばかり手を貸してやるというところか。展《ひら》き開《あ》けられるのは決定済みのフォルムなどではなく、フォルムの生成するプロセス自体なのだ。

エスキモー＝イヌイトにみられるこのような存在感覚をカーペンターは端的にこう表現する。

エスキモーは自然と結婚している。なぜなら自然のフォルムというものは、人間がそれらを一つ一つ露わにしないうちは隠されたままだから。(12)

ごく簡潔に語られたこの文章から、彼らの存在論的感覚を考える上で本質的な関わりをもつ事柄を二点取り出しておきたい。

一つは既に述べた、隠されたものとしての自然という存在感覚。ここには隠れていたものが露わに、展け開けられていくという存在感覚が見られる。それは未分化の潜在的なものが、露わに分化したフォルムへとむかって生成していくプロセスのただ中にあるという感覚である。

そしてつぎに指摘しておくべきは、この自然の展け開けが人間によってなされるという点である。

人間が露わにしないうちは、自然のフォルムは畳み込まれ、隠されてあり、自然は怠惰なまどろみのうちに引きこもったままである。自然をこのまどろみから醒ますのが人間のはたらきということだ。

人はフォルムを露わにし、無をキャンセルする。(13)

自然に潜在するフォルムは、自発的に生成する潜勢力のようなものを秘めているとはいえ、怠惰なまどろみのうちに引きこもろうとする抗力も作用している。これを現れ、生成の方に促すには人間の働きかけを必要とする。そもそもこのような現れは人間＝現存在ぬきには考えられない。人間的現存在なしには、フォルムも、フォルムの現れ、生成といった事態も全く生起することはない。

詩人は彫刻家のように、かたちをかたちなしのくびきから解き放つ。彼はそれを意識へともたらし来る。彼はかたちなき世界に抗議するためにかたちを露わにする。そして彼が露わにしたかたちは美しいものでなければならない。(14)

では、人間はどのようにして自然を、かたちのない怠惰なまどろみから目ざめさせるのか。カーペンターは、エスキモーの世界というものは、人間のそのときどきの言表や行為、一つ一つの歌や彫刻によって獲得せねばならないものとしてあるという（もちろん狩猟もこれに加えてしかるべきであろう）。さらに重要なことは、それぞれのそのつどの行為は完了するやいなやたちまち消えてしまうということである。

彫刻は、作られたあとでは捨てられてしまい、そして

言葉は消えていく
霧の中の丘陵のように⑮

まさに隠れることを好む自然ではないか。人間も含めた自然はここでは潜在性の中から現れきった完了態として、彫刻なら作品、言葉なら名詞として、スタティックに固定された世界の書き割りのうちにからめ取られてしまうのではない。「絶えざる産出」としての自然＝生は、自らを一方的に展開したままにしておくものではなく、絶えず潜在的な抗力である「大地」（ハイデガー）のまどろみ（無）のうちに畳みこまれ引きこもろうとするかのようである。いわば人間はそこで絶え間なく繰り広げられている、展開しては畳み込まれていく自然＝生の全体運動が手にする彫刻刀の先鋭な刃先で／にあり続けようとしているのだ。

だが、自然を眠りから醒まそうとする人間＝イヌイトのそこでの関わり合いはごく控えめなものにとどまっている。マテリーに潜在的に内蔵しているフォルムを解き放つ彫刻者は、フォルムの自発的な現れに少しばかり手を貸してやるだけの役割を果たしているに過ぎない。彼らの「作品」は常に匿名的であって、しゃしゃり出ようとする作者のサインがあるわけでもなければ、作者による

「創造」もない。作者という主体なき作品。作品が「作った者につなぎ止められるのをやめたとき一つの作品がある」（ブランショ）、そのようなものとして作品はある。

エスキモー＝イヌイトの世界の中で人間がとるこうした控えめなポジションは、なにも彫刻の領域に限って見受けられるものではない。それは彼らの「世界内存在」一般のハビトゥスなのだ、そもそも彼らの世界では、われわれの「芸術」、「芸術家」に相当する言葉がないだけではない。芸術という存在領域が、われわれの社会に見られるように、科学、労働、技術、政治、遊戯といった、制度化された他の存在領域と画然と境界づけられた輪郭のうちにおさまってあるのではないのである。かれらの「芸術作品」は、美術館といった、もっぱら作品の展示を目的として設けられた特殊な施設空間を要求するのでもなければ、それらがことさらにあらたまって、我々と向き合って「鑑賞」されることもない。彫刻作品は展示のための台座をもたないし、垂直に立てられて鑑賞されるというような、われわれには自明のものとなっている視線の制度を欠いている。作品は、「立つ」という成り立ちを欠いており、ぶっきらぼうにころがっている。[16]それは、いったんできあがるとたちまち道具箱などに他のがらくたと一緒くたにつっこまれたり、衣服の自然な一部となるなどして、さりげない日常性のうちに紛れ込んでしまう。

従って、芸術という領域がことさらに他と際だって画然されることがないということは、上にみてきたような人間の控えめなポジションというものが、単なる芸術的なポーズや姿勢といったものにつきるのではなく、存在者の全体との関係で人がとる姿勢のようなもの、「世界内存在」する人間的現存在の基本的な様態として、かれらの生のあらゆる領域に見受けられると言うことだ。要するに、人間は生のあらゆる領域で脇役、共演者のつましい存在にとどまっているのである。

それでは、人間というものが世界の脇役に甘んじている存在にすぎないとするなら、このような世界にあって主役＝主体はどこに求めたらよいのか。この世界を気づき、思考し、この世界を所有して、それに働きかける主体とは「誰」であり、「何」なのか。

周知のように、ハイデガーは、西欧においては近代の形而上学が世界の主体＝主観を人間の内面に措定することによって、人間を主体、すなわち単なる対象へと堕した他の存在者を認識し、技術的に操作するところの主体に仕立てあげたとする。

これに対してエスキモー＝イヌイトの存在感覚では、人間は世界の主体たる地位から外されている。世界の主体はその重心を人間にとっては外部的に存在するもの、つまりピュシスの意味での自然、あるいは存在の側にシフトしているかのようだ。

前人称性のオントロギー

この、人間に外在する主体をエスキモー＝イヌイトはシラという。シラは汎エスキモー＝イヌイト的な分布を示す語で、hila、hala、sla、tla など様々な方言形をもっており、その意味は安易な定義を許さぬほど多義にわたっている。たとえば、メルクールはこの語に以下のような意味を与えている。世界、宇宙、自然、自然の秩序、常識、理性、意識、空気、風、気象、屋外の場所、空間、戸外。

またアラスカのユピック・エスキモーではシラは cella、ella などの語形をとるが、ユピック語の辞典には、世界、屋外、気象、宇宙、意識、感覚といった意味がみられる。[17]

このように、他に類を見ないほどの多義性をはらんでいるシラをめぐっては、これまで多くのエスキモー研究者たちが腐心を重ねてきたが、その多くはこれをアニミズム、アニマティズム、あるいはアントロポモルフィズムといったその時々の宗教学、宗教人類学に支配的な概念枠組の内に捕捉しようとするものであった。

たとえば、タールビッツァーやラスムッセンはシラを「気象の霊」、「気象の主」など大気や気象現象の擬人化したものとして捉え、シュミット神父はシラを原始一神教の至高神とみるといった具合である。

ウィリアムソンの「生命を与えるエレメント」としてのシラ概念も、こうした神学的ともいうべき解釈の延長上にある。彼によると、シラは「生命を与えるエレメント」として世界の総ての生き物を包み込んでいる。シラ抜きにして生命というものは無い。だからシラは、それなしにはわれわれが生きていけない大気のことだとする。だが彼はここから一挙に神学的な超越をおこなって「大気は生命を与える、大気なしには生命は無いのだからそれは生命をあたえるスピリットの一部である。個人はみなこのスピリットによってアニメートされ、それの一部であるシラという究極的な神格の一部である」というのだ。[18]

ウィリアムソンはこのようにシラの大気としてのあらわれという一面を強調しているが、メルクールはこの「大気」をより生理化し、人間の呼吸を、シラのするコスミックな呼吸としての風や嵐といった自然現象の一部であるとする。

シラは、一方では世界、宇宙といったコスミック・ボディであり、生きづかせる呼吸である大気、風、気象であるが、宇宙的な息魂としてシラは常識や理性を含めた意識を包含している。理性は自然、自然秩序としての世界の内にダイナミックに現れている。[19]

人間は呼吸を媒介にして外の自然＝シラにはめ込まれるのである。この定義は従来のものより神学的な匂いは薄まってはいるが、それでもシラを息「魂」とするなど神学的超越と実体化への志向の残滓もいくぶんかは残っている。シラ概念をこれまで述べてきた前存在論的存在感覚の文脈のうちに理解しようとするとき、これではまだ物足りなさを感じざるを得ない。シラを世界の向こうにおかれた超越的実体とせずにあくまで内在的な存在論の平面においてみようとするとき、とるべき手がかりはシラという言葉の日常的な使われ方に求めるのがよいと思われる。

ユピック語辞典には、cella を語根とする文例、また、cella に派生接尾辞を加えた語がいくつか挙げられている。

一、cellakegtuq：天気がよい
二、cellangqertuq：彼は油断なく気を配っている
三、cellacunlnguunga：私は意気消沈している
四、ceLlakayagtuq：彼は凶暴になった
五、cellange：意識を獲得する、長いこと記憶に残る初めての経験をする

六、mikelnguq cellanguuq talima：その子は五歳になって意識を獲得した[20]

カーペンターもシラの日常的な用例をいくつか挙げている。

七、silakrertok：好天
八、silalitok：悪天候
九、silami：野外
十、silata：外衣
十一、silapak：外側
十二、silalereit：隣人
十三、silatunerk：彼には知性がある、如才ない
十四、silaitok：彼には知性がない
十五、silatusurpok：彼は用心深い、先を読む[21]

これらの用例を一見すると、シラという語の、意味論的な臨界を超えようとするような振幅の大きさに、われわれのような言語的思考習慣のうちにある者はとまどいもおぼえる。

とはいえ、これらの用例には二つの意味の方向性があることもはっきりと見て取ることも出来る。それは内（二、三、四、五、六、十三、十四、十五）と外（一、七、八、九、十、十一、十二）の双極

に向かって収斂していくような方向性である。内とはわれわれのいう人間の内面性、その内面に措定された意識、思考、知性、情動などであり、その多様な意味を産出する核をなしているのは、文例の二「油断なく気を配っている」にみられるような気づきという意識作用である。外とは、そうした人間の内面性に囲い込まれない、外部の自然、気象などで、とりわけ語例十一の「外側」が多様な意味群の核をなしている。一見、近代西欧の二元論を思わせる配置をとっているかに見える。だがここにあるのはそんな内と外との二項対立の切断ではなく、多義的な意味のスペクトルにおける二つの収斂点のようなものにすぎない。内と外へと向かおうとする多様な語義は、いずれも sila (cella) という単一の語・根、つまり語義の根底をなしている母胎から生成しているのであって、内と外とが二元的な切断線の両側に位相しているのではないのだ。

さらに付言するなら、ウィリアムソンやメルクールがその解釈の中心に据えた「呼吸」も、二項的な対立を媒介する役割をになっている。呼吸は二重の意味で対立する二項を媒介するものである。心であって心ではなく、身体かというと身体でもない、心と身体をつなぐ蝶番としての呼吸には、ヨーガなどの霊的伝統の呼吸法をみるまでもなく、人を日常の世俗的あり方から解放するための瞑想を導くはたらきが託されている。

イヌイトが呼吸の果たす、心身を蝶番する機能を認めていたかどうかは明らかではないが、彼らは、メルクールの「息魂」にも見られるように、呼吸を、自然、宇宙、気象といった外部と人間の内面にある意識とを媒介するものとして捉えているのはあきらかだ。これは隠喩的な関係づけとは異なるものである。異なる事象系列にある二項が隠喩的に関係づけられているというのではなく、シラが息をするとき、人間も風も同じ息をするのである。

人為的な思弁によって考案された哲学的なジャーゴンはともかく、われわれは内と外、意識と外部を一挙に表すような語を日常言語としては持ち合わせていない。そもそもわれわれの思考習慣の体制（二元論）がそのような言語表現の可能性を拒んでいるのだ。これに対し、イヌイト＝エスキモーのシラは、上の文例、語例からも明らかなように内と外、意識と外部を本質的に弁別していない。語・根を同じくするとはそういうことだ。しかもシラは、意味論的射程のすこぶる大きな語であるにもかかわらず、日常的にごく自然なかたちで言い回しがなされている。そしてこのことが彼らの存在感覚のハビトゥスを形作るのに一役買っているように思われる。

このように、内と外に大まかに分かたれるシラの意味群にあって、それぞれの意味群の核をなす、意識と外部という、われわれが「と」という接続詞によって並列してみせる二項は、シラにおいては本質的には弁別されていないのだ。意識と外部でなく、「思考する外部」とでもよびたくなるような語、それがシラの本義なのではあるまいか。

カーペンターも、シラに言及した箇所で、エスキモーにおいては思考は精神の産物ではなく、人間の外部にある諸力の産物だという。それでも思考は人間なしにはあり得ない。思考、外部、シラの三者の関係をカーペンターはこう述べている。

　　本当のところは、宇宙が最初に話し、人間に自らを知らしめ、影響を及ぼし、動かすのでなければならない。だが人間だけが宇宙をそのカオス状態から解き放つのである。(22)

「思考する外部」とは、思考の主体が人間の外部にあること、われわれのように「私、われわれ、お前、彼・彼女」といった人称の占有物としている思考の座を、外部の非人称のエスに譲り渡すことにほかならない。だが厳密にいうなら、「非」人称的と言うのも適切ではないかもしれない。「非」という否定詞を接頭することで、人間と人間以外の存在者との間に決定的な切断線を引いてしまい、外部の主体が人間の人称的な思考に内在的に関わる余地がなくなってしまうからだ。「思考する外部」は人称的・非人称的なものへの存在の分岐・生成という出来事が生起するマトリックスのようなものとしてあるのである。いわば前・人称的なトポス。「思考する外部」であるシラとは前人称的な主体として「絶対的に外部ではなく、かといって内部でもなく、主観的でなく、かといって絶対的に客観的でもないものの場、あるいはトポス」（シェレール）としてあるのだ。いうなれば、内と外がなだらかにつながっていくようなトポス、内即外、外即内のメビウスの形状をなすトポスであるというべきか。

では、思考する外部であるこの前人称的主体としてのシラはどのような現れをするのか。民族誌資料をもとにその具体的な様相のいくつかをみてみたい。

事例一　カリブー・イヌイト

カリブー・イヌイトのこれからシャーマンをめざそうとする新参の行者は、「自らをヒラに曝し、ヒラに見てもらうことでヒラの注意を惹く」ことによってシャーマンとしての特別なパワーを獲得する。「ヒラはお前を見、お前に気付かなくてはならない」。こうした一種のヴィジョン・クェストは人里離れた岩陰や雪のシェルターで行われる(23)。

シラの方言形であるヒラは、人間の外部にある主体として、ここではきわめてあからさまな仕方で「見」、「注意し」、「気付く」という意識作用を行っている。われわれの通常のあり方では、人称的な他者の視線にさらされることには馴れているものの、非人称的な他者の視線については、神や「超自我」といったものを別にすれば、これを意識することはめったにない。われわれはこれらの意識作用を、専ら人間の内面に措定している主体＝主観のはたらきとしているからである(24)。ところがカリブー・イヌイトでは逆に人間の方がヒラの意識作用の志向対象となっているのである。

またシャーマンが持つべき特別な力とは、シラのコスミックな気づきのうちに自ら入り込んで、自然＝ピュシスの潜在的な関係のネットワークにあずかり知ることによってもたらされるものである。シャーマンとはピュシスの潜在性に通暁したマイスターなのだ。シャーマンのもつこのような力は、近代スポーツのウェイトトレーニングをその典型とするような、人間的主体による自力の努力によって獲得されるものではない。むしろ病気や断食、不眠など、身体の消耗の極度の状態にこそシラの目を惹き、シラに気づかれる機会はある。もちろん人目を離れた岩陰などもシラの目をひくには格好の場所である。だからシャーマンの力とは、シャーマンの内にその源泉があるものではなく、シラが自ら分かち与えるものとして、いわば自然＝ピュシスの贈与としてあるのだ。そのような力の贈与を受け取るのに人間的主体は必要でないばかりか、強すぎるエゴとの間にシラの贈与がおこることはめったにない。イニシエーションの荒行とは、シラによる力の贈与を可能にするような受容の器を調えることであり、そのための前提としてシラの気づきが必要とされるのである。

事例二　イグルーリク・イヌイト

イグルーリクでは、季節によって住居を移動するとき、すなわち春になって冬のイグルーからテントへ、あるいは秋にテントからイグルーへと移るとき悪天候が続くと、silattivak つまり「好天」に頼む。「好天」というのは良い天気の日に生まれた者のことで、この「好天」が裸になって屋外に出て、両手を頭の上に上げてシラの注意を惹こうとする。さらに「好天」は地面をころがって叫ぶ。「私のシラはどこに、ンガー」と。そうすると天気が回復すると信じられている。(25)

ここでのシラは「好天」、「屋外」など非人称的な外部としての意味の側に傾斜しているようだが、それでも、両手をあげたり、地面をころがったり、叫んだりと云った具合に、シラの意識作用をなんとか引っぱり出そうとする人間の側の呼びかけも見られる。シラはそれに呼応するかたちで好天気を贈与するのである。

事例三　ヌニヴァク島

「シラの語りかけは通常の言葉を通してでなく、嵐や雪、雨、そして海の猛威などを通してなされる。だが彼は別の語りかけもする。日の光、海の穏やかさ、そして無邪気に遊ぶ何もわかってない子供達によって。子供達は女性のとも思えるような柔らかくて優しいその声を聞く。（中略）すべてがうまくいっているときは、シラは人間達にメッセージを送っては来ない。自らの際限のない無のなかに遠く離れて引きこもるのである」[26]。

ここでもシラは人間に語りかけ、メッセージを送ってくるという意識作用の主体である。だがその語りかけは、通常の言語を通した人称的な語りではなく、嵐、雪、雨などを通して非人称的になされている。その点ではシラと印欧語族にみられる非人称の主語、つまり Es regnet（雨が降る）の es や It rains の it にはよく似たところがある[27]。だが印欧語のエスなどが具体的意味内容をすっかり失って統語論的構造を維持するだけの形骸《けいがい》と化してしまっているのに対して、ここでのシラはいまだにその意味産出の力の豊かさを失ってはいない。それでもヌニヴァク島のシラにも人称化へとむかう運動の萌しはみられる。人間が生命を冒瀆せず、日々の糧に敬意を払うことによってすべてがうまくいっているかぎりは、シラは「際限のない無」の中に引きこもってしまい、人間にメッセージを送ってこない。だがこうした順調さが破綻してなにか危険なことが迫ってくる気配を感じたときは、人々は潜在性の世界に通じた専門家であるアンガコク（シャーマン）を召喚し、彼を通してシラのメッセージを聞き取ろうとする[28]。こうなると、人間の倫理性のありようや人間の側の都合といったものが顔を見せ始め、事態を主宰することになるのだ。ランティスがシラを「グレート・スピリット」としているのもシラの人称化へと向かう一面を捉えてのことであろう。

事例四　コッパー・イヌイト

シラは土地の静寂さ、山々の平和な静けさのうちに自らを顕わす。彼は子供達が傷つかないように優しく、柔らかくささやきかけるかもしれない。またときにはそよ風の翼に乗って恐ろしいしらせをもたらすかもしれない(29)。

「子供達が傷つかないように優しく、柔らかく」という人称的な配慮が、民族誌家自身の配慮の投影なのか、コッパー・エスキモーの存在感覚によるものか判断しかねる。

事例五　カリブー・イヌイト

カリブー・エスキモーの主神をカイラといい、気象と大気の神であるとされている。カイラにはかたちというものがない。カイラは自然の力によってもたらされた総てで、自然そのものといってもよい存在である。カイラは人間達に無関心で、非人格的であり、このよそよそしさが彼の力の偉大さを高めるのに一役買っている。だからヌニヴァク島やコッパーにみられるような優しさとか恐れといったものとは無縁の存在で、カイラはカイラ、それで充分、人間が何をしようがしまいがそんなことには「苔の下の蟻の往来」ほどの関心も示さない。カイラは前述のシラたちと違って人間の倫理性とも無関係であり、力そのもの。「ツンドラを吹き渡る風であり、空であり、空の光の明滅である。カイラは流れる水の中の力、降る雪の中にある力、彼は無であり総てである(30)」。

カイラとは、人間の呼びかけに呼応することのない、超絶した無関心である。むき出しの作用力そのものであり、前人称的な存在のマトリックスからの生成・分岐において非人称の極《きわみ》へと特殊化した現れであるといえる。

事例六　イグルーリク・イヌイト

カイラとは反対にイグルーリク・イヌイトの silaksaait、すなわち「シラの胎児」という神話的形象では人称化が極まり、擬人化の域にまで達している。「シラの胎児」は大地から出現したと信じられている一種の巨大な卵から生まれたとされる。この卵を割ると狩猟の際に災厄が及ぶという。実際に、一九七八年の夏の時期の殆どが霧に覆われるということがあったが、それは犬が卵を割ってしまったからだという[31]。

ここではシラのもつピュシスとしての潜在的産出力が、卵という神話的な象徴にまでなっている。卵とは、自発的に生成・分化して現れ出ようとする多様な力線をはらんだ潜在体である。この潜在体からの誕生は内と外から「卒啄同時」に起こるべきものだ。それに反して卵を「割る」とは、そのような自発的・自己生成的な現れを待つことなくこの潜在体を性急に暴き出そうとする人間主体による一方的な無理強いの暴き立てにほかならない（その意味では、現代の産婦人科医の先端テクノロジーによって行う出産時期の調整は「卵を割る」こととなんら変わるところはない。ハイデガーのひそみに倣うなら、Gestell「立て組み」という、近代のグローバルな存在体制のもとにあるテクノロジーであるといえよう）。イヌイトがこれを割ったのを犬のせいにしている（やったのはおれ達じゃない）裏には、テクノロジーの暴力にかかわる倫理的なうしろめたさが透けて見えはしないだろうか。

事例七　ネルソン島

ここではシラは ella という語形をとっている。だから ellange は、前述のユピック語の用例五 cellange と同様「意識」の意味を持つ。ヤコブソンの辞典でもこの二つの意味説明に変わるところはない。だが、フィーナップ＝リオーダンはネルソン島で辞典には記載のない興味深い意味を採集している。彼女は、ここではellange「意識」が時に「動物の毛皮を折り返す」ことを意味することがあるという。実際、彼女が挙げている口頭伝承の中では、犬と結婚した女に子供が生まれたとき、子供たちは毛皮を「折り返し」て、母親に人間の姿を露わにする。(32)「折り返し」としての「意識」とは何か。それは、意識に加えられたトポロジカルな変形をいうのではないだろうか。われわれは意識というものを人間の内面に囲い込まれたもののように措定している。だが先述したように、シラという前人称的な意識は「絶対的に外部ではなく、かといって内部でもなく、主観的でなく、かといって絶対的に客観的でもないものの場、あるいはトポス」であった。折り返された毛皮も同様である。そこには絶対的な内も外もない。この変身の話が語っているのは、その本質を絶対的に異にしている二つの項の間で変身が起こるということではない。一続きの同じ本質平面の上での生成変化としてそのような変身が語られるのである。「折り返し」としての意識＝シラは、この毛皮のようにたえず内と外、裏と表を折り返しながらその視点を自在に位相変換しているのではないだろうか。

註

（1）　Carpenter 1973

（2）　nitao の語義の二「何かを手に入れる、捕まえに出かける」は、われわれの通常の理解するところとは異なっている。クリーの狩猟において「何かを手に入れる」というのは、人間の動物に対する意志的・技術的な操作によって思い通りに獲物を獲得するということを意味しない。かれら北の狩猟民は、「自然をコントロールするのでなく、自然との関係をコントロールすることに専念する」(Ridington 1982 : 471) のだ。そこから帰結するのは「獲物は獲得するものでなく、贈与されるもの」という、北方狩猟民に遍く浸透している姿勢である。狩猟の成果とは、人間による意図的・技術的な労働の産物としてのみあるのではなく、むしろ動物ないしは自然と人間との間の互酬性、あるいは対称的関係(中沢二〇〇四など)に左右されるところの方が大きい。こうした関係を維持し深化させるには動物に対するデリケートな配慮が要求される。北の狩猟民たちの倫理性は、人倫を超えたところに求められなくてはならないのである。

(3) Feit 1995 : 3

(4) アタパスカン、アルゴンキン系の狩猟民は夢、それも狩りの夢を狩猟の成否の鍵を握るものとみなしている。かれらにとって夢は、昼間の醒めた「現実」とくらべても、その真正さや現実性ということに関してなんら遜色するところがない。それどころか夢は、目に見えない潜在性の世界とコンタクトする上での確かな手応えのある信頼すべきチャンネルのひとつであるとされる。とりわけ狩猟において重視されるのは、夢のなかでの、動物のトレイルとハンターのトレイルとの、実際の狩猟に先き駆ける交差である。「人と動物とが実際に出会う点は、夢やヴィジョンの中での先行する出会いの顕現したものである」(Ridington 1988)。このようなトレイルの先駆的な交差を夢見たハンターに残された仕事は、翌日ブッシュの中に分け入って「現実」の地形の中で交差の兆徴を読むだけだ(Ridington 1988など)。

(5) Speck 1935 : 155

(6) Ingold 1994 : 134

(7) 北方狩猟民の存在論(前存在論)とハイデガーの存在論との親縁性については中沢(二〇〇二)も指摘している。「…ハイデガーの考えでは、そうした科学的認識や産業の有益のために光の中に引き出されてきたものは自然が内蔵している本当の富のごく一部分。二十世紀のドイツの偉大な哲学者が、高度に発達しつつある技術社会のまっただ中で思考してきたことと、熊や鮭やクジラを相手に原始的な技術水準しか持たずに厳しい自然環境の中で暮らしていた狩人たちが神話を通して思考していたことがこんなにも深いレベルで共鳴し合っていることに私たちは大変な驚きを感じます。今日の学問は神話と哲学を区別して、哲学の知的な優位を説くことを好んでいますが、ひょっとするとそれは無知に根ざす、ひとつの偏見に過ぎないのではないかと思わせるほど、こうした神話の認識は深い真実に触れています」。

これに付言するなら、ハイデガーが民族学に殆ど無関心と思えるほど言及しなかったと云うことにも意味があるように思える。カッシーラーなどの哲学者と違い、人類学嫌いとも思えるハイデガーは、狩猟民の民族誌などには全くといってよいほど縁がなかったとのではと思いたくなるほどである。「黒い森」の哲人が、存在の歴史の解体的遡行の道の果てに古代ギリシャの存在論のうちに見いだしたものと、針葉樹林やツンドラの狩人たちのそれとが共振し合っているという事実は、それだけにかえって意図せざる説得力を持つものではないだろうか。

（8）ハイデガー二〇〇〇：一七
（9）Carpenter 1973：38-39
（10）d'Anglure 1994
（11）ibid：60
（12）Carpenter 1973：38
（13）ibid.：41
（14）ibid.：43
（15）ibid.：41
（16）イヌイトは、「垂直性」というわれわれの空間的あり方のうちに見られる無意識の強制力から比較的自由である。「ライフ」誌などの表紙の写真を壁に斜め、逆さまに貼り付けてあっても気にも留めない。われわれなら首を傾げなくては視認出来ないところを彼らはそのままでいとも容易に見て取ることが出来るような視覚能力をもっているからだ。ものまねの才にあふれたアイヴィリグ・イヌイトの子供たちは、人類学者カーペンターのものまねをするときは、彼が斜めのものを見るのに首を傾げる身振りをするだけで事足りた（Carpenter 1973 : 137）、首を傾げなくては斜めのものや逆さのものを視認できないということがよほど滑稽に思えたのであろう。だから彫刻作品は、まっすぐに立つことなくころがっていてもなんなく「鑑賞」出来るのだ。われわれは、すべてを垂直軸に沿って「立て」て、視線を上から下へと走査するという環境＝眼差しの一体と化した体制のうちにある。これについて、カーペンターはこれを文字文化、つまり上から下に書き、読まなくてはならないという殆ど自明化した無意識の制度によるものだというようなことを指摘している（Carpenter 1980）。

（17）Jacobsen 1984

（18）Williamson 1974

（19）Merkur 1991 : 68

（20）Jacobsen 1984

（21）Carpenter 1973 : 44

（22）ibid.

（23）Rasmussen 1930 : 51

（24）視線の非人称性という点で示唆的なのは、ネルソン島の仮面である。仮面をはじめ身体の関節部や顔の装飾などの儀礼的文脈で頻繁に用いられているモチーフに、中央ユピック語で ellam iinga と呼ばれる円と点のモチーフがある。ella はカナダのイヌイトなどのシラの方言形で、この地域では屋外、気象、世界、宇宙、気づきを意味しており、m は所有格単数、ii は「目」である。フィーナップ＝リオーダン（1990）はこれを「the eyes of awareness 気づきの目」と訳している。具体的には仮面の目を指し、仮面もこれと同じ語根の

ellanguaq である。

もちろん仮面は人が着用し、仮面越しに人が「見る」のだが、その視線は通常の人称的な主体のそれとは趣を異にしている。「気づきの目」のモチーフはたとえば超自然の動物の関節部などにしばしばみられるように、「見る」主体を分散させて脱人称化する効果を持つもののように思われる。

(25)　d' Anglure 1993：161

(26)　Lantis 1946：197

(27)　たとえば印欧語の非人称表現、ドイツ語 Es regnet.（雨が降る）なら人間とは関係のない別の所で起こっている自然現象のことを言うという意味で非人称的であるといってもよいだろう。だが Es träumt mir.（私は夢を見る）はどうであろう。なるほど主体（語）は非人称の代名詞とされるエスであるが、このエスは動詞 träumen 夢見る（夢を見るでなく）をとることで人称的な私（この場合は主格より控えめな与格で表されている）と不即不離の関係に入り込んでしまっている。ここにも人称・非人称の分岐に先行する es-mir とでもいうしかない前人称性の残響を聞き取れないだろうか。

また、Müller（1970：118）はダコタ語にこれと似た非人称の表現を見いだしている。たとえば、makaischingme 私は眠り込む。この文は ma・ka・ischtingma の三つの形態素から成っている。ma は私の対格「私を」、ka はドイツ語の es にきわめて似た助格で、「…を生じさせる、引き起こす」不特定の動作主体、ischtingma は「眠りに沈み込む」である。直訳すると「私を眠りに沈み込ませる」となる。

(28)　Lantis 1946：197

(29)　de Coccola 1956：198

(30)　Mowatt 1975：225

(31)　d' Anglure 1993：161

(32)　Fienup-Riordan 1990：169

参考文献

ルネ・シェレール

二〇〇三『ドゥルーズへのまなざし』篠原洋治訳、筑摩書房

中沢新一

二〇〇二『熊から王へ』講談社

二〇〇四『対称性人類学』講談社

マルティン・ハイデガー

一九六五『技術論』（ハイデッガー選集 第18）小島威彦 ルートヴィヒ・アルムブルスター共訳、理想社

一九九九『パルメニデス』（ハイデッガー全集54）北嶋美雪 湯本和夫共訳、創文社

二〇〇〇『形而上学入門』（ハイデッガー全集40）岩田靖夫 ハルトムート・ブフナー共訳、創文社

Carpenter, Edward

1973 *Eskimo Realities.* New York：Holt, Rinehart and Winston.

1980 If Wittgenstein Had Been an Eskimo. in *Natural History 89*（*2*）：1980

d'Anglure, Bernard, S.

1993 Sila, the Ordering Principle of the Inuit Cosmology. In Hoppal, H & Howard, K（eds.）*Shamans and Cultures.* Budapest：Akademiai Kiado.

1994 From Foetus to Shaman：The Construction of an Inuit Third Sex. In Mills, A & Slobodin（ed.）*Amerindian Rebirth.* Toronto：Univ. of Toronto. pp.82-106.

de Coccola, R.

1956 *Ayorama.* Toronto：Oxfbrd Univ. Press.

Feit, Harvey A.
1995 Hunting and the Quest for Power：The James Bay Cree and Whitemen in the 20th Century, http : arcticcircle. uconn. edu HistoryCultureCreefetl, html
Fienup-riordan, Ann
1990 *Eskimo Essays*：Yupik Lives and How We see them. Rutgers Univ. Press.
Ingold, Tim
1994 From Trust to Domination：An alternative history of human-animal relations, In Manning and Serpell (eds.) *Animals and human Society*, pp.1-22
Jacobsen, Steven A.
1984 *Yupik Eskimo Dictionary*. Alaska Native Language Center. Univ. of Alaska.
Lantis, Margaret
1946 *The Social Culture of the Nunivak Eskimo. Transactions of the American Philosophical Society*35 (*3*).
Merkur, Daniel
1991 *Powers Which We Do Not Know*：*The Gods and Spirits of the Inuit*. Univ. of Idaho Press.
Mowatt, Riley D.
1975 *The People of the Deer*. 2d. ed. Toronto：McClelland & Stewart-Bantam.
Müller, Werner
1970 *Glauben und Denken der Sioux*：*zur Gestalt archaischer Weltbilder*. Berlin：Dietrich Reimer.
Rasmussen, Knud
1929 *Intellectual Culture of Igtulik Eskimos*. Report of the Fifth Thule Expedition 1921-1924, 7 (1). Copenhagen. Reprint. New York：AMS Press.

1930 *Observations on the Intellectual Culture of Caribou Eskimos.* Report of the Fifth Thule Expedition 1921-1924, 7（2）. Copenhagen. Reprint. New York：AMS Press.
Ridington, Robin
1982 Technology, worLd view and adaptive strategy in a northern hunting society, *Canadian Review of Sociology and Anthropologyv 19（4）*：469-481.
1988 Knoeledge, Power, and the Individual in Subarctic Hunting Societies, *American Anthropologist 90*：98-110
Scott, Colm
1996 Science for the West, Myth for the Rest? In Nader, L（ed.）*Naked Science.* Routledge.
Speck, Frank G.
1935 *Naskapi*：*The Savage Hunters of the Labrador Peninsula.* Univ of Oklahoma Press.
Thatbitzer, Wiltiam
1926 Cuitic Deities of the Inuit（Eskimo）, *International Congress of Americanists, Acts 22*：367-93.
Williamson, Robert G.
1974 *Eskimo Underground*：*Socio-Cultural Change in the Central Canadian Arctic.* Upsala：Almqvist & Wiksell.

流木の身になる
――北方狩猟民の「視点」をめぐる覚え書き

流木のこと

西南アラスカに住むユピック・エスキモーは、流木のかたわらを通り過ぎようとするときには、これをひっくり返す。流木が同じ姿勢のままいることの退屈さと苦痛から救い出してあげようとしてそうするのだという。(1)自力で寝返りを打つことも叶わない病人の苦痛や床擦れを思いやってするわれわれの看護と同様のことを、われわれが心ない「非情」の存在とみなしている流木にも施そうとするのだ。永遠に凝固した窮屈さにうんざりしていると思われる流木の「身になって」あわれみをかけるのである。

この地域の流木は、クスコクウィン河などの大河の上流の森林地帯で氷結によって空洞化した土手の立木が倒れて下流域に流されてきたものがほとんどで、年間を通じて豊富に手に入れることが出来、ユピックの毎週のスウェット・バスの燃料をまかなうに足るほどであるという。エスキモー

＝イヌイトの居住域は森林限界を超えたツンドラにあって、立木を伐採して使用することは叶わないため、さまざまな樹種の流木が、燃料以外にもさまざまな用途に加工されて利用されている。ハンノキと柳は弓矢に、カバノキは弓に、そして資材としてもっとも重要視されているドイツトウヒはカヤックの肋材《ろくざい》、橇《そり》、鉢、匙、猟具の柄、貯蔵小屋にといった具合である。さらには彫刻にも、加工しやすいハコヤナギやドイツトウヒがもちいられる。(2)

流木はこのようにユピックの生存の実践《プラクシス》において欠かせない資材であるため、これをひっくり返す、寝返りを打たせることには、その接地部分からの腐食を防ぐというプラクティカルな意味合いもあるのは確かだろう。だがユピックはそれに加えて、流木の「身になって」これをあわれむという、慈悲に発する意味合いもそれと齟齬することなく重ね合わせているのである。

日本語には「相手の身になる」という使いならされた言い方がある。日本人なら、この場合の「身」には「からだ」だけでなく、相手の立場、主体性といった含意があることもごく自然に腑に落ちよう。だが人間相手の「身になる」ならともかく、「流木の身になる」とどうであろう。「身になる」とは他者に自分と同様の主体性を認め、我が「身を投じ」「身を寄せる」ことで、自らの身を超え出る。つまりは自らの閉ざされ、固定された主体の座を他に転移することであるといってもいい。「身になる」ことが起こるには主体同士の相互作用といったことが前提されていなくてはならない。「流木の身になる」、すなわち流木に意識作用とそれに基づく主体的な立場を認めようとするような想像力は、人間と人間ならざる存在との間に引かれた乗り越え不能の決定的な裁断線を前にした現代のわれわれには枯渇してしまっているのではないだろうか。植物に仏性を認めて草木成仏を説くあの天台本覚のユニークな思想ならまだしも、現代の我々はそこから遠くへだたったところに立っているように思われる。

ベリーを摘むとき

かつてユピックは、ベリー摘みに出かけるときにツンドラの土に魚などの食べ物を埋めておいた。ベリーの中に宿っている「小さな者たち（ユイト）」にむかってそうしたのである。ベリーを摘むときも、植物を喜ばせようと、葉や茎をむしらないようにきれいに摘むという。

さらに彼らは、ツンドラでキャンプするときなどは、タバコや茶、干し魚を少しだけツンドラに埋めて言う。「我々の前を通り過ぎる者たち誰でもこれを食べるように」と。[3]

フィーナップ＝リオーダンはこれを「大地を養う」、「道を養う」行為であるとし、同様の行為は人間の死者に対してもとられるという。野生の供養法ともいうべきこうした儀礼行為から透けて視えてくるのは、人間と人間にあらざるものとが互いにパーソンフッド（人称性）を共有しているという、エスキモー＝イヌイト、ひいては北方狩猟民にひろく見られる存在論的大前提である。意識作用をもたない流木やベリー、ハイデガーが「石は世界を持たない weltlos」と断ずるときの世界なし weltlos の存在者、世界への「開け」のうちに立つことのない「非情」をユピック・エスキモーは「有情」、つまり我々と同様の主体的な意識作用を具えた「者《モノ》」（ユイト）とみなしているのだ。

アザラシの視点

アザラシの村に客人となって身を寄せた少年にまつわる話では、少年は主人のヒゲアザラシからアザラシの視点に立って人間世界を見ることを教えられる。アザラシの家には人間の家と同じように煙穴＝明かり取りの穴がついている。その明かり取りを通して、自分の仲間の村びとたちの様子をアザラシが見上げているように見ることを教えられるのだ[4]。

ユピックの家屋の天井に取り付けられた煙穴＝明かり取りは、異なるリアリティのあいだで視点の反転が起こる特異なトポスでもある。人間世界ではとりわけ男子家屋 qassiq の煙穴がそうしたトポスとなっている。だから、アザラシの霊の再生のために毎冬に行われる膀胱祭のクライマックスでは、シャーマンが明かり取りを通って海に入り、水面下にある海の精霊たちの国を訪問する。逆にこれら精霊たちは、水面下の彼らの住まいの中央の煙穴の状態を見守ることによって、将来遭遇するであろうハンターの振るまいを見守ることが出来る。もしそのハンターが彼らに礼儀正しい思いと配慮を払ってくれているなら、煙穴はきれいに見える。さもないと煙穴は雪に覆われて何も見えなくなる。そうなるとアザラシたちは水面下の世界から地上に現れ出ようとしない。人間の方も明かり取りや氷穴の雪を丁寧に取り除いておかないと、アザラシの世界をのぞき込むような視力を維持することは出来ない[5]。

鮭の視点

ユピックの云うところでは、鮭たちは、川にセットされたネットのわきを通り過ぎるとき、そのネットが水上に、水面下に、あるいは川底にセットされているかを見分けるという。そのうち水中にセットされているネットだけが自分を丁重に扱ってくれる人のものだと見分けるのである。こうしたネット、そして川は、氷結した湖面や海面に開けた穴や煙穴と同様、人間の世界と魚の世界とのあいだの通路となっている(6)。

ここでは、人間が水面越しに鮭を見ようとするように、水面下からも鮭が人間を見ている。あるいは、水面越しに鮭へと向かう人間のまなざしがいつの間にか反転して我が身に還ってくるというべきか。

人間とこびとの諍《いさか》い

あるイヌク（人間）が狐の罠をチェックしに出かけた。「狐」を罠から外そうとしているとき、こびとが現れてそれは自分の「シロクマ」だと言い張った。事実、彼より先にその動物を見つけたのはこびとのほうで、長時間にわたってその足跡をつけていたのだ(7)。

この説話は、スケールを異にする生き物の間の視点の相対性をよく物語っている。互いの視点から見ると両者とも正当である。「狐」はイヌイトの法に従うなら、罠をセットした者のものであり、また「シロクマ」は最初に見つけた、あるいは傷つけたこびとのものであるからだ。ダングリュールによると、イヌイトの神話空間においては、人間はサイズの違いによって、人間 Inuk、こびと Inugagulliq、巨人 Inukpaq の三つのクラスにわけられる。サイズを異にする人間はふだんはそれぞれの生活を平行して営んでいる。だがそれらが出くわしたり、その行動領域が重なると、視点の相違による齟齬のせいで深刻な誤解が生ずる。そうなると互いがみずからの正当性を主張し、自分のリアリティのスケールに則って軋轢を解決しようとする。だからこびとはイヌイトを巨人だと思い込み、狐をシロクマだと思い込む。逆に巨人のほうからは、イヌイトをこびと、シロクマを狐と思い込むのだ(8)。

この説話に限らず、イヌイト＝エスキモーの神話空間では、それぞれの人間や動物種がとるフォルムは不変の確固とした実体をもったものというよりは、視点を変えるだけで変幻する、固定した実体を持たない、いわばプロセスといった方が当を得ていると思わせるような出来事がしばしば起こるのである。

問題はこうである。流木やベリーの身になって思いやること、人間とアザラシや鮭の間での視点の反転、神話的空間における生き物の間の視点の齟齬といったエピソードから垣間見えてくるのは、ユピック＝イヌイトの視点のすこぶる変幻自在で流動的な様相である。彼らの視点のありようは、鋼鉄の鎧をまとったかのような近代の「個」の不動の視点とは著しい対照をなしているようにみえる。流動する視点の相互乗り入れ、自他の視点の相対化といったエピソードや語りが、少なくともわれわれにおけるよりははるかに生まれやすいのだ。その背景として想定されるのは、こうしたエピソードの発生を促すような存在論的な環境のセティング、つまり主体のポジショニングもしくは視座ともいうべきものが異なる存在領域の間を自在に転移できるような環境が用意されてあることだ。そこで、エスキモー＝イヌイトの上にみたようなエピソードの語りを現象せしめている存在論的体制の目につく特徴のいくつかについて断片的な考察を加えてみることにする。

　まずはユアの概念から。ユア yua はユピック語 yuk = person「人ないし者《モノ》」の所有形で、its person「その人《モノ》（者）」と英訳されることが多い。ユア＝パーソンの意味の核心をなすのは「人間」であると思われるが、この語の指示範囲は人間だけにとどまらない。もっと幅広く、動物は言うに及ばず、われわれの言う「非情」の存在ですらユアを持つと言われる。フィーナップ＝リオーダンが、人間と人間にあらざる者とがパーソンフッド（人称性）を共有しているというとき、パーソンフッドは人間だけがもっぱらにする本質属性ではないとの想定が念頭にあることはいうまでもない。

　ところでハイデガーは、人間存在一般をいうのに、ことさらな「現存在」という術語を用いていることはよく知られているが、これは人間という概念を、対象の総体としての世界に向かい合う認識論的主体としてアプリオリに措定してかかる、西欧哲学の人間中心主義に陥るのを避けようとしてのことだと思われる。「人間」をそうした主体として先験的に立てるのではなく、「存在」の側から、世界との関係において規定するための必要から、彼は、従来の人間概念をいったん括弧にくくって、より中性的な意味合いをもつ「現存在」という一見奇異ともおもえる術語を使用せざるを得なかったのだろう。その意味で「現存在」とは、一つの集合の任意の要素を代表しうる変数Xとして考案された術語であるとも言いうるが、それでもハイデガーにあっては、「現存在」という変数がとる値は常に「人間」に特定されており、流木やアザラシなどはこの変域から閉め出されているかにみえる。じじつ、彼の「現存在分析」なるものも人間存在の分析に終始しているのである。このことは、人間にあらざる存在者を考察の対象とするにあたって、ハイデガーといえどもユクスキュル、シェーラーをはじめとする当時の生物学や現象学などの知見に依拠せざるを得なかったことが大きな一因となっているからであると思われる。じっさい、ハイデガーは、世界の開かれ方、言い換えれば環境世界へのそれぞれの存在者の縛られように即して存在者のヒエラルヒーを論ずるのである。そこでは、「石は世界なし weltlos」、「動物は世界に乏しい weltarm」と断じられ、人間のみが「世界形成的 weltbildend」の、現存在の名に値する存在であるとされる。要するに石（そして流木）などは環境世界のうちに完全に閉ざされたままであって、意識作用による世界への開けを全く欠いている。それが、ヒバリ（そして鮭やアザラシ）などの動物となると、世界との間に幾ばくかのズレ、あるいは開けといったものが生まれはするが、それでもその意識作用はまどろんだ「放心 Benommenheit」のうちにとどまっているというわけだ。人間だけが「世界内存在」という意識作用による開かれたあり方をとることのできる「世界形成的」現存在だというのである。(9) だから世界の開けを共有して意識作用を相互的に行える間柄＝共存在 Mitsein という概念も、ハイデガーでは人間に限って使用されるべき概念となっている。

いっぽう、ユピックのよりデモクラティックな存在論は、そうした存在者間のヒエラルヒーといったものを認めようとしない、すくなくとも決定的なものとはしていない。変数Xである「現存在」の変域のうちには、人間にあらざる存在者もふくめようとするのである。だから流木ですら世界を剝奪されたweltlosな存在であるどころか、意識作用をもつ有情の「者《モノ》」として人間と共存するあいだがらとなるのだ。猟具のような道具存在も然り。ユピックのハンターは自分の猟具に好んで装飾を施すが、それは目指す獲物のユア（そのパーソン「者」）を宥めたり、あるいはそれを引き出してくるといった呪術的意図だけからするのではない。その道具のユアを活性化してこれと共存在の間柄となるために装飾するのである。

流木や猟具が人間と意識的な相互作用をおこなう共存在という間柄にあるとはいえ、それでも彼らにとっては動物がもっとも近しい間柄となっている。だが、この近さとはヒエラルヒーによる近さなのではない。つまりわれわれがよくするように、あらかじめインプットされた存在者の進化論的な分類秩序の系統樹によって審級された近さなのではなく、状況依存的で行為的な性質をもつ近さなのだ。というのも狩猟を根幹とするユピックの生の営みにおいては、動物が事実存在的にもっとも近いところにあって、かれらの生の事実上のフォーカスをなしているからだ。

ユピックの伝承によると

かつては動物たちは今よりも人間に近い存在で、人間と同じ衣服や言語を用いていたという。さらに動物たちは人間のような生き物に変身する能力を持っていた。人間は動物の訪問を受け、逆に人間の方も動物の世界を訪問することが出来た。そこでは動物たちは人間の姿で現れた(10)。

ユピックの口頭伝承によくみられる筋書きでは、主人公の少年あるいは少女が道に迷っているところに土小屋がひょっこり現れる。彼（女）はそこで人間の姿をした男女に養われ面倒を見てもらう。最後に立ち去るとき後ろを振り返ってみるとホストたちは動物の姿をしていた(11)。

ネルソンもこう書き記している。「昔はあらゆる生き物は二重の存在をもっており、自由に人間や、動物が今現在まとっている姿になることが出来た。もし動物が人間の姿をとろうとするときは、前足、翼その他の四肢を持ち上げ、鼻面やくちばしを仮面のように押し上げれば人間の姿特徴をとることが出来た(12)」。

ネルソンが採集した変身用の複式仮面はこうした動物＝人間の本質的アイデンティティをすぐれて具体的に表現したものとなっている。インゴールドによれば、仮面は、それをつけた人間の素顔を隠すというより、動物の素顔もしくはそのスピリット＝ユアを露わにするためのものであるという(13)。日常の世俗的まなざしには隠されたままの動物の本質がそこに露わにされるのだ。

だが動物と人間は、このような神話的存在論の観点（勝義諦）に立つときユアという本質を共有する間柄となっているが、日常的な観点（世俗諦）ではリアリティを異にする異質の存在者としてある。だから世俗諦にあるユピックの誰もが、そのような勝義諦としての動物の本質＝素顔を見ることが出来るわけではない。それを見るのは動物的リアリティに入り込んだものに限られる。動物的リアリティに入り込み、その視点をともにしうるものだけがその素顔を見ることが出来るのだ。そうした者たちとは、道に迷って動物の村に身を寄せることになった旅人、あるいはコントロールのきいたトランス状態において、異なるリアリティの間の障壁をまたぐことの出来るシャーマンであり、さらには仮面によってでも動物の素顔を露わにすることができるのである。

ユピックの神話論理の説くところでは、人間と動物との間に本質的な違いなどそもそも無かったのだが、動物は次第に人間に相当する部分を失っていったという。それでも動物が心を持っていること、規則に注意を払うことなどは、人間と共有するパーソンフッドの本質的な側面として今でもある。そして人間と動物はパーソンフッドを共有している共存在の間柄にあるのだから、人間と動物はお互いに敬意を払い合わなければならない。人間と動物は社会的コードを共有する者どうしとして、いわば同じ一つの「社会」を構成しているのだからそれは当然のこと。動物は、人間の欲求の命ずるがところに従って獲り殺される「非情」の資源などではけっしてなく、人間が関係を結び、相互義務も果たさねばならない「有情」の「者《モノ》」なのだ。(14)

世界が出来たてのころ、人間と動物の間には境界が無かった。だが境界が設けられることによって今では両者は別々の世界に暮らしている。だから相互作用が起こるためには、適切な準備をしたハンターが自分の村を出て動物の空間に入り込まなくてはならないし、動物たちは自分を殺したハンターを伴って、彼らを人間の世界に返さなくてはならない。(15)

神話論理の説くこのような文化理論によれば、諸存在者を隔てる境界とは本来無差別であるこの世界にはじまりから存在していたものなのではない。文化人類学ですら、文化の始原をいつ、どこにも求めようがないのと同様、ユピックの文化理論においても、分類秩序としての文化のそもそものおおもとをなしている存在者間の境界は、いつとも知れず、気がついたら今あるようになっていたという風に存在してしまっているのである。だがユピックはこの境界、人間と人間にあらざる存在者、あるいは生と死を分かつ境界を、われわれのように絶対の隔壁としてそれに甘んじてしまうようなことはない。ならば、この境界に穴を穿ち、諸存在者間を流動する生の力の通路を創り出そうとするというのであろうか。そうではない。この通路はかれらにとっては潜在的なかたちですでに存在しているのであるから。だから境界をまたごうとする彼らに要求されるのは、この通路をブロックしている障害を取り除くことだけである。通路をブロックしている障害物を取り除き掃除すること、これがユピックの生のたたずまい《エートス》の肝要をなす行為となっている。

先輩ハンターの若者たちへの教え

雪かき、ゴミ出し、水くみをするときは、まず先にアザラシのことを考えるように[16]。

我々なら雑用とみなしがちな瑣末なはんぱ仕事、あるいは僧院の作務を思わせるといってもよいこうした労働を、将来狩ることになる獲物のことを念頭に置きつつ仕事することで「アザラシのために道をつくる」、すなわち境界のあちら側にいるアザラシがこちらへとやってくるための通路から障害物をとりのぞこうとするのだ。ここでは思考と物質という、われわれにとっての決定的な隔壁ともいうべき二元論はもはや意味をなさない。フィーナップ＝リオーダンは「ハンターのクリアな心と、彼が来てもらおうとする動物のたどるクリアな道との間にはアナロジーが存在する」(17)というが、これはアナロジーというよりは、文字通りのリアルな関係というべきだろう。いくぶん大げさに言い換えるなら、掃除とは単なる物理的行為であると同時に、存在論的な実践でもある。世界の風通しをよくし世界を励起・流動させる。それがユピックの掃除という実践である。

ワイパー

ユピックのするテーブルマナーともいうべき奇妙なワイパーの仕草もそのような存在論的実践を示す行為の一つである。彼らはお椀やひしゃくから水を飲んだ後で車のワイパーの動きを思わせる様式化した仕草をする。右手を顔の前で前後に動かすのだが、これをしないと動物の目には、当人の顔にお椀やひしゃくがへばりついたままの姿に見えるので、のちにハンターの視界に動物が入ってきてもそれを見ることが出来なくなると言う(18)。

これなどはまさに、狩猟民のエティカに根ざした社交的コード＝テーブルマナーであると言うことが出来よう。儀礼的な様式に随しているかに見える狩猟民ユピックのエティケット、マナーの多くは単なる社会的コードであるだけでなく、人間が他の存在者との適切な関係を維持あるいは創造するためのエティカとしての意味を帯びているのだ。

穴＝通路

異なるリアリティの境界をなす隔壁に穿たれてある穴＝通路はユピックの生活世界のあちこちに存在する。それは前述の煙穴をはじめ、氷穴、水穴、湖そして人間の関節部などの現実空間としてあり、図像的には円と点のモチーフで表現されることもしばしばである。さらには、ユピックの儀礼によく見られる太陽の運行路に沿って時計回りの円を描く円周巡行や、円周する身体動作で取り囲まれた空間も、神話的トポロジーの観点からすれば、それらと「同相」というべきであろう。

蛙が病気を運び出す

ユピックでは蛙を頭の上に載せて病人の家を円周し、病気を外に連れ出すということに風変わりな治療法がみられる。フィーナップ＝リオーダンによるとこうした円周行為は汚染を人体から運び出すための通路を創り出すものであるという[19]。

こうした穴＝通路は現実空間に存在するものではある。家屋の天井の煙穴は屋内の炉で焚いた煙を屋外に逃すための、そして採光の目的で天窓として設けられた物理的な施設であるが、一方でそれは、人間と人間にあらざる者、生者と死者といったリアリティを異にする存在者の領域のあいだの交通の道でもある。膀胱祭のクライマックスでシャーマンはこの煙穴＝天窓から外に出て海に入り、アザラシの霊を訪問してその再訪を頼みに行く。そしてこの同じ穴＝通路は死体を屋外に運び出すときにも使用されるのである。膀胱祭の五日目には村の近くの氷結した湖に穴を開ける。この穴はアザラシの世界と人間の世界との間に直接の通路を創り出している。そしてその晩にアザラシが人間世界にドラマティックに出現したり、シャーマンが氷の下に旅するなど特別のパフォーマンスが行われるのである。(20)

こうした穴＝通路は、生と死、人間と非人間といった、われわれが非連続の二項対立として表象する二項の関係の連続性を保証する装置ともなっている。フィーナップ＝リオーダンによれば、ユピックは死と生の二項の対照を対立とはみなさない。むしろ、死を誕生のイメージで装い、それによって死を最終的な出口としてでなく、新たな始まりに変形している。(21)死と生、あるいは人間と非人間といった二項は、そもそもはおなじ一つの存立平面に位相しているのだが、それでも現象的には対照的で不連続な差異を示しているのであって、虹のスペクトルのような連続体としてあるのではない。ここで連続性を保持しながら対照的な差異を創出するには、どこかで位相的な反転、ねじれが生じなくてはならない。そのねじれの起こるトポス、それが煙穴や氷穴をはじめとする穴、あるいは円周された場所ということになる。膀胱祭をはじめユピックの重要な意味を帯びた儀礼の多くはそうした位相的なねじれの起こる特異点で繰り広げられているようだ。また時間的にも、膀胱祭をはじめとする儀礼は冬至という特異点に集中しているのである（冬至を意味する uivik は uive「円を描く」から派生しているというのも示唆的である）。興味深いのは、そうした特異点で営まれる儀礼では、人間と動物、男と女、人間と精霊との間の日常的な関係は誇張されて、反転されることが多いことだ。とくに冬至の頃に行われる膀胱祭では儀礼的逆しまのパフォーマンスがよくみられる。

膀胱祭の始まりを告げるカーリータックの儀礼ではオーストリアのペルヒテンや我が国のナマハゲなどを思わせる精霊の巡行が行われる。身体彩色をした男たちと子供たちが村の中心を出発して、村を円周して再び中心に戻ってくるとき、彼らはいつの間にか精霊となって人間世界に一歩ずつ入り込んで来るのである。男たちは煙穴や氷穴を円周し、アザラシのユアの座である膀胱を氷の下に置いたあとで、村を円周巡行する。この儀礼では日常の出来事のなりゆきが様々な仕方で反転される。普段なら女性たちが日中、静かに、盛装して、頭から男子家屋に入って食事をもっていくのだが、このときは騒がしい裸の男たちが日中でなく夜に、男子家屋でなく、個々の家族ごとの土小屋に後ろ向きにはいって女性から食事をもらう[22]。

逆しまという儀礼的パフォーマンスは民族誌的によく知られたものであるが、人類学では象徴的二元論の脈絡で読み解かれることが多い。だがユピックの場合、逆しまは円周そして冬至という特異点でなされることで、単なる象徴的二元論を超えた意味を帯びてくる。というのも、ユピックの円周運動は一枚岩のリアリティの表面をただのっぺりとなぞっているだけではなく、その表面を垂直次元にボーリングして奥行きをもたせ、穴を穿つことで別のリアリティへと移行する通路を開鑿するからだ。前述のカエルも病人の家の周りを一見水平面で円周するだけのように見えるが（日常的リアリティの空間)、ユピックの神話的位相にある空間においては奥行きの次元が生まれ、病気は患者の内から外へ運び出される(別のリアリティへ)のだ。

ella=意識

ユピックの世界では意識作用を行うのは人間に限らない。流木やベリー、猟具などあらゆる存在者が意識作用を行っている。意識もしくは気づきをあらわすユピック語は ella である。先述した「視点の流動性」というユピックに顕著な特性も存在論的にはこうした意識の遍在性に根ざしている。

善行は夜行う。道を掃除するのは夜に限る。昼間にすれば人に見られる。誰も見ていないとき、海や陸だけがみているときにすれば、〝ellam yua〟(「ella のユア」、「世界のユア」)が報いてくれるだろう。[23]

このエピソードはわれわれに「良心」、ひいてはエティカの本源のありかを示唆してくれるように思われる。「人に見られる」のを避けることで彼らは「良心」あるいは「倫理」が単なる「人倫」に堕すことから免れようとしているかのようだ。ユピック倫理学のおおもとにセットされてあるのは、人間の内にもあり、外にもあるような意識、つまり ella の概念である。ella は、この語が置かれたコンテキスト次第で、意識以外にも屋外、天気、世界、宇宙などを意味するという、語の意味論的臨界をなすようなとてつもなく多義的な語である。「はじめにellaありき」なのだ。だから彼らにとっては「意識」というのは、われわれにおけるような混じりけのない純粋の主観、そこに意識が経験する対象のすべてが書き込まれることになる白紙のようなものでは決してない。彼らの意識は外部の志向対象と不即不離の関係にあるのだ。

その意味で、ユピックの存在論にあっては、「意識」というものは人間的主観の内外に撒布されたありかたをとっているともいえるが、このことは、意識が散漫なあり方をしていることを意味するわけではない。ユピックで特徴的なのは意識がとりわけ視覚的な方向に先鋭化していることである。ユピックは、意識＝ellaは人間の五感のすべてを具えているとは言うが、まずは「見る」はたらきが前面に押し出されているのだ。だから宇宙を擬人化した表現ともとれるellam yua「宇宙のユア」はすべてを同時に「見」守るのである。

子供が冬に屋外におもちゃを持ち出すとellaがそれを見て天気が悪くなる。[24]

天気を良くするのに虫のはらわたをめくり返して棒に突き刺しツンドラに置いておくとellaがそれを見て日光によって虫を干そうとする。[25]

女性が屋外のツンドラで小便しようとズボンをおろすと、ellaがそれを見てショックを受け天気が変わる。この場合必ずしも悪くなるとは限らない。良くなることもある。[26]

ユピックの図像学もそうした意識理論にもとづいている。彼らの図像表現にしばしば登場する円と核点のモチーフがそれである。これは〝ellarn iinga〟（＝ella＋ii「目」）とよばれ、文字通りには「意識の目」であるが、特殊には仮面を取り囲む輪を指す語である。[27]仮面を核点として、それを取り囲む輪によって仮面自体が目となる。この目のまなざしはありきたりの視をこえてはたらく。別のリアリティをのぞき込むような視、別のリアリティからのぞき込まれているような視といったものがこれによって可能になる。

さらに円と核点のモチーフは超自然の動物の彫刻の関節部にもしばしば見られる。シュスターがジョイント・マークとよぶ、人像などの関節部によくみられる円と核点のモチーフはユピックに限らず環太平洋的な分布の拡がりを示しており、彼はこれをもとに有史以前のアジアとアメリカのあいだの文化的接触、具体的には古代極東に起源して太平洋地域に浸透した文化の流れを推定している。[28]そうした文化史的な観点とは別に、フィーナップ＝リオーダンの解釈するところでは、関節のマークは、境界あるいは一つの存在平面から別の存在平面への状態の変化ないしは通過に関わるものだという。[29]関節はイヌイト＝エスキモーやシベリアなどのシャーマンのイニシエーションにおいても無視できない意義がある。というのも、かれらのイニシエーションのクライマックスで、新参の行者は神話的な熊や巨鳥によって骨がばらばらに解体され、自らを骸骨として再構成するという幻視的体験をするからである。それゆえフィーナップ＝リオーダンは、関節に置かれた円と核点のモチーフが、シャーマンがこちら側の世界からあちら側へと通過する能力、あるいは、そこを通って通過がなされる穴をあらわしているのではないかという。ここで思い合わされるのは、シベリアのサガイ族のシャーマンのイニシエーションに関するディオツェギの報告だ。

サガイ族の行者がシャーマンになる上で決定的なしるしは「余分の骨」を見つけることである。その骨は肋骨のわきにあり、中央に穴が開いている。人はこの穴を通して一切を見、知り、そしてシャーマンとなるのだ。シャーマンがこの「余分の骨」の穴を通して視るとき、一挙にして別の世界が開かれる。(30)

ユピックのジョイント・マークとしての円と核点のモチーフも、サガイ族のシャーマンの「余分の骨の穴」同様、相異なる二つのリアリティを通路づけ位相的変形の起こる特異点なのである。

さて、はじまりの問題はこうであった。ユピック＝イヌイト世界にあって、流木、ベリー、アザラシ、鮭など、人間ならざる「非情」の身になり憐れみをかける、人間ならざる者の視点をとるといった、われわれの世界では起こりにくくなってしまった類の一連のエピソードには、その発生を促している存在論的環境というものがあるとして、それを断片的ではあるがなんとか再構成してみるということだった。そこで、はじめにユア＝パーソンの概念を検討して、これが単純に人間と直訳できない性質のものであることを指摘した。ユピックは、人間と人間ならざる「非情」の存在との間にわれわれ裁断するような線引きをすることは決してしてないのだ。流木やアザラシなどはユピックと共存する間柄にあるのだった。だから仲間の人間にするように、それらの「身になる」ことはごく自然のなりゆきであった。だが現象的には人間と人間ならざる者たちとを差異化する隔壁は厳然として存在している。では、いかにしてこの隔壁を解消してそれら「非情」の身になることが可能なのか。ユピックの存在論は、そこで存在者間の通路を構想する。煙穴、氷穴、さらには円周運動もそのような通路としてあるものだった。潜在的に存在する通路、あるいはプロセスとしての通路ともいうべきそれは、さしあたっては障害物にブロックされており、存在者間の生の流れはよどんで流動することがない。そこで、具体的実践であるとともに存在論的な実践としての障害物の掃除というものが彼らのエートスの根幹に据え置かれる。ユピックは掃除されたこの通路を介して自らのとは異なるリアリティに入り込み、それは対称的な別のリアリティがこの通路から立ち現れる。

つぎに問題としたのはこの通路＝穴＝円周の仕組まれ方であった。ユピック世界における通路＝穴＝円周行為は、日常のリアリティでは非連続の二項として対立させられている生と死、人間と非人間、あるいは人間と霊的存在者との間に連続性を回復するための仕掛けとしてあるものだった。連続性の回復は、構造人類学などでは、対立する二項の間に第三の媒介項を差し挟んでなされることがよくみられるが、これでは第三の媒介項と他の二項の懸隔が限りなく縮小されることはあっても連続するわけではない。そこでユピックはそれとは異なる戦略をたてるのだ。日常リアリティで非連続として対立させられている二項の差異をそのまま保ちつつも連続させるという離れ業を儀礼的に試みようとするのである（それが成功したか否かはともかくとして）。それが円周動作、巡行、円と核点のモチーフを伴う儀礼行為である。これによって意図されているのは、水平面で繰り広げられる日常のリアリティに垂直もしくは奥行きの次元を持ち込むことだ。求められているのは切断によらない、トポロジカルな「同相」を保ちつつの変形、それを可能にするのがユピックの円であるとおもわれる。日常的なまなざしの下では異質と見えるものも、神話的トポロジーによる変形を加えることで「同相」となるのだ。儀礼的な逆しまのパフォーマンスもそうした変形プロセスをあらわすものである。連続体を切断することなく対照的に差異化された二項を創出するやり口の一つとして、ユピックは連続体のどこかにねじれを創り出すという方法を選択したのだということが出来よう。逆しまのパフォーマンスはそのねじれをおこす力として作用するのである。これによって生と死、人間と非人間、男と女といった存在の連続体は、その連続性を失うことなく対称性を保持し続けることが可能になる。人間と動物をはじめとする存在者との間での視点の対称的な相互作用を可能にしているのもこうした存在の連続＝対称性である。

さらにこの存在の連続体を保証しているものとしてella＝意識があった。ellaはその語義が意識だけでなく、存在者の一切を覆うような射程をもっている。それも単なる抽象でなく、具体的コンテキストに即してその都度の意味を派生させていくような語である。このella＝意識のはたらきで特に注意を惹くのが、「ellaの目」という表現にみられるように、視覚作用が前面に押し出されていることであった。見るのは人間だけではない。意識作用を行うのも人間だけではない。人間は外部の自然からも絶えず見られ、気づかれているのだ。だが「ellaの目」による視覚作用には、通常の「見る」とはどこか違ったところも見受けられる。ひとつにはこの「ellaの目」が特殊に仮面の輪にも用いられていることがヒントになる。ユピックの仮面は通常の視覚作用によっては見えない動物のユア＝素顔を可視化するものであった。動物の素顔とは、ユピックの伝承にも見たように、動物自身の主体的ポジションをとった人間であったが、それを見ることの出来るのは動物の本国を訪れた少年たち、迷い込んだ旅人、そして意図的に訪問するシャーマンに限られるものであった。だが仮面も動物の内側にある本質存在の目に見える表出[31]であるとするならば、それ以外の人間でも仮面を着用し、仮面仮装者のパフォーマンスを観ることによって、動物自身の主体的ポジションをとることができ、その素顔＝内的本質を垣間見ることも可能となる。

さらに輪つきの仮面は、仮面を核点として取り囲む輪によってそれ自体が目となることで意識＝視覚作用そのものの表現ともなっている。さらにはこの円＝核点モチーフが、通路＝煙穴と重ね合わされることで、仮面はそれ自体がユピック世界の位相的特異点ともなっているのである。

ところで、われわれは主体（観）的ポジションのことを「視」点という。これは近代西欧の視覚中心主義的な感覚の体制、ひいては世界観をよく示すものとしてしばしば引き合いに出される[32]。意識＝ellaの作用の焦点が見ることにあるとするユピックもその点では視覚中心主義だということもできる。彼らにとっても視点とはまさに主体的ポジションにほかならない。だがその視覚（点）のありようは近代西欧のそれとは大きくかけ離れたものとなっている。近代の視覚が、他の五感に抜きんでて理性的で信頼に値するとされているのは、視覚が生み出す認識対象との間の隔たりによるところが大きい。ギブソンの環境心理学というすぐれた例外はあるが、認知心理学者をはじめわれわれの多くは、視覚というものが視覚の作用主体のありように左右されずに、また対象に巻き込まれることもなく、対象の客観的な、それ故に真なる認識を保証する感覚器官として五感のうちではもっとも頼りになると思い込んでいる。

だがユピックでは、こうした通常の視覚のありよう以外にも別様のあり方が用意されているのだ。それを可能にしているのが、さまざまな存在領域の間の融通無碍ともおもえる交通を仲立ちする穴＝通路の存在であった。この穴＝通路は、円＝核点のモチーフにみられるように目でもある。ユピック世界では、目は人間や動物の顔にだけ貼り付いているのではない。それも網膜という光刺激を受け止めるだけの単なるスクリーン平面にすぎないのではなく、その背後へと通ずる奥行きの次元を具えたものとしてある。そしてその奥行きを具えた目が行う視覚作用は、視覚作用というものが事物の光の反射面に跳ね返されるという物理的限界を免れないのであるとすれば、視覚作用とはもはや言うことの出来ないような性質のものであるといわざるをえない。それではそのような通常とは異なる「見る」という働きは生理＝心理学的な視覚作用を用いたメタファーにすぎないのではないかとなるが、ユピックの民族誌資料をみるかぎりでは、このような特性をもった「見る」を単なるメタファーであると断ずるのは早計であると思われる。むしろ我々のように「見る」を心理＝生理作用のうちに限定してしまうことの方が早計なのだ。こうした限定が前提にしているのは前述した存在領域の裁断である。意識作用を人間、そしてせいぜい動物に分配（とはいえ動物の主体的な「見る」は顧みることはない）するぐらいで、「非情」には認めようとはしないという裁断。これに対して、意識のはたらきを「非情」の「者《モノ》」にも割り当てようとするユピックの存在論では、「意識の目」という表現にもみられるように、「見る」はたらきは「非情」の存在にも割り当てられているのだ。「非情」の存在までもが「見る」となれば、その「見方」は生理＝心理学的な視覚作用とは当然ちがったありようをとるはずである。それをよく物語るのが「視覚の制限」である。

ユピックのダンサーはパフォーマンスのあいだじゅう視線を下に向けている。その間彼女に代わって見ているのは（彼女が手にした）扇の「目」である。(33)

ダンサーに限らず、ユピックの社会的・儀礼的場面で、若者が直接のアイコンタクトをとることはぶしつけとみなされる。それに対してうつむきの目は謙譲と敬意を意味している。(34)視線を下げる、視線を外すといったことは、われわれにとっては社交儀礼のエティケットとしてコード化されたものとなっている。もちろんユピックにあってもこの点ではなんら変わるところはない。だが彼らにとって視覚の制限は、それ以上の意味を帯びるものでもある。フィーナップ＝リオーダンは、社会的に制限された視覚と超自然的な視力との関係を雄弁に物語る例として、アザラシと一緒に暮らした少年の物語をあげている。

ホストのヒゲアザラシは少年にこういった。あの優れたハンターを見ろ。彼の目を見ろ。どんなに優れた視力を持っているかを見ろ。彼の目が我々を見るとき、我々の全存在が震える。これは彼のパワフルな凝視によるのだ。お前が村に帰っても、女たちをじかに見ると視力が弱くなる。女を見るとお前の視力は力を失う。だが人の顔の中心を見ない者は、食べ物を少しずつ食べる者のように、その視力を大切に使う。見ることに関してはケチであれ。少しずつ使え。(35)

座禅などの瞑想で用いられる「半眼」あるいは「瞑目」も視覚の制限によって、「内」あるいは「あちら」のリアリティをのぞき込もうとする身体技法である。これによって日常世俗の水平の次元のまっただ中に、意識の垂直方向の運動を持ち込もうとする。ユピックが視覚を制限するのも、日常とは異質の動物的リアリティと交通するための通路＝穴を穿とうとしてのことだと思われる。だが同じ視覚の制限であるとはいえ、彼らと我々を決定的に分け隔てているのは、われわれの瞑想などで用いられる半眼や瞑目では、われわれが「見る」まなざしは空無のブラックホールに吸い込まれてしまい、視線のはねかえり、反転ということが起こりにくいことだ。いわば一方方向の非対称の関係性のなかでそうした瞑想が行われるのである。それに対して、ユピックでは視覚の制限によるまなざしは、異質の存在領域にある「あちらの者たち」との間に潜在的に存在している対称的な関係を再創出し、これを維持することを保証するものとしてある。これによってそれらの「者たち」との視点の交換、相互作用といったことが可能になり、それらの「身になる」こともできるのだ。

註

（1）　Fienup-Riordan 1994 : 58

（2）Himmelheber 1938 : 98
（3）Fienup-Riordan 1994 : 58
（4）Ibid. : 60
（5）Ibid.
（6）Ibid. : 123
（7）d'angIure 1990 : 180-181
（8）Ibid. : 181
（9）ハイデガー一九九八
（10）Fienup-Riordan 1994 : 50
（11）Ibid.
（12）Nelson 1899 : 394
（13）Ingold 2000
（14）Fienup-Riordan 1994 : 88
（15）Ibid. : 88
（16）Ibid. : 53
（17）Ibid. : 90
（18）Ibid. : 93
（19）Ibid. : 201
（20）Ibid. : 289
（21）Ibid. : 309
（22）Ibid. : 270-272

(23) Ibid. : 53
(24) Ibid. : 262
(25) Ibid.
(26) Ibid.
(27) Fienup-Riordan 1990 : 52
(28) シュスター二〇〇八
(29) Fienup-Riordan 1990 : 53
(30) Kalweit 1984 : 115による
(31) Ingold 2000
(32) Ong 1967など
(33) Ibid. : 56
(34) Ibid.
(35) Ibid. : 56-57

参考文献

カール・シュスター
二〇〇八「ジョイント・マーク」松本みどり訳、山麓考古同好会・縄文造形研究会編『光の神話考古――ネリー・ナウマン記念論集』言叢社
中沢新一
二〇〇四『対称性人類学』講談社
マルティン・ハイデガー

一九九八『形而上学の根本諸概念——世界 - 有限性 - 孤独』川原栄峰訳、創文社

d'anglure, Bernard Saladin

1990 Nanook, super-male：the polar bear in the imaginary space and social time of the Inuit of the Canadian Arctic. ln *Signifying animals*：*human meaning in the natural world*, ed. R. Willis. Unwin Hyman.

Fienup-Riordan, Ann

1990 *Eskimo Essays*：*Yupik Lives and How we see Them*. Rutgers Univ. Press.

1994 *Boundaries and Passages*. Univ. of Oklahoma.

Himmelheber, Hans

1938 *Eskimokunstler*. Erich Roeth-Verlag.

Ingold, Tim

2000 *The Perception of the Environment*. Routledge.

Kalweit, holger

1984 *Traumzeit und Innerer Raum*：*Die Welt der Schamanen*. Scherz Verlag. 1

Nelson, Edward William

1899 *The Eskimo about Bering Straight*. Bureau of American Ethnology Annual Report for 1896-97, vol.18, pt. 1. Smithsonian Institution Press.

Ong, Walter J.

1967 *The Presence of the Word*: *Some Prolegomena for Cultural and Religious History*, University of Minnesota Press

イヌイト空間
——生活空間の知覚、とくに定位法をめぐる覚え書き

ネルソン島のオリエンツィールング

この小論起稿の遠因は十余年前（一九八〇年代）の夏、西南アラスカのネルソン島での個人的体験にさかのぼる。ある一日私は日本から同行した友人と、島の北岸にあるトゥヌーナック村から二〇キロほど南にあるトゥクサック村へでかけた。二つのムラの中間には小高い丘陵があり、ここを源とする河が何本も北流している。わずかな標高差を降る河はいく重にも大きく蛇行し、川巾の細いおびただしい数々のクリークがこれから分岐する。湿性のツンドラでは深く足をとられて、しばしば前進不能になるため、乾性のツンドラを選びながら行かなくてはならなかった。事前にムラ人に地図をみせて、ルート、とくに川の渡河地点を教えてもらったが、足を踏み入れたツンドラには

道どころか踏み跡らしいものもなく、単調にのっぺりと広がるツンドラにはわれわれの目につくような地形上の参照点は殆ど見つけられなかった。教えてもらった渡河地点も見失い、川巾の広い所では泳いで渡る他なかった。帰りはひどかった。白夜の十二時頃、数キロ先にムラが見える所で大きな川を前にして途方に暮れていたところを、たまたまボートに乗ってサケの梁をチェックしにきた青年に助けてもらう始末であった。

それから一月ほど経って、トゥヌーナック村を再訪した折り、泊めてもらった家の主人がトゥクサック村へ所用で出掛けることがあってこれに同行することになった。膝を高くあげて速いピッチで歩く彼についてゆくのは大変だったが、湿性のツンドラに入り込むこともなく、いく筋かの川もひととびで越えられるような箇所を選んで容易に往復することができた。往路の所要時間は前回の半分もかからなかったように思う。

この二回の体験をみくらべて感じたことは、ネルソン島民と自分とが同じツンドラ空間を異なるまなざしでみているのではないかということであった。自分達が例えば日本の山歩きなどで参照できるような稜線、谷、川の合流点、峠といった自然の参照点がきわ立つこと少なく、まして道標、ケルン、小屋といった人工標識は皆無といっていいツンドラ空間で、彼らが自分の位置、目的地の方向などを定位するとき、どのような知覚プロセスが進行しているのかに興味がそそられた。

その後別の島民に教えてもらった定位法のいくつかは観察の注意深さ、事物を関係づける知的能力の点で、まさに野生の科学といった趣きをもつものである。

その一つ。ツンドラで吹雪、夜闇などにあい視界が妨ぎられたケースでは、彼らは小山、マウンド、吹きだまり等のかすかな地形上の隆起を参照する。これが役に立たないと雪の吹き寄せる方向をチェックする。さらにこれも有効でない場合は、雪を掘り下げてその下にある枯草の倒れている向きをみる。これが定位の上ですぐれた手掛かりとなるのは、シーズンの始めの降雪時に吹く支配的な風向きをよく記憶してあるからであろう。

その二。海上にあって濃霧等で視界がきかないとき、彼らはまず浮氷をさがし求める。そして浮氷のまわりを注意深く見まわり、きれいな氷の結晶をみつけることに専心する。結晶がきれいならば、濃霧のはるか上にあって肉眼ではみえない太陽のかすかな光線にも反射するわけで、そこからその時の太陽の位置を知り自らの位置を定位することが可能となる。

ネルソン島民の定位法に関するこの二つの事例は、彼らの、トポグラフィカルなかすかな差違を読み取りそれを保持する記憶力、さらには風、雪、氷、太陽、植生といった自然の諸要素の性質を適確に把握し、かつそれらの要素間にその折り折りの状況にとって適切な関係を設定する知性をよく示している。

本稿では他のイヌイト＝アラスカエスキモーのグループについての若干の民族誌資料を援用して、彼らの空間把握の仕方、そこにみられる知覚プロセスを検討しひいてはイヌイト空間の特徴的な様相を粗描することとしたい。

ヌナミウト

ガブサーによれば、北アラスカのブルックス山中をホームグランドにするヌナミウトは、位置や方角の感覚を維持するのに、熟知した土地の形勢を利用する。彼らは、例えば濃霧で山が見えないときなど、踏跡の周囲の小山や隆起線を知っておくことの重要性を強調している。(1)

だが時として十フィート先も見えないような場合ではかすかな地形特性すらおぼろになる。このとき彼らは風に頼る。ヌナミウトは、手、顔、全身を使って風向きを感知し、さらには新しくできた雪の吹き寄せを観察して風向きの変化を絶えずチェックする。(2)

ガブサー自身が体験した例では、一月の猟で夜中に濃霧にまかれ、足元すら見えなかったことがあった。だがヌナミウトは、ほんの一瞬垣間見た山の一べつだけを頼りに三十分で八マイルも進んだという。(3)

ヌナミウトは星や星座の名前は知っているがこれを定位のガイドに利用することはまれである。ガブサーは夜霧の中、湖や谷を横切るときしばしば星や惑星そして風を利用したが、ヌナミウトはもっぱら風を頼りにし、ときおり地形に目をやったという。(4)

アイヴィリグミウト

カナダのアイヴィリグミウトも視界のない時の旅ではトポグラフィーや風の知識を頼りにする。犬ゾリで旅をするとき彼らは、まずはトレイルを追うが、これが難しいときには地形上の目じるしになるものを観察し、風の向きを利用する。風向きのどんな変化も素早く感じ取り、それを、吹きだまりや隆起上に刻まれた風紋をチェックすることによって確認する。(5) アイヴィリグミウトに関する詩的な美しいモノグラフをものにしたカーペンターは、彼らの観察の才、単調な土地のごく微細なディテール、とりわけ海岸線に熟知していることにはいつも驚嘆させられたと述懐している。(6)

暗闇の中をソリで行くときも、アイヴィリグミウトは逡巡することがない。カーペンターにとっては単調で平板な土地が、彼らにとっては変化に富み、意味を帯びた参照点に充ちている。我々が大都市を車で走行するとき「道路は格子状に走り、特定の標識がルートを指示してくれるという想定を前提としている。明らかにアイヴィリグも同様の、だが自然の参照点をもっているのだ」(7)。カーペンターは、この参照点とは実際の事物や点ではなく関係、すなわち輪郭、雪のタイプ、風、塩気を含んだ風、氷の割れ目等の間の関係であるという(8)。

特に注目に値するのは視界の効かない海岸線を行くときの彼らの定位法である。そのようなケースで彼らは

一、波の音を聴く。
二、岬に巣をもつ鳥の鳴き声を聴く。
三、海岸と波の匂いを臭ぐ。
四、風としぶきを顔で感じる。

五、腰の動きを介して、風とうねりの相互作用がつくり出す波のパターンを読む。[9]

知の経験主義

イヌイトの定位法をめぐる民族誌資料は残念ながらかなり限られており（一つには従来の民族誌家がこうした分野に主題的な関心を寄せることが少なかったことが指摘できよう）、ここではこれ以上の資料提起はしないが、それでもこれらの事例からも、彼らの空間把握にみられる我々のそれとはきわ立って異なる様相が見えてくる。それは、およそ

一、注意深く、抜け目ない、細部に及ぶ観察。

二、五感を充全に動員した知覚。

の二点に集約できよう。

まず彼らの注意深い観察はその知のありよう、すなわち経験主義的で具体的な知のスタイルに根差しているように思われる。

そうしたスタイルを彼らは教育の過程を通じて身につけてゆく。ガブサーによると、ヌナミウトでは、子供は年長者の話を聴いて、環境に関するさしあたってはばく然とした概念を手に入れるという。[10]だが彼は長ずるにつれ、環境の諸要素と直接個人的に出会うことによってこれら先入概念の誤りを自分で修正してゆく。例えばある青年がガブサーに語ったところでは、彼は先輩たちがオオカミ猟を首尾よくやりとげた話を吹き込まれて、オオカミ猟なぞ楽なのだと思い込んでいたが、実

際に経験してみて、これが楽どころか男を精神・身体的に、また感情的に厳しくテストするものであることを学んだという(11)。

このようにしてヌナミウトは経験を積み重ねるとともに次第に環境の性質についての自身の概念を修正してゆく。そして過去の経験を想起し、現在のそれと比較する能力が増すにつれ自分の概念が現実に近づいてゆくのである。

環境に関する知識は世代的に継承され、マニュアル化される側面をもっているが、個人はあくまでも自らの経験から学ばなくてはならない。ヌナミウトにあっては、個人はものごとを知らなくとも比難されることはないが、自身の経験から学ぶことができないとちっぽけな心の持主だとみなされるという(12)。

だが、こうした経験主義的知にも限界はある。（ガブサーはこれを、彼らの未発達で素朴な計測システムと関係づけている）。これは、ガブサーの挙げている例では、霧などによって視界を妨がれ、自らの誤った印象を修正できるような他の経験の持ち合わせがない場合、つまりは経験主義的アプローチが挫折したところである。このようなとき彼らが代替的説明手段とするのは超自然的・擬人的解釈である(13)。この点はアイヴィリグミウトも同様で、彼らは直接経験できる環境については鋭い地理感覚を有しているが、いったん生活空間の外部の世界を語るとなると地理学は神話的宇宙論に席をゆずってしまうのである。彼らは、大地は自分達のところからその果てまで数週間の旅程しかないといい、殆どの者はこれを平らな円形として表象している(14)。

このように経験主義の射程範囲内での直接的な生活空間の把握の精確さの対蹠をなしている、その彼方の空間についての神話的表象は、彼らの空間体験に多次元的な色どりをそえるのに一役買っているのである。

トポグラフィー・地名

知の経験主義的スタイルに深く根差した彼らの観察能力はまたすぐれたトポグラフィーをつくりだしている。彼らにとってトポグラフィカルな知は生存のための必須の条件の一つでもある。「ヌナミウトは彼らの環境のディテールに反応できなければ生き残れない」[15]。いうまでもなく彼らは狩猟の民であるから、つねに獲物のふるまいを予測する必要がある。そして動物たちの多くは環境に応じて、すなわち地形、風、天候等の諸々の自然の変数に応じて行動をとるため、トポグラフィカルな知が狩猟の成否を左右するのは自明の理である。ビルケット＝スミスもイヌイト全般についてこう述べている。「彼らはカリブーを視野に入れるや否や、それに猟の成否がかかっている地形、風、天候、植生の形態のなん百というディテールを視覚化する」[16]。

ヌナミウトも土地の形状をよく話題にし、その日の旅程や、一つの谷が全体としてどういう向きをしているかなどを評言するという。そういうわけで例えば「風から妨がれた広くて平たんな土地は、春先になると深くて湿った雪におおわれる傾向にある」[17]ことをすぐ学ぶのである。

土地、そしてその土地を構成する多様な要素を綿密に観察することは彼らの習性をなしているように思われる。これもガブサーの記している例では、あるヌナミウトは「これまで来たことのない谷にやってきたとき、しばしば腰を下して遠くを眺めていた。これによって得られた知識が将来なにかの役に立つかもしれないからだ[18]」。

抜け目のない地形観察という点ではアイヴィリグミウトも負けてはいない。彼らはソリで見知らぬ土地を行くときには絶えずうしろを振り返って、その風景が帰りのときにはどう見えるかを見ておく[19]。

この様なトポグラフィカルな知は先にも述べたように教科書・マニュアルの類によらない、すぐれて経験主義的性質のものであり、その面では個々人の知覚能力や知性に負うところが大きい。このことは半面、個人がその都度獲得した知識がユニークで一回起的であって社会的プールに蓄積しにくい、第三者の利用には不都合な主観的な性質を帯びていることにもなる。そこで要請されるのはトポグラフィカルな知の間主観化、社会化である。言語、とりわけ地名が招換されるのはこの局面においてである。すなわち地名は彼らの個人的で浮遊した状態にある知を音声的形式のうちに納め概念化するのに一役買うのである。

ヌナミウトは地形の諸特性を記述するおびただしい数のタームをもっている。山について云えば、大きな山、小さな山、丘、小山、マウンド等のそれぞれ語幹を異にする語に加え、各タームは屈折変化を受けることによって現実の差違に柔軟に対応できる能力をもつ[20]。

また地名の命名はスケーリングを変えて行われる。大きな山、川、湖といった粗大な地形要素はその地の特性や特別な出来事を示唆する名前が冠せられ、これは何世代にもわたって継承されてゆく。だがよりマイナーな地形要素、特にクリークなどは地名の永続性は少なく、世代によって名前が変る傾向にある。[21] 例えばムラから五〇マイルほど離れた所にある二本の細流は、最近そこでワナを仕掛けた二人の若者の名を冠して命名されている。またある夏、ガブサーと年配のエスキモーが、未だ名前のつけられていないクリークのそばで若いグリズリーを仕止めるとそのクリークはアクラヴィラク（狂った小さなグリズリー）とよばれるようになった。[22] これは私事になるが、ヌナミウトの現在のホームグラウンドとなっているアナクトヴク・パスの背後にある小山はマウント・オカとよばれている。これは三十年ほど前にこの地にやってきた日本人、その当時では訪れることのまれな異人として迎えられた亡父の姓に因んだものである（自分の名をつけてもらった本人はこれを大変名誉なことといたく感じ入っていたがヌナミウトにとっては地名の命名などはアドリブ的な軽いことがらに過ぎなかったであろうし、別の印象的な出来ごとによって容易に改名されるものであろう）。

人間のかかわる出来事に因んだ地名を除けばイヌイトの地名は、地形特性、土地と関連の深い自然の要素、特に動物についての情報を豊かに含んでいる。

極地探検のエキスパートであったラスムッセンもかってカナダ北部のバレン・グラウンドの単調な地形の中でルートを見出すのに難渋したことがあった。小さな丘陵のかすかな起伏は相互にみわけがつかぬほど似通ってみえ、はっきりとした道しるべになるものを見つけるのに苦労していた。だがカリブー・エスキモーの目にはそうしたマークが豊富にあり、しかもその多くに特徴的でかつ示峻的な地名をつけていた。ラスムッセンも、こうした地名に熟知している人間であればルートをみつけるのもさほど難しくないであろうと述懐している。[23]

イヌイト空間

アイヴィリグミウト、ヌナミウト、ネルソン島民らの定位法の事例は、彼らと我々都市生活者の空間知覚の仕方のちがいをはっきり示している。まず目をひくのは彼らにあっては空間知覚に人間の五感がフルに用いられていることだ。我々の空間知覚の場合でいえば、視覚障害者を例外とすれば視覚の圧倒的支配のもとにある。視覚を奪われた時身動きがとれなくなるのである。だが彼らはそのようなケースでも聴覚その他の感覚で代替するというだけでなくこれらの感覚が視覚に匹敵する機能を果し、全身体的に空間知覚に関わっているように思われる。その端的な例が先に挙げた、視界ゼロの海岸線を航行するアイヴィリグミウトの定位法である。そのとき彼らは、

一、波の音を聴く（聴覚）
二、鳥の鳴き声を聴く（聴覚）
三、海岸と波の匂いを臭ぐ（臭覚）
四、風としぶきを顔で感じる（触覚）
五、腰の動きで波のパターンを読む（筋覚）。

というように五感のすべてを使用した空間知覚を行っている。

このことは単なる知覚形式の相違にとどまらない問題をはらんでいる。つまりはこうである。知覚の形式が変ればその知覚形式によって体験される空間の様相が変ってくることが推測できるので

ある。言葉をかえれば、彼らの生きる空間は我々のそれとは異質なのではないだろうか。まず考えられるのは、空間知覚において視覚が専ら優位にたつと、視る者が対象に対してある距たりをとったところで「客観的」に存立する、額ぶち入りの「風景」の如き性格の空間を産み出すことである。これは、視覚的知覚においては対象と視る者とを媒介する光というインパルスが他のインパルスに較べて希薄なため、対象との間には空虚な空間しか感じ取られないためである。このことは近代的空間、すなわちガリレイ、ニュートンに端を発する客観的宇宙空間の概念が成立する一つの契機をなしているように思われる。近代的客観空闇は、それを充たしている事物の定性的性質を抜き取り捨象したところでその客観性を獲得することが可能となった。したがってこの空間の記述は事物の単なる位置、方角を測定する計量単位を数学的に操作することによって行われる。だがイヌイトにはそうした空間の計量単位は知られていなかった。空間が計量可能な方向に客観化されていなかったからである。こうした客観化への運動を阻んでいるのが、先述の知の経験主義に加えて視覚以外の感覚の空間知覚への深い介入なのである。腰の動きを通じて風とうねりの相互作用がつくり出す波のパターンを筋覚的に読み取るアイヴィリグの例をみよう。このとき彼は周囲の空間と距てをとって客観化を行うどころではない。彼は云わば空間に「巻き込まれ」て、腰を中心にした身体―舟―波―風といった一連の自然の運動の一環節としてその瞬間の方向を見出してゆく。この「巻き込まれる」という空間体験は、対象との間に空隙を作り出さないという点で対象との間に絶えず距りを設けてゆく視覚的空間体験とは著しい対照をなしている。他の定位法でも同様である。例えば岬の鳥の鳴き声を聴いて定位するアイヴィリグは岬から全方位的に発せられた音波によって「浸される」。

さらに顔で風としぶきを感じて方角を読むアイヴィリグでは皮膚と風やしぶきとの直接の触覚的出会いが起っているのである。

こうした全身体的、全感覚的に「巻き込まれる」空間知覚は他の領野での、彼らの体験のスタイルとどこかで通底しているふしがあるように思われる。カーペンターの指摘するところでは、アイヴィリグミウトは、オブザーバーとしてではなくパーティシパント（参与者、没入する者）として体験に入り込むという。彼らの彫刻作品あるいは動物のもの真似などにみられる写実性はこれによってよく説明できる。彼らは seal-ness（アザラシそのもの）にパーティシペート・没入しアザラシになりきることによってその描写が容易になるのだとまでカーペンターはいうのである。(24)

パーティシペーションというスタイルの体験の要件は自他の境界を消滅させることにあり、これはこれまで強調してきた知覚の様態と深くかかわりがある。つまり視覚的知覚が主客の境界、事物相互の境界を鮮明にしてゆくのに対して、聴覚、臭覚、触覚、筋覚が把握する感覚情報は、主客の境界をおぼろにし、相互の乗り入れを可能にし入我我入の境位に導きやすい。

イヌイト空間のもう一つの特徴的な様相は、そのダイナミックな、流動的な性質にある。それは、聴覚、臭覚、触覚的な知覚が受容する感覚情報が絶えず流れ動いているだけでなく、体験の主体もこの知覚を通じて他の自然要素と連動する仕組みになっているからである。彼らの全身体的定位が見出す方向は時々刻々変化する自然要素の相互連関のうちにあり非時間的性格のものではない。時間の次元を落して成立する三次元空間とは異なる時空なのだ。ユピック語（西エスキモー語）にはまさにこれに相当するpivikという語がある。ユピック語辞典ではpivikの英訳としてplace, room, space-timeの訳語があてられている。[25] timeに相当するユピック語はpivikしかない。pivikは時空と訳す他ないのである。

このように時間の次元を内在したイヌイト空間は近代的な、スタティックな［眺める空間］とは異なり、あくまでプロセスとして体験されるものであり、その意味では彼らの定位法が見出す方向というものも、そのじつはそのつど方向性といった方がふさわしいのである。

註

（1）Gubser, Nicholas J. *The Nunamint Eskimo : Hunters of Caribou.* New Haven. Conn. : Yale University Press. 1965 p. 230
（2）Ibid. p. 231
（3）Ibid. p. 231
（4）Ibid. p. 195
（5）Carpenter, Edmund. *Eskimo Realities, Holt, Rienhart and Winston.* New York 1973 P. 22
（6）Ibid. p. 20
（7）Ibid. p. 21
（8）Ibid. p. 21
（9）Ibid. p. 36
（10）Gubser 1965 p. 222
（11）Ibid. p. 222

(12) Ibid. p. 223
(13) Ibid. p. 223
(14) Garpenter : 1973 p. 13
(15) Gubser 1965 p. 223
(16) Birket-Smith, Kaj. *The Eskimos.* W. E. Calvert. Frans. Rev. ed. London : Methuen 1959 P. 49
(17) Gubser 1965 p. 230
(18) Ibid. p. 230
(19) Ibid. p. 27
(20) Ibid. p. 229
(21) Ibid. p. 229
(22) Ibid. p. 229
(23) Rasmussen, Knud. Observationson the Caribou Eskiimos. Report of the Fifth Thule Expedition 1921-24 vol 7. Copenhagen 1930 : p. 25
(24) Carpenter : 1973 p. 26-27
(25) Jacobson, Steven A. *Yup ik Dictionary.* Alaska Native Language Center 1984 p. 296

北アラスカにおける海の民と陸の民
――その現実と神話

はじめに

北アラスカのブルックス山脈から北極海に至る広大なツンドラには、海と陸という対照的な生態環境に適応した文化を有する二つのグループが存在する。両者はかつては――白人との接触以前には――経済的な相互依存関係を生存のための必須条件として結び、これを基に多方面に及ぶ社会関係を展開していた。相互の生態的な対照性は、グループの名称のうちに端的に表現されている。海の動物の狩猟を主たる生業とするグループは文字通り海の民、タレミウト taremiut、内陸の動物を狩るグループは陸の民、ヌナミウト munamiut と呼ばれている。この二つのグループは生態的な面では全く異質であるが、文化的――方言、儀礼や世界観、社会構造の型など――には類似の要

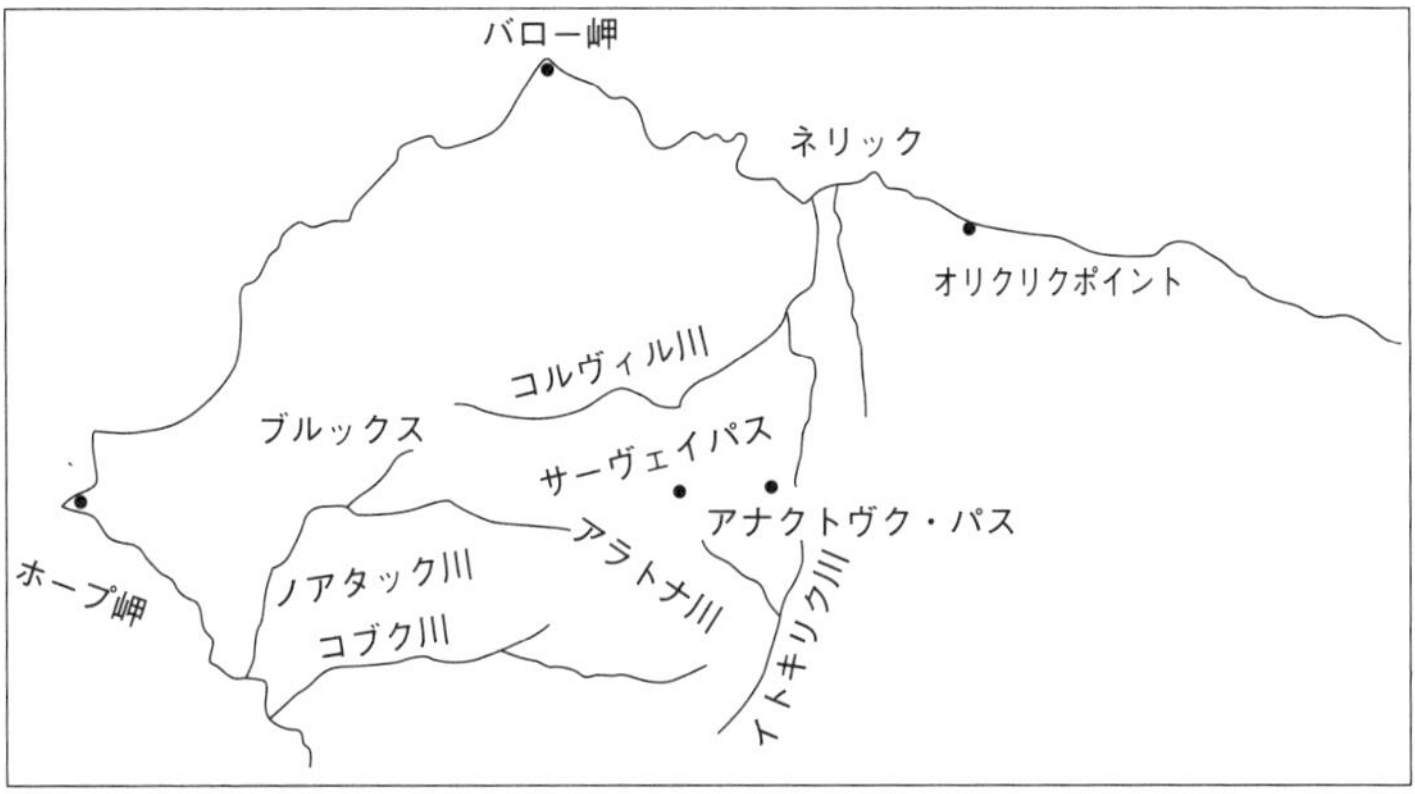

北アラスカ　関係地図

素が多く、相違しているのは主に猟具、衣食住など生業活動と直接の関係をもつ物質文化の面に限られている。これがカナダのバレングランドに住む内陸のカリブー狩猟民であるカリブー・エスキモーでは全く事情を異にしている。カリブー・エスキモーでは内陸の動物の狩猟に全面的に頼っており、海岸に住むエスキモーとの経済的関係はまれである。少なくとも制度化された関係に至っていない。海の民、陸の民の相互関係の様々な型を知ることはエスキモー文化の研究にとって、とりわけエスキモー文化の起源、どのような生態文化が相対的に古いのかを推測する上できわめて有効なアプローチの仕方であろう。また、複数の集団間の相互関係は研究者の分析の対象となる以前に集団成員自身の関心をひくものであり、相互関係の事実が民俗モデルによって構造化されて説明されることも、しばしばあることである。ガブサーがブルックス山中のアナクトヴク・パスに住む、ヌナミウト・エスキモーから採集したアイヨガマハラ Aiyog-amahala の神話は、まさにそのようなものとして、ヌナミウトの側からみたタレミウト文化と両者間の多面的な社会経済関係を定式化している。本稿は、この神話を中心にすえて、二つの集団の相互関係の事実と、それに関するエスキモー自身の表象を解説分析することとしたい。

一、アイヨガマハラ Aiyogamahala の神話

世界のはじまりに、アイヨガマハラはアラトナ川の上流の Survey Pass でヌナミウトを創造した。彼は巨人で偉大な男であった。人々には狩りの仕方、衣服や道具の作り方、旅支度などを教えた。彼はまた巨大な白犬も造ったが、この犬はムラ中の人間とキャンプ資材をのせたソリを何台も引くことができた。アイヨガマハラと人々は永いことアラトナ川頭にくらしていた。

さてアイヨガマハラがこしらえた人間の一人は悪人であった。盗み、殺人、姦通を犯し、いさかいやトラブルをたえずひきおこした。アイヨガマハラはこれを殺したが悪人は生き返って人々のところにとどまった。彼は巨大な白犬のひくソリに乗ろうとせずいつもそのあとを追って走った。また結婚もしないでいた。

ある晩夏（毛皮が色を変え衣料に向くようになってから）アイヨガマハラは人々にできるだけ沢山の種類の陸の動物を狩ってくるように云った。カリブー、オオカミ、クズリ、オオヤマネコ、などがキャンプのまわりにいて、人々は沢山の夏の毛皮を集めた。アイヨガマハラはみなに、他の人々をよんで交易をはじめたいといった。この頃はだれも交易というものを知らなかった。

川が氷結して毛皮がのびたのちも人々は狩りをして毛皮を干した。動物達はおびえて逃げることがないので夏の毛皮に加えて沢山の秋の毛皮もとることができた。

川が氷結してしばらくたってから、アイヨガマハラは他の人々を来させて交易をしたいと云った。彼はアラトナ川頭を出発して歩きながらいった。「人々が自分のことを何代にもわたって覚えていてくれるように雪小屋（aputyaq, iglu ではない）をたてよう」。そこでイトキリク川とコルヴィル川の合流点の数マイル上流に旅の第一夜のために雪小屋をたて、人々に何代にもわたって記憶してもらいたいと思ってここに泊った。彼は人々にいった。「この雪小屋は空洞の塚になる」。今日この塚は Puviksuk とよばれている。

翌日彼はバロー岬に到着した。彼が到着してもだれも彼のことを知らなかった。彼はカリギ（集会所）の前に立った。中にいるだれかがおもてのおかしな音を耳にした。二人の男が中へ入って巨人のいることを報告した。二人は巨人の名前をきくために外へ出された。「お前はなにものだ。なんという名だ」。「自分はアイヨガマハラという。ヌナミウトは私をそうよんでいる」。二人はカリギの中に戻ったが名前を忘れてしまった。またおもてに出てたずね、巨人もそれに答えた。二人はカリギに戻ったがまた忘れてしまった。三度目にやっと覚えることができた。

かくしてアイヨガマハラはカリギの中に招じ入れられることになり、這って中に入ろうとしたが、入口のトンネルが小さすぎた。彼をみようと殺到した人々はトンネルからトウヒの丸太を何本か抜いた。アイヨガマハラが中に入ってから人々は食べものを与えた。彼は食べ終えてからカリギの中にいる皆に、彼が内陸でこしらえた人々のことを話した。彼は、陸の動物達の毛皮やほし肉、カリブーの背中の脂肪、植物などの陸の食べ物を集めたといった。そして、バロー岬の男達に、アザラシやクジラの脂肪、海の動物達の毛皮をもって内陸に行くようにといった。

このときアイヨガマハラはそれぞれの家族にマクタク（クジラの皮の部分――御馳走の一つ）のついたクジラの脂肪をもってくるようにたのんだ。人々は家に戻ってそれをカリギの外にもってきてアイヨガマハラは大きな袋を脂肪でいっぱいにした。そしていった。「私は自ら造った動物でこの礼をする。陸の動物達を招ぶ。だがお前達のだれもたとえ矢を使い果したとしても矢を使い果したとはいうな」。皆彼のいうことを信じ、男達は全員弓矢をもって近くのクリークへ行った。彼は両手をふってカリブーをよんだ。突然カリブーの大群が遠くに現われ、人々が待伏せているクリークへ向ってきた。男たちはよろこんで沢山のカリブーを仕留めた。最後に群れの最後尾がやってきて海氷上へ去って行った。アイヨガマハラは次にオオカミをよんだ。彼がオオカミ狩りをみていたとき一人の男が「矢がなくなった」と叫んだ。オオカミの群れは内陸へ向い消えてしまった。彼はもう動物をよばなかった。

狩りのあとで彼は、ヌナミウトが宴会を準備して待っているアラトナ川頭へのルートを説明した。彼らに底の浅いランプで脂肪を使用するにはどうすればよいかを教えることを約束した。

アイヨガマハラは沢山の脂肪の袋を選んで歩いて帰った。バロー岬の人間達も脂肪のつまった袋をもって彼の足跡を追って行った。皆が集ったところで彼は競走をやるようにいった。もしバロー岬の人々が勝ったなら内陸の人々は沢山の毛皮を与えなくてはならない。バロー岬の者が負けたら何の賞品ももらえない。だが交易の機会が待てると。

アイヨガマハラの造った人々の方が速くてレースに勝った。皆良いひとときを楽しみ幸福だった。彼は自分が造った人間達に karigi の建て方、ジャンプ、レスリング、綱引き、手品の仕方を教えた。彼は、バロー岬のエスキモーが帰途につく前に、翌年お祭りを準備するように助言した。二人の男を使者としてアラトナ川頭へ送って祭りを準備するようにいった。翌年陸の人々は巨大な犬のひくソリに乗って海岸へ行った。悪人も一緒にソリとならんで走った。陸の人々がバロー岬との交易や祭りを習ったあとで彼は他の地域の人々との交易の仕方も示した。彼はいった。どの家族も、未婚の男も、他のグループにそれぞれパートナーを持ち他の者とは交易しないようにと。その時以来人々は交易や祭りを楽しむようになった。アイヨガマハラはこれらすべてを教えたのち、自分は永久にここを立ち去るといった。彼は人々に決して怒らないように、互いに愛し合い、親切にし、助け合うようにさとし、自分は別の国に行くといった。去る前にミトンをとり出しアラトナ川頭の地中に刺した。ミトンはアリガ・ルイチュとよばれる山になった。この山をみて自分のことを思い出すようにといって去った。彼は二度と戻らなかった。だれも彼がどこへ行ったかしらない(1)。

二、神話の背景

（一）この神話にのべられている出来事は、イチャクインマのはじめにおこった。

ヌナミウト・エスキモーは過去を三つの時間帯に仕切る。そのうち最も古いのが、イチャクインマで、これはいつ始まっていつ終ったかを何世代前という形で特定できない、現在とは不連続の時

間を指している。(2)

(二) テキストでは、アイヨガマハラがヌナミウトを創造したとあり、タレミウトの創造については触れられていないが、ガブサーの付記によると何人かのエスキモーは、主人公はタレミウトその他の北アラスカエスキモーも創造したと思っている。(3)

(三) 交易。ヌナミウトとタレミウトの交易は神話の主要なテーマとなっている。

北アラスカに住むエスキモーの交易には様々な型がある。これを分類すれば、制度化された定期的なものとされてない偶発的なもの、同じ生態グループ内のものと異なる生態グループ間のものに大別できよう。なかでも、彼ら自身最も重視しているのが、ヌナミウトとタレミウトの間で行われる制度化された定期的な交易である。この交易は、交易遠征ともよばれ、特定の場所で特定の季節に行われる。交易地――市――は、東は、オリクリクポイントから、南は、コッツェビューまでの海岸沿いに数カ所存在している。この神話の採集地である、アナクトヴク・パスのヌナミウトはコルヴィル川口のネリックでバロー岬周辺のエスキモーと交易する習わしであった。交易の季節は夏の終り。この頃には、ヌナミウトの集団で行うカリブー猟とタレミウトの捕鯨という最も大がかりな猟が終っており、川の氷もとけていて、ウミアクによる交通が可能になる季節である。交易品としては、ヌナミウトからタレミウトに与えられるものとして主なものに、カリブーの毛皮、オオカミ、キツネ、ヤマネコなどの毛皮、マスク・オックスの毛、カリブーの足の腱《けん》、木の枝、ベリー類などがあるが、そのうち基本的に重要な交換価値をもつのはカリブーの毛皮である。一方、タレミウトからヌナミウトにいく交易品の主なものは、アザラシをはじめとする海の哺乳類の脂肪、アザラシの毛皮、セイウチの毛皮、石やスレート、セイウチの牙などであるが、脂肪とアザラシの毛皮の二つが重要である。双方の交易は互いに無いものを補うという点で、全体としてはバランスがとれているが、交易品の必須性の度合において微妙にタレミウトの側に優位に傾いているように思われる。というのもタレミウトが与える脂肪とアザラシの毛皮は、それなしでは内陸の冬が過せない不可欠の品目となっているからである。ヌナミウトは暖房と照明を全面的に獣脂に依存しており、かつ生理的にも脂肪の需要は高い。だが内陸の動物だけで脂肪をまかなうのは非常に困難なことから恒常的な確保という点では交易に頼らざるを得ない。またゴム靴が使用される以前に、夏の防水靴はアザラシの毛皮を唯一の材料としていた。一方タレミウトにとって、内陸の産物のうちでは衣料の材料としてのカリブーの毛皮が重要であるが、タレミウトはカリブーを居住地の周辺で散発的ではあるが狩猟することが可能であり、ワナ猟によってその他の動物の毛皮も補っている。交易品の双方にとっての比重の相違が相互関係をいく分アンバランスなものにしているが、これは具体的には交換価値の優劣として表れている。海の産物の価値の方が陸の産物より高いのである。また交易の参加者、参加率もヌナミウトの方が高く、交易地に一足先きに来て交易のパートナーを持つのも常にヌナミウトの方である。ヌナミウト自身は自らはカリブーだけでも生活していけるという意識をもっているが、事実は、交易によって海の産物を得ることが絶対的に必要な状況にある。こうした交易遠征も、二十世紀の初頭からタレミウトの白人との接触がひんぱんになるに及んで衰退していった。欧米の交易品が多種多量に入ってくると、タレミウトにとって、ヌナミウトとの交易の意義がなくなり交易参加者も減少していった。ヌナミウト・エスキモーの記憶では、一九一六年に行われたのが最後であったという。交易の廃絶はタレミウトの側からの一方的な打切りという性格が強いが、これによってヌナミウトがこうむった打撃も決定的なものであった。交易によって獣脂やアザラシの毛皮など手に入らなくなったヌナミウトは、その後内陸を離れて海岸へ向わざるを得なくなったのである(4)。

(四)パートナー。ヌナミウトもタレミウトも核家族を基本的な社会単位とし、これから双系的に展開する親族関係に沿って様々な社会的営為がくりひろげられる。だが親族関係はヌナミウト／タレミウトの境界を超えて広がることはまれである。ヌナミウトもタレミウトも、はじめは互いに相手をよそものとして意識しているが、こうした相互閉鎖的な状況をのり超える関係の方式としてパートナー関係がしばしば設定される。ヌナミウトの成人は女性も含めて殆どがパートナーを持っている。パートナーの相手はかならずしも異なる生態グループの成員であるとは限らない。だがヌナミウトにとってタレミウトとのパートナー関係は経済的にきわめて重要である。これはパートナー関係が主要に機能する場面が交易遠征だからである。ヌナミウトとタレミウトは、これ以外の機会にも接触することはあるが、その接触は偶発かつ恣意的なもので、制度化された接触は、交易遠征に限られている。交易地での交易では、パートナー関係にある者同士が、まず優先的に行う。他の買手や売手があっても、パートナーが来るまで交易をしないし、パートナー同士は値切りをしないで適正な交換を行う慣行もみられる。逆にパートナーを持たない者は、自分の持ってきた物を公開のせりにかけねばならず、値切られる不利を覚悟しなくてはならない。パートナー関係の機能は基本的には経済的な性格が強いが、二次的な機能として、友情に色どられた社交があげられる。

パートナー同士は食べ物の交換をするが、これは他の物品の交換にみられるフォーマルな経済的性質のものではなく、互いの関係をよくするために行う贈与といったおもむきが濃い。パートナー同士は冗談を交したりする仲でもあり、時には妻交換も行って友情を深めた例もあるという(5)。

（五）使者祭。使者祭 kimyic は、宗教的というより社会的な儀礼であり、これが儀礼とされるのも、その手続が精巧に定式化されているからである。ここでは、その概略を紹介しておく。使者祭の主催者、すなわち主人となるのは、タレミウトの村々の鯨組の親方ウミアリクであって、ヌナミウトのメンバーがこれを主催したという例はきかない。だが、ヌナミウトも客人として招待を受ける範囲に含まれている。使者祭を主催したいと計画するウミアリクは、その日に備えてあらゆる財物、食料をたくわえ始める。準備が整うとメッセンジャーを二人選び羽毛のついた杖を主人からわたされる。メッセンジャーは主人から客への細々としたメッセージをうけとり、それを暗誦《あんしょう》して客側の村へと出発する。客となるのは主人と同じランクの者で、両者はパートナー関係を結んでいることが多い。パートナー関係には前述の交易を本質とするものの他に使者祭パートナーというものがあり、互いに主客となり合うのである。使者は村々に到着すると招待客の名をよびあげ、主人からことづかったメッセージを読み上げる。そのあと、招待客は使者と一緒に主人の村へ出発する。招待を受けた本人が行けないときは女を代理にすることができ、女が都合の悪い場合は犬も代理になる。客と使者の一行は目的地の近くに雪小屋を設けてキャンプする。使者だけがウミアリクのいるカリギ（集会所）へ戻って客の名と客の欲している食料品や品を告げる。客は何を要求してもよいが、主人はその要求のすべてに応じなくてはならない。要求に応じられないと人々の嘲笑をうけ、要求を満たせば人々から賞賛されて主人の社会的地位が向上する。翌日主人側の村の選ばれたランナーたちが客のキャンプに向い、そのキャンプから主人のいるカリギまで競争を行う。勝ったものがカリギを手に入れる。競争が終って客たちもカリギに入ってそこで主人側の歓待をうける。翌日からの三日間はダンスやキック・ボールなどに興じて過し、最終日に出発のダンスを踊り客達は帰途につく。以上が使者祭の複雑な過程のあらましである。使者祭の主要な機能はコミュニティ間の交流にある。富は多い方から少ない方へ流れその反対給付が社会的名声である。また使者祭は結果として広範囲のコミュニティをまき込み、北アラスカエスキモー相互の接触の機会を提供することによってこの地域の社会的統合という機能を果す(6)。

三、分析

アイヨガマハラの神話は、北アラスカエスキモーにみられる以上のような社会的経済的現実に関するエスキモー自身による説明モデルとして把えることができる。神話はヌナミウト、タレミウトの生態的条件の対照的な相違からくる両者間のへだたりの大きさを認識させると共に、へだたりを解消ないしは縮小させるためにとるべき方式のいくつかを呈示している。神話によるへだたりの解消は二つのレベルで目指されている。一つは意識的かつ文字通りに読みとれるレベルに関わるもので、これが神話の顕在的なテーマを構成している。主人公による交易や使者祭の創始、パートナー関係の設定のすすめがこれに相当する。その意味ではこの神話は文化の起源、文化英雄の神話のカテゴリーに属する。だが神話はもう一つのレベルで、すなわち語り手、聞き手には顕在的には訴えてこないところでも、ヌナミウト／タレミウトのへだたりないしは対立の解消を目指しているように思われる。これは神話に用いられている様々なシンボルの解読によって読みとられるかくれた主題であると言える。ここでは第二のレベルに限定して、ヌナミウト／タレミウトの対立、へだたりの解消が神話の中で如何に試みられているかをテキストの順を追って分析してみたい。

（一）主人公アイヨガマハラは終始対立の解消者ないし媒介者としてふるまっている。彼が巨人であることは、ヌナミウトの居住地とタレミウトの居住地の間に横たわる地理的なへだたりを解消するにふさわしい属性である。

（二）彼は巨大な白い犬を創造した。この犬は二重の意味で媒介的な存在である。まず巨大であること。これは主人公の巨人性と同じ媒介的機能を示す属性であるが、それにもまして重要なことは犬であること自体である。エスキモーの世界では、犬は構造的に特異な位置を占めている。エスキモーにとって動物の本質は、それが狩りの獲物である点に存在する。エスキモー社会では人／動物＝獲物の対立がエスキモーの現実を構成する基本的な枠組となっている。ところが犬は動物であって獲物ではない。また人／動物の対立は内／外という空間上の対立と等比的であるが、ここでも犬はどっちつかずである。更にエスキモーの動物分類は陸／海という狩猟空間を基準にしているが、犬は陸海の双方に関わる存在となっている。このように白い巨大な犬は、犬自体が構造的に占める中間的位置とその巨大性によって主人公の媒介者としての機能を補強しているのである。[7]

（三）神話は主人公がこしらえた悪人についても述べている。奇妙なことにこの悪人は物語の中で殆ど役割らしい役割を果していない。神話が挙げている悪人の属性で注目すべきは、彼がソリに乗ることと結婚を拒否している点である。ソリは言うまでもなく地理的にへだたりを縮小する上での最良の交通手段であり、婚姻は二つの集団間の対立を解消するものである。その意味で悪人は主人公や犬が果す媒介機能とは逆の反媒介者的存在となっている。したがって悪人のエピソードの挿入は主題に対する反主題という形で、主題をネガティブに浮き彫りにするものであるといえよう。

（四）アイヨガマハラはブルックス山中のサーヴェイパスとバロー岬を往復する。数百マイルの距離を巨人の大またな足で片道わずか二日で行ってしまう。彼が一泊した地点（コルヴィル川とイトキリク川の合流点）はほぼ行程の中間にある。地図からも明らかなように行程の前半は陸路、後半は海岸伝いである。ここで彼は、イグルーでない雪小屋 aputyaq をたてて泊ったと述べられている。イグルーは元来、海岸でのキャンプに用いられるもので、陸では通常テントや土小屋を使用する。そのどちらでもない雪小屋を建てることによって、主人公は陸でも海でもない空間を創出したことになる。(8) 現実にはあり得ない二日という行程、宿泊地の中間的位置、雪小屋の設営によって、ヌナミウト、タレミウトの間によこたわる時間的、地理的、ならびに宇宙論的なへだたりは縮小されるのである。

（五）主人公は、バロー岬に着くが、だれも彼のことを知らない。タレミウトエスキモーが彼の名を聞いても、なかなか覚えられない。カリギにやっと招じ入れられる段になってもうまく入れない。これらのエピソードは、いずれもヌナミウト／タレミウトのへだたりの大きさ、それの解消の困難さを意味しているように思われる。

(六) 主人公は、マクタクをもらったお礼として、内陸の動物を呼んでタレミウトに狩らせる。この狩りも一人が禁句を口にすることによって失敗する。この失敗は必然的なものであるといえる。なぜなら、もしこれがうまく行き続けると、タレミウト＝海の動物、ヌナミウト＝陸の動物という両者間のバランスが、タレミウトの側に有利に傾いてしまうからである。このエピソードによって、陸の動物とタレミウトとの過度の接近が回避されたのである。

(七) 主人公は二つのグループの賭け競争を催す。タレミウトの側が勝てばヌナミウトから毛布をもらえ、負けても交易の機会がもてるというのが賭けの内容である。交易とは本来互恵的なものであるからこの賭けは一見ヌナミウトに不利なようにみえる。だが既に述べたように交易の双方にとっての比重が異なることを考慮に入れるならばこの賭けはバランスがとれたものであるといえよう。ヌナミウトにとってタレミウトとの交易は集団の存亡にかかわる必要性があるのに対して、タレミウトの場合は交易抜きの生存も可能であるというのが現実の関係だからである。

(八) アイヨガマハラは立ち去るにあたって人々に倫理的な訓戒を垂れている。その中味は、怒らない、愛し合う、親切にする、助け合うという倫理である。これらはいずれも、個人あるいは集団間の対立の回避を目指ししている点で共通しており、これを拒否する悪人の属性と対をなしている。

註

(1) Gubser 1965 : 29-32

(2) Ibid. : 28

（3）ibid.：32
（4）Spencer 1957：193-209、明治大学アラスカ学術調査団一九六一：一七四―一八〇
（5）Spencer 1957：166-177
（6）Ibid.：210-228、明治大学アラスカ学術調査団一九六一：一九九―二〇四
（7）岡：255
（8）同書

参考文献

岡 千曲
一九七九「アザラシ・カリブー・サケ――中央エスキモーにおける世界構成と動物をめぐるタブー」『相模女子大学紀要』42Ａ（本書所収）

明治大学アラスカ学術調査団
一九六一『アラスカ』古今書院

Gubser, N. J.
1965 *The Nunamiut Eskimos, Hunters of Caribou.* New Haven and London, Yale Univ. Press

Spencer, R.
1957 *The North Alaskan Eskimo.* New York, Dover Publications, inc.

エスキモーの人名習俗

一、人名は人間のアイデンティティーの本質的な要件をなす

エスキモーにとって人名は、人間が人間であるための必須の要件の一つをなしているかのようである。

北アラスカのブルックス山中にすむヌナミウト・エスキモーは、ある人間のことを思いうかべるのに、名前抜きでするのは不可能だという。このグループの調査を行ったガブサーに、あるヌナミウトは大都市（彼にとっての）フェアバンクスでの体験を次のように語っている。「自分がその名前を知らない人々をあんなに沢山見るのは実に妙な感じだ」と。[1] 彼の目にはフェアバンクスで見かけた多数の無名の人々は、人間としての本質的要件の一つを欠いたいわば人間ともつかぬ存在として映ったのかもしれない。

北米最北端の地ポイント・バローでは、生まれたばかりの子供が泣き続けるのは霊魂が入り込もうとしているからだという。あるインフォーマントが語っている例では、両親が赤ん坊を連れて旅に出ているあいだその赤ん坊は泣き続けていた。そこで彼らは最近ある老女が死んだことに気がつき、その名を子供につけたところたちどころに泣きやんだという。(2) 要するに、未だ命名されていない子供は中途半端で落着かない状態にあり、名前をつけてもらうことによってはじめて人間の条件を完備するというわけだ。

名前がその人間に決定的なアイデンティティーを付与することに関しては、この二つの例よりもネツィリク・エスキモーのかつての嬰児殺害にまつわる習俗を例に引く方が適切かもしれない。このグループでは苛酷な自然条件が存続可能な集団の人口の上限を先定していた。そのためにそのつどの条件次第では集団が扶養しうる人口上限を超える子供が生まれてくるケースも生じることがあった。そのような場合彼らは女児を優先的に選んで雪中に遺棄する等の方法で解決をはかることがあった。さもなくば集団そのものの存続が危殆に瀕したからだ。ここで重要な点は、殺害の対象が未だ命名されていない女児に限られたということである。ネツィリク・エスキモーにとっては、命名を了えた嬰児を殺すということは、その名前に宿る同名の死者の霊（後述するように、生まれてきた子供に死者の名を与えるのは汎エスキモー的といってもよい慣行である）を傷つけることを意味した。そのために、生れてくる子供（女児かもしれない）が生き延びることを切望する母親は分娩以前に命名してしまうこともあったという。(3)

ここには、個人は命名されることによってはじめて完全な条件を備えた人間存在となる、端的にいうなら人間としてのスタートを分娩時でなく命名時に設ける人間観がはっきりと看て取れる（さしずめこれの対極をなすのは、堕胎に対して厳しい態度で臨む、すなわち人のスタートを受胎時にまでもっていくカトリック社会などであろう）。

また本名の使用を避けたがる習俗のあることが多くのグループで報告されている。

一例をあげればマレミウトのある人々は自分の名前を口にするのを好まず、名前を尋ねられると困惑して傍らにいる人間に代って答えてもらうという(4)。

マッケンジー・エスキモーの一人の女性は、人から彼女の親族の者の名前をきかれても当人がその場にいるときは答えようとしなかった。さらに両親や兄弟姉妹の名は当人達がそこにいなくても口にせず第三者にいわせたという。マッケンジー・エスキモーでは一般に男性は女性にくらべてより自由に親族の名を口にできたが、それでも本人のつつしみ深さの程度による違いがあったという(5)。

いずれにせよ人名を口にすることを人に差し控えさせている規範が存在していたことはたしかだ。人名を口にしないとは、個人相互を識別するという人名本来の記号作用を一時的にであれ停止してしまうのである。すなわち人名はここに至っては単なる記号以上の実体的存在とみなされているのだ。

二、人名は霊的実体をもつ

グリーンランドにすむエスキモーの間にみられる人間論を要約すればこうである。

人間は霊魂、身体、そして名前から成っている。霊魂は人の姿をしていて当人に影のようにつき従う。霊魂は不滅であるが当人を離れると当人は死ぬ。名前は本来の意味では霊魂ではないが、一定の生命力やスキルを備えた霊的存在である。(6)

イグルーリク・エスキモーにとって霊魂とはすべて生あるものにそれ個有の姿を与えるもので、人を人にし、カリブーをカリブーたらしめているのは霊魂であると考えられている。名前も霊魂とは異なるがそれでも霊的性質を帯びている点ではグリーンランドの場合と大差ない。ここでは人が名前をもらうと、同名の死者のもっていた力強さ、スキル、霊的資質をうけつぐとされている。死者の名は遠い過去から連綿とうけつがれていくため、シャーマン達はその霊的飛翔の折りに「各人の背後に本人を助け導く霊達の力強い行進のようなもの」を目撃することになる。(7)

名前が霊的実体をもつことはこれも汎エスキモー的といってよい了解となっているが、多くのグループはこれに守護霊的な属性を認めている。

例えばネツィリク・エスキモーは、名前は肉体の霊魂とは独立にふるまう霊魂をもち、この霊魂は名前の持主にとっては守護的な存在であると考えられている。(8)

報告者によって霊魂 soul、霊 spirit 等用語のちがいはみられるが、エスキモーが主に身体にかかわる霊的実体とは別に名前にも霊的実体の存在を与えていたことは明白である。

これら二種の霊魂の相互の関係についてマッケンジー・エスキモーは次のように考えている。人が死ぬとその霊魂は数日間家の中にとどまり、その後墓地へ行ってムラに赤ん坊が生まれるまでそこに待機している。赤ん坊は自らの生得の霊魂（待機中の霊魂とは異る）とともにこの世にやってくるのだが、この霊魂は未熟で愚かでひ弱い。そのため赤ん坊には自分の固有の霊魂の世話をしてくれる経験をつんだ聡明な霊魂が必要となる。そこで母親は、子供が生れるとできるだけ早い時期に呪文を発して墓地で待機中の霊魂を招び出し赤ん坊の守護者となってもらう。こうして赤ん坊に命名された名前は、かつてその名の死者が具えていた智恵を本人に授け、かくして赤ん坊はいわば死者の生ける名代となるのである(9)。

さらに興味をひくのはこうした霊魂理論が子供のしつけの分野において前面に登場してくることだ。エスキモー社会で子供が甘やかされている、親が子供を叱らないということは彼らと接した外部の人間の多くによって観察・指摘されている。マッケンジー・エスキモーとて例外でないが、彼らはこれを教育論的に正当化するのでなく、霊魂理論に根拠を求めようとする。すなわち親が子供を叱るとき、叱られているのは子供当人だけでなくその名前の霊も叱られているというのだ。名前の霊は叱責されると腹を立てて当人を病気にしたり、場合によっては死に至らしめることさえあるという。さらに叱責が不断に続くと子供を守護する立場にある名前の霊は当人のもとを離れ叱責をうけない別の子供のところへ引越してしまう。そこで親は子供をできるだけ叱らないようにするというわけだ。一方、子供自身の生得の霊魂の方も当人の成長とともに次第に力強くなり、経験をつんで聡明になってゆく。子供が十歳から十二歳位になると霊魂のほうも当人の面倒を充分みてやれるだけの力がついてくる。こうなると親はそれまで子供にたいして守護的な役割を果たしてきた名前の霊の機嫌を損ねることなく子供のすることを禁じたり罰したりできるようになるのである(10)。

エスキモーの親に子供を叱りにくくさせている社会的背景にはこれとは別の側面もある。それは、子供につける死者の名が親にとっては上位世代の親族に由来する頻度が高いことである。例えばネルソン島の場合、子供につける名前で最も多いのは祖父母、もしくは祖父母の世代の親族の名前である。ここでは本名の使用を避けようとする慣行があるため、死者の名を継承した子供と死者の親族とは互いに親族名称で呼び合う。こうなると親はわが子のことを「お父さん」、「お母さん」などと呼ぶ羽目になり、世代的な優位に基く権威が著しく損われざるを得ず、子供に厳しく臨みにくい心理的環境が形成されるのであろう。(11)

いささか話がずれてきたきらいもあるので名前の霊的実体に筆を戻そう。まず人名は単なる識別のための記号以上のものであって、霊魂、身体とともに人間存在を構成する本質的な契機をなすもの、しかもそれは霊的実体をもち、人名を継承するとは同時に霊的エッセンスを継承することを意味するものでもあった。この継承の具体的プロセスは新生児の命名法によくみてとることができる。

三、子供には死者の名をつけることが原則である

ネルソン島を調査していたフィーナップ＝リオーダン女史は一九七八年の秋に、生れたばかりの娘を伴ってこの島に戻ってきた。彼女がムラに帰るやすぐ彼女のインフォーマントの老女がやってきて三週間を遡らない前に死んだイトコの名前を女史の娘につけた。ムラ人はその後ことあるごとに「彼は白人に生れ代った」とか「彼はいつも英語を習いたがっていた」などとからかったという。(12)

ネルソン島の命名法の伝統的規範は、最近死んだ祖父母もしくはその世代のメンバーの名をつけるというものであったが近年はこの規範もないがしろにされることが多くなった。それでもこのエピソードには死者、それも最近死んだ者という原則だけは未だに適用されている。また、冗談半分とはいえ死者の性向（このケースでは英語を習いたがっていたといわれる性向）が世代を超えて流れてゆくという一種の転生観もここには認められる。

これより以前フロイヒェンはトゥーレ地方での自身の体験をこう語っている。

エスキモー女性との間に彼の息子が生れたとき、誰の目にもその息子が五ケ月前に死んだ曾祖父の生れ代りとうつった。曾祖父の名がつけられた息子はかすかに斜視であったが、これは彼の体に入り込もうとしていた曾祖父の霊から送られたサインであると解釈された[13]。

転生については、かつてのエスキモーはこれを真正な体験にもとづく理論としてうけとめていたと思われる。

バフィン島では、死者の霊魂はのぞめばこの世に戻って再生するものと信じられていた。一八九六年に死んだ一人の老人は臨終にあたって、自分はある婦人によって生まれなおすであろうと宣言した。その後しばらくしてこの婦人は一人の女児を産んだのだが、その子は死んだ老人の生れ代りであると信じられた[14]。

生れてきた子供に死者の名をつけることは汎エスキモー的命名原則であるがこの原則の枠内ではかなりの変異がみられる。

まず死亡と出産の時間的関係をめぐってちがいが生れる。報告の多くは最近の死者としているが、これをもっと限定するところでは一番最後に死んだ者の名を新生児に与えるとする。

ベーリング海沿岸のエスキモーの間では子供が生れるとそのムラで一番最後に死んだ者の名をつけていた[15]。

イグルーリク・エスキモーはさらに条件をつけて、母方の親族のうち最後に死んだ者の名が子供に与えられた[16]。

ささいな差異のように思われるが、無限定に「最近の」とする規則と「最後の」と特定するのとではその論理的帰結にはかなりの距りが生ずる。つまりこうである。後者の規則を採った場合、最後に人が死んで次の死者が生まれてくるまでの期間が長びけば、複数の子供が生れてくる可能性が大となり結果として同名者が生じやすくなる。反面、死者と子供との親族関係は問題にされない。子供は親族関係の有無にかかわりなくその死者の名を継承せざるを得ない。

マッケンジー・エスキモーでは一件の死と次の死との間に複数の子供が生れると、その子供たちは同じ死者の霊魂を各自の守護者とするとある。この記事では同名者となるとは記されていないがこの霊魂の守護的性格を考えると彼らは名前も共有していたとみてよい[17]。

これとは逆に「最後の」と特定しない規則を採用すれば一人の子供が複数の死者の名をもらう可能性と共に、名前をもらう死者との親族関係を適切なものに選択する余地も生れてくるであろう。このように死亡と出産との時間的関係、親族関係のありようといった条件づけによって命名規則のヴァリエーションが生ずるわけであるがいずれにせよ死者の名を生れてきた子供が継承するという原則には変りがない。この人名継承の原則からは、人と社会のなりたちに関する次の命題が導かれる。

四、社会はまず人名の体系として個人に先立って存在する

死者の人名を継承するということは当然のことながらその否定的側面として新しい名前を創造しないことを意味する。これをあえて極論すれば、社会はまず一定数の人名から構成されており、かつ人名の総体は不生不滅、不増不減の閉じたシステムをなしているのであるから社会は変化を拒む非歴史的存在となる。さきほど述べたように、一件の死と次の死までの間に生れた複数の子供に同じ人名をつける慣行もこうした人名・社会観にのっとった解決法とみることができる。かつてのエスキモーのように人口が一〇〇人を超すのがまれな小規模社会では同名者が存在することは、個人の識別にとってはかなり不都合な状況をつくり出す。人名（固有名）の本来的機能が個人の記号的識別にあるとするなら、ここではそれをあえて犠牲にしてまでシステムの方を優先させていることになる。そこで考えられるのはこのように使用される人名は個体を命名識別するという本来の意味

での固有名詞の性格を失っているのではないかということである。いい換えるならば社会には現実に存在する個人に先立って精神・心理的特性さらには身体的特性の分類リストが用意されていて、生れてきた個人は殆ど選択の余地なくこのリストで空いている項目をあてがわれてしまうのだ。

エスキモーの人名に性差が殆ど認められないのもこうした観点に立てば納得できよう。人名の性別を無視することの端的な例は、いくつかのグループにみられる分娩以前に命名する慣行である。

カナダのデーヴィス海峡のエスキモーの間では分娩以前に子供が命名されるケースがままある。そのときは親類か友人が母親の腹に手をおいて生れてくる子供の名前をきめる。名前は男女両性に用いられるので子供が男になろうが女になろうが問題はない[18]。

ネツィリク・エスキモーもはじめのところで触れたように嬰児殺害を避けるために分娩以前に命名してしまうが、ここでも名前には性別がないので問題は生じない[19]。

ネルソン島の場合、通常は男女の名前は区別されているが常にそうとは限らない。ふつうなら反対の性につけるべき名前をつけられた者はヘアスタイル・おもちゃ・衣服やダンスのパートナーといった事柄でその名前の性に応じた扱いをうける[20]。

この最後の事例はエスキモーの人名と個人の関係を考えるのに格好の材料を提供してくれている。社会にとって一次的に存在するのは人名という分類のシステムなのであって現実の個人はあと追い的にこれと折り合いをつけているだけの存在でしかない。そこでは性という生物学的属性ですら後景に引っ込まざるを得ないほどである。こうなると個人という言葉も、一回起的でユニークなという本来の語義で使用するのはもはや不適当といわざるを得ない。その意味では人間は社会という舞台に登場する役者のような存在だ。彼は分娩の前後に社会＝人名体系という舞台に人名という役割衣裳を身に帯びて登場し、死に際してこれを待機中の次の役者に渡して引っ込むのだが芝居の方はとぎれなく続けられてゆくのである。

このように社会を一つの閉じた、新しい要素の入り込みを拒む、人名のシステムとして捉えるとき考慮すべきことはこれを開こうとする力のあることである。大げさに云えば人名はシステムと歴史のせめぎ合う場にもなっているのだ。システムに綻びが入る契機は至る所にあるが、システムの側も手を拱いているだけではなくこれに柔軟に対応する。人名のシステムに関していえば生れてきた子供には死者の名をつけるという原則が新しい名前の創出を拒むことによってシステムの綻びを未然に防いでいるわけであるが、一見してこの原則を破っているようなケースの生れることがある。

ネルソン島の場合がそうである。ここでの命名規則は最近死んだ祖父母もしくは祖父母の世代の者あるいは年長の兄弟姉妹で祖父母の世代の者に因んだ名前を新生児につけるというものだが、ときには存命中の祖父母の名前をつけることもあるという。(21)要するに生れてきた子供にかなりの条件づきの規則を適用すれば手持ちの空いた人名がなくなるという事態は充分予想できるので次善の対応策として存命中の祖父母の名前を使用せざるを得なかったのである。たしかに死者の名を継承するという原則は破られているが新しい人名の創出だけはなんとしても回避しようとしたのであろう。この場合死者の名を継承するという原則から死者という項を落すことによって原則を拡大して人名システムの維持をはかったものとみることができよう。

さらに注目すべきはネルソンがベーリング海沿岸のエスキモーの人名習俗に関して報告している

事例である。

ここではムラから距った所にあるツンドラやキャンプで生れた子供には、母親が分娩後に最初に目にした事物、すなわちブッシュその他の植物、山・湖といった自然物の名を子供につけるという。[22]

このきわめて異例な命名法（手許の資料ではこれが唯一）で注意をひくのは命名する空間の性質と命名法にみられる恣意性・偶然性である。前者についていえばツンドラやキャンプといったムラから距った所にある空間は非社会的な空間であって、ここでの出産は社会の外で行われた自然の出来事に属するものとみなされていたとも考えられる。前述のように人名は社会にとって一次的な意味をもつ閉じたシステムをなしている。システムの閉鎖は現実の空間にも投影される。ここで想起されるのは先に挙げたマッケンジー・エスキモーの、死後の霊魂のふるまいに関する記事である。彼らの霊魂理論によると、人が死ぬと死体はその日のうちに近くの丘に運ばれるが名前の霊魂の方は数日間家の中にとどまりそのあと墓地で、ムラに新しく子供が誕生するまで待機する。つまり名前の霊魂の行動範囲が社会的空間の外延を画定することになり、ムラから距ったツンドラやキャンプは霊魂の射程外というわけだ。したがって命名行為もシステムの外部で行われる。そこで採られるのが偶然性に頼った恣意的な方法なのである。システムの中での命名には恣意性の入り込む余地は殆どない。システムの指定した空いている名前を必然的にもらう他ない。

こうした、システムの外部で行われる命名はたしかに新しい名前を創り出し人名システムに綻びをうみそれを開く可能性もはらんでいる。だがシステムはそれを自らの外部で起った自らの関知しない異例の出来事として処理し破綻の危険を最小限に押えるべく努力しているかのようである。

註

（1） Gubser, Nicholas J. The Nunamit Eskimo：Hunters of Caribou. New Haven, Conn.：Yale University Press. 1965 p. 206

（2） Spencer, Robert F. The North Alaskan Eskimo：A Study in Ecology and Society. *Bureau of American Ethnology Bulletin* 171. Washington. 1959. p. 288

（3） Balikci, Asen The Netsilik Eskimo. Garden City, N. Y.：Natural History Press. 1970. p. 220

（4） Nelson, Edward W. The Eskimo about Bering Straight. *Bureau of American Ethnology,* 18*th Annual Repart.* Washington, 1899. p. 289

（5） Weyer, Edward M., Jr. The Eskimos : Their Environment and Folkways. New Haven, conn：Yale University Press. 1932. p. 297

（6） Rasmussen, Knud The People of the North. 1908. p. 106

（7） Rasmussen, Khud Intellectual Culture of the Iglulik Eskimos. *Report of the Fifth Thule Expedition* 1921-1924. vol. 8 Copenhagen 1929. p. 58

（8） Rasmussen, Knud The Netsilik Eskimos：Social Life and Spiritual Culture. *Retport of the Fifth Thule Expedition* 1921-1924. vo1. 8. Copenhagen 1931. p. 219

（9） Weyer : 1932. P. 293

（10） Ibid., p. 293

（11） Fienup-Riordan, Ann The Nelson Island Eskimos：Social Structure and Ritual Distribution. Anchorage, Alasla Pacific University Press 1983. p. 150

（12） Ibid., PXviii

(13) Freuchen, Peter Book of the Eskimos. Dagmar Freuchen, ed. Cleveland：World Publishing Company 1961. p. 155

(14) Boas, Franz The Eskimo of Baffin Land. *Transcriptions of the Anthropological Society of Wasgington* 3：95-102. Washington. 1885. p. 146

(15) Nelson：1899. p. 289

(16) Weyer：1932. p. 292

(17) Idid., p. 294

(18) Boas, Franz The Central Eskimo. in *6th Annual Report of the Bureau of American Ethology* 1884-85. Washington. 1888. p. 612

(19) Balikci：1970. p. 220

(20) Fienup-Riordan：1983. p. 151

(21) Ibid., p. 149

(22) Nelson：1899. p. 289

かぐや姫北へ

　前世紀の終わり頃、晴れた日にはシベリアも望めるという新大陸の最西端に位置する岬プリンス・オブ・ウェールス岬の近くのアラスカエスキモーの村の周辺でカーバーは数多くの民話、昔話の類の口碑伝承を採集し、それらを *Stories and Legends of the Bering Strait Eskimos* という本にまとめている。彼の精力的な採集を駆り立てた野心の裏には、この旧大陸からの最短の地にかつての新旧大陸間の民族移動の痕跡を探し求めることがあったと思われる。今日ではそのような試みは大方から一笑に付されるであろうが、筆者はそのうちの一篇に彼の野心の的を射ている可能性を見て取りたいのである。本稿で取り上げるのは、彼がベーリングエスキモーの村ケーンギアンの話者エトゥケオクから聞いた『月の男』という話である。

　あらすじはこうだ。昔々、ベーリング海峡沿いの村ケーンギアンに、タケナという名の一人の美しい娘を持つ夫婦が暮らしていた。彼女は美しいだけでなくきだてのいい子だった。ある日彼女は

ポイント・バロー
ポイント・ホープ
イピウタック
ウェーレン
プリンス・オブ・ウェールス岬
ケーンギアン村
ベーリング海

関連地図

母親が山菜の根やサーモン・ベリーを採るのを手伝いに出かけた。母親はバケツいっぱい採ると先に村に帰ってしまったが彼女は両親のために選りすぐって採っていたので手間がかかった。たまたま山菜がいっぱいあるところに来て掘りはじめると間もなくバケツいっぱいになった。そのとき、ツンドラの苔をふと見ると、驚いたことにそこにはとても小さな赤ん坊がいた。彼女の指にも満たないほど小さかった。彼女はその子を乾いたツンドラの苔に丁寧にくるんで興奮して家路についた。

タケナは両親に子供を見つけた様子を話し、その子のためにリスの脚の毛皮でパルカを作ってやった。父親はこれを見て、そんなに赤ん坊が好きなら我が子のように育てなさいと云った。娘はこの子がとても気に入り、この子の母親になりたいと思った。

だが朝になってみると赤ん坊は瞬く間に大きくなり、前日に作ったパルカではかろうじて脚を覆うぐらいになっていた。今度はリスの全身の毛皮でパルカを作ってやった。かくして彼女は毎日のように赤ん坊の衣服を作ってやらなくてはならなくなった。赤ん坊も程なく歩くことを覚え始めた。

ソヤスヴィクすなわち初雪の後の最初の満月がやってきた頃、タケナの寝付きが悪くなった。目覚めて考えるのは子供のことと自分の家を持つことであった。ある晩両親が寝付いたとき彼女は赤ん坊と一緒に新鮮な空気を吸いに表に出た。別の夜、赤ん坊を負ぶって浜辺を散歩していると橇が堅い雪の上を滑ってくるような音が聞こえてきた。その音は月の方角からやってくるようだった。音のする方の空を見ると、犬橇が月面を横切るのが見えた。それはまっすぐ彼女の方に向かってくる。またたくまに近づいて彼女の前の雪上に着陸した。橇につながれていたのはたった一頭の巨大な犬だけだった。乗り手は高価なクズリの毛皮に身を包んでいた。男は名をシフナキアトと言い、月にある家からタケナとその家族を訪ねてやってきたという。タケナはこの男を両親の家に連れて帰って手厚くもてなした。翌朝彼女が朝食の用意をしているとき彼が云うには、自分は息子を捜している、自分は息子を、良い母親が見つかるようにと地上に投げおろしたと。タケナは赤ん坊を彼に見せ、自分がこの子をツンドラで見つけ我が子のように育てていると云った。シフナキアトは赤ん坊を調べ、耳の所についている印で自分の息子であることを確認した。そのとき彼女が悲しげな顔をしているのを見て、彼女がこの子のすばらしい母親だったから自分と結婚してくれと云う。その晩彼女は求婚を受け入れたしるしに、トーメアクすなわち選りすぐりの食べ物でいっぱいの大皿を差しだし、その一片を手ずから彼の口に選んだ。彼は橇に積んできた見事な毛皮を両親に贈り物する。

その冬の残りをシフナキアトは家族のために狩りをし十分すぎるほどの数の獲物をいともかんたんにしとめた。両親は娘が真に偉大なハンターと結婚したことに大喜びだ。

翌年の初雪のあとの最初の満月の頃になってシフナキアトは月のわが家へ帰る準備をした。もちろん妻と赤ん坊も一緒に連れて行くつもりだ。両親には次の年に訪ねてくることを約束した。ある満月の晩両親がぐっすり寝ているとき、彼は犬を橇につなぎ、妻と息子を橇に乗せ出発した。地上を離れる前に妻に橇が止まるまでは決して地上を見下ろさないように言い含めた。彼等は高い山を登るように空高く上がっていった。そして彼女がきづくまもなく月に着いた。月は地上から見ていたよりも明るかったので彼女はうれしくなった。しばらくして彼女はひどくのどが渇いたので夫に水を汲んできてとたのむ。

夫の姿が見えなくなるや、とても奇妙な女がやってきた。女が云うには、じぶんはシフナキアトの本当の妻だ、彼が帰る前に着ているものを取り替えよう。彼女は夫を裏切るようでいやだったが、この奇妙で邪な女は無理矢理取り替えてしまった。衣装を取り替えると程なくタケナは地（月）面に倒れ、虫達が死体のような彼女の体の中に入り込んできた。

シフナキアトが橇に戻ってきて入れ替わっているとは知らずに女に水をあげた。赤ん坊はこの女が自分の大好きな母親でないことを知っていたので泣き始めたが、彼はこれに気づくことなく旅を続けた。ほどなくするとタケナの呼ぶ声がする。戻ってきて、その女は本当の妻ではないのよ。彼は橇を止めて女に、誰かが呼んだようだと言うが、女はこれに、オオガラスが鳴いているのよとごまかす。なっとくして先を進むとまた呼び声。今度はキツネが吠えているとごまかされる。

一方タケナは死人のように取り残されたが、まもなくしてカリブーの大群が現れた。彼女は、カリブーに踏んづけてもらえば自分をからめ取っている殻が割れるかもと思う。だがカリブーは通り過ぎてしまった。それに代わってとても小さな男が彼女の叫びを聞いてやってきた。その男はキツネの毛皮の衣装に身を包んでいた。男が云うには、自分がかつて地上を訪ねたときおまえの父親からとても親切にしてもらった、だから今度はおまえを助けよう。そういって拳で彼女を閉じこめていた殻を割った。たちまち彼女は元通りになったが着るものがない。小さな男が云う。向こうに泥をこねた土がある。その中に望みのものを描けば、描いたものは何もかも手にはいる。彼女は云われたとおりにして、衣服、家、橇そして橇をひくトナカイの絵を描いた。そして眼を閉じて泥土を力一杯蹴るとまるで地球が破裂したかの様な大きな音がした。目を開けるとそこには彼女がほしいものが。

さてシフナキアトは赤ん坊と妻だとばかり思っている女と家に帰った。彼は闇の中では女の正体がわからなかったが、翌朝日の光の中で彼女が残忍で不実な前妻であることがわかった。彼はだまされたと知って大いに怒り、この女を取り除く計画を立て、彼のもとにいる二人の孤児に赤ん坊と外で遊ぶように云う。二人は遊んでいてたまたまタケナの新しい家にやってくる。そこで彼女に赤ん坊のことを話すと彼女はすぐに連れてきてくれと云う。赤ん坊が連れてこられて母子はうれしい再会。彼女は二人にこのことは秘密よと云うが二人は家に帰るとたまらずしゃべってしまう。シフナキアトはこれを聞いてみんなを呼び集め、家の前に薪の山を積ませた。彼は女に、おまえの頭でkoomuck（意味不明）を獲るというと女はその動きがなだめるようで優しかったので眠り込んでしまった。彼はそっと家を出て薪に火を付け、女を連れだして薪の山に投げ入れた。

明くる日彼は愛する妻のもとへでかけたが彼女は家に入れようとせず、あなたにはすでに妻がいます、私が虫のように倒れていたとき、あなたは呼んでも戻ってこなかったとなじる。シフナキアトが訳《わけ》を話すと納得して直ちに荷物をまとめて夫の家に行った。

その後彼女は赤ん坊と夫の姉妹と一緒に幸せになった。三ケ月後彼女は素敵な息子を産み、みんなそろって地上のタケナの家族を訪問した。

以上が『月の男』の抄訳である。原文は英語であるが、イヌピアック語で語られている現場ならばその柔軟で優れた表現能力を持つ指示詞によって話の舞台の空間的関係などがもっとニュアンスに富んだものとなるであろうがそれはさておき、この話から我が国の竹取物語を連想するのはあながち筆者のみではあるまいと思う。ここで竹取物語の梗概をおさらいしておこう。伊藤清司は『かぐや姫の誕生』のなかで竹取物語の構造とあらすじを次のように整理している。

一、かぐや姫の生い立ち

竹取の翁が竹の節の中から童女を発見し、養女とする。それ以後、翁はたびたび、竹の中から黄金を見つけ、たちまち富裕になる。童女は三月ばかりでみるみる成長し、やがて成女式をあげ、なよたけのかぐや姫と命名される（竹中生誕説話、到富長者説話）。

二、妻どい

あまたの男たちが、美しいかぐや姫に懸想する。その中で五人の貴公子が熱心に求婚し、それぞれが、結婚の条件として、姫より難題を課せられる。すなわち、石作の皇子には、仏の御石の鉢、車持の皇子には蓬莱の玉の枝など。いずれも失敗に終わる（難題求婚説話）。また帝も求婚するが拒否される。

三、かぐや姫の昇天

月からの使者が、八月十五日の日に迎えに来る。これは前世からの約束だと云って。姫が泣く。翁も心配し、にわかに老衰する。帝は二千人の兵で守らせるがかなわず、天人に迎えられて、姫は歌と不死の薬を残して、羽衣を身につけ、月から遣わされた車に乗って昇天する（羽衣説話）。

四、不尽の煙

帝は最も天に近い富士の山に登って、姫ののこした不死の薬を焼き捨てる。それ以来その山はふじの山と名づけられる。その煙はいまだに立ち上っていると伝えられる（地名起源説話）。

これをベーリング海峡の話と比較してみると、二と四はともかくも一と三に関しては、偶然の類似とか人間の発想の可能性の制約とかではすまされない、両者の間に歴史的、伝播の関係を設定してみたくなるようなモチーフの類似が見られる。まず月である。エスキモーの神話では月が話の焦点になるものとしては、兄妹相姦のはてに、太陽となる妹を追った兄が月になるという「月と太陽の起源」を語る神話がグリーンランドからアラスカまで汎エスキモー的と言っていいほど広く分布しているが、それ以外で月が出てくることはまずない。少なくとも月との往来のある話を筆者は寡聞にして知らない。その点この説話はエスキモーの説話としては異様なものだ。

次に月からやってくる人間に注目してみよう。ベーリング海峡の話では、まず男の赤ん坊がやってきた。この子は指にも満たない大きさであるが異常な成長をする。竹取物語では童女と性は反対であるがこれまた異常な成長を遂げる。さらに竹取物語の童女は尋常でない仕方で翁に富をもたらす。ベーリング海峡の赤ん坊はそんなことはしないが、代わりに月から迎えにやって来た男が人並み以上の能力を持つハンターとして夫婦に富をもたらしている。また、月からやってきたかぐや姫は、貴公子たちの求婚を難題を課《か》してかわすが、ベーリング海峡では月の男と地上の女は首尾よく結婚する。難題を課すかどうか、結婚が成就するか否かを問わなければ両者は「月の人間」との結婚というモチーフを共有しているのである。

また竹取説話の重要なモチーフは竹の中からの誕生であった。これは後に触れるように、中国の説話との比較の上で欠くことの出来ない要素である。ベーリング海峡の話では竹は全く登場していない。アラスカに竹が生えないのは云うまでもないことだが、このモチーフは物語の後半に、形を変えて唐突に登場する。思いかえしていただきたい。主人公のタケナ（「竹女」と当て字したくなる）は魔女によって倒され虫が体の中に入ってきた。それが具体的にどんな状態なのかテキストからは窺いしることは出来ない。ところがその後のエピソードではこの主人公はなんの説明もなく「殻」に閉じこめられた状態になっている。彼女はこの「殻」を割って助かろうと二度も試みている。二度目に小人の助けで殻の中から救い出されるのだが、この小人はかつて縁あって地上に行ったことのある者であった。この「殻」は筆者になよたけのかぐや姫の「竹」を想起させる。竹取の話にはじめて接した当時のベーリング海峡沿いのエスキモーは竹という全く見聞のないものを話に聞いてその特徴的属性をつかみこれを「殻」に翻案した。そして竹の中からの誕生のモチーフを死にかけた主人公の殻を割っての再生に置き換えて見せたといえないだろうか。このエピソードが話の流れの中で幾分唐突に挿入されているのも、竹、ひいては竹の中からの誕生というモチーフに強烈な印象をうけ、何とか物語に取り込もうとした努力のあらわれととれないこともない。

さらに竹取では、天から遣わされた車にかぐや姫が乗って昇天するが、アラスカでは唯一車に相当する乗り物といえば犬橇しかない。ごく当然の間に合わせでこのベーリング海峡版では犬橇に乗って主人公たちは昇天する。しかもその日はソヤスヴィクという我が国の八月十五夜にも匹敵する満月の晩である。こういう特定の日を持ち出しているのも無視できない。

竹取物語とエスキモーの説話の双方が示すこれらの類似をどう解釈するのか。人によっては両者を全く関係のない、独立に語られた説話と見なすかもしれない。確かに、研究者によっては竹取物語の肝腎要のエピソードであるとされる難題求婚がエスキモー版に欠けていることで両者の関係を否定するかもしれない。だが竹取物語といえども複数のエピソードの複合体であり、どのエピソードをもってその肝腎とするかは研究者の恣意に大きく左右されるのではないか。たとえば柳田國男は小さ子のモチーフを重視するし、三谷栄一はこれに神婚説話を見て取る、あるいは竹からの誕生にこだわる研究者もいれば、帝の登場を重視する関敬吾など竹取物語の研究史はさながらそうした解釈の古戦場の観を呈している。

筆者は竹取物語が本来どのような説話であったのかなどの問題には立ち入る関心も資格もない。ただこれとエスキモー版との類似を、偶然或いは取るに足りない、問題にならないものとはしないで、歴史的伝播の可能性を仮定してみたいだけである。以下はそうした仮定の下に展開する。

二つの説話の類似性を歴史的伝播の相のもとにみるとき、まず考えられる可能性は、竹取物語を知っている日本人（日本人ならあらすじは誰でも知っている）がこれを比較的近年（具体的には十九世紀の後半）ケーンギアンの住民に話して聞かせたというもの。フランク安田のような日本人の存在が思い浮かぶがこの可能性はごくわずかであろう。しかもエスキモー版の方は少なくとも一八九一年にはカーバーによって先に見たかたちで活字にされているが、これを見る限りこの語りは相当エスキモー的にこなれており、短時日にできあがったものでない、長い年月をかけて様々な細部が織りなされたものであるとの印象を強くする。説話の構成要素の入れ替え変換にはもっと時間がかかることを考慮すべきだ。

第二の仮定は、二つの説話の共通の原郷として中国を想定する。先回りして結論から云えば、紀元の前後、すなわち漢代には説話の共通部分の原型ができあがっており、これが漢帝国の膨張によって一方は朝鮮半島経由で日本に、他方は北進してベーリング海峡をわたったと仮定する。この仮定にたつとき二つの課題が待ちかまえる。一つは竹取物語と比較しうる説話が中国にも存在するのかということ。第二にはアラスカの先史文化にたとえ断片であるにせよ中国的要素、少なくとも旧大陸的なものを探し求められるのかということである。

まず第一の課題についてはどうか。ここでは竹取物語の構成モチーフのうちエスキモー版と共通するものに限って、すなわち月に関するものと竹の中からの誕生の二つのモチーフに対応する中国の説話が期待される。これに応えるものとして、ここでは伊藤清司の『かぐや姫の誕生』に紹介されている「無某無猴」と題する一連の説話のうちの一つのあらましを見ることにする。

昔雷州から遠く離れたある村に李再生という名の樵が住んでいた。子はなく細君は毎晩子宝の授かるように祈っていた。ある日、李が山で芝を刈っていると、突然一本の大きい竹の名から、人の声がする。李さんどうぞ竹の中から出してください。その竹を割ると中から二寸くらいの小さい女の子が飛び出した。どこから来たと訪ねると、月から来た、あなたと親子の縁があってこの世に来たという。この子に李月娥という名を付け大事に育てた。十数年たち彼女は美しい聡明な娘に成長した。夫婦は立派な婿を迎えてやろうと相談した（この後は難題求婚の話が続く）。読書人、漁師、猿回しの三人が求婚し、猿回しが勝つがズルしたことがばれて、追い出されてしまう。七日目の夕方猿回しがやってくると、にわかに霧が立ちこめ、やがて地面から天空に一条の路が開けた。彼女は夫婦に別れを告げ、私は月の世界のもの、今夜天使が迎えに来るというと天使について天空高くのぼっていった。猿回しは猿を失った上、妻も失い、「無某無猴」とわめき立てた。

この説話の重要なモチーフである「竹の中からの誕生」は伊藤清司によれば、西南中国の非漢民族だけでなく、中世期の漢民族の間にも語られていたらしいと云う。また最近では、一九五四年に四川省で採集された『斑竹姑娘』と題する民話の中でも主人公の女の子は竹の中から誕生している。前述したように、エスキモー版にみられる「殼」を割っての再生のエピソードの「殼」が竹を翻案したものであるとするなら、中国のこの説話は竹取物語だけでなく、エスキモー版との歴史的関係も示唆していないだろうか。

さらに月の世界の人間が縁あって地上を訪れやがてまた月に帰っていくというモチーフもある。伊藤は、竹取物語を生んだ土壌としては日本よりも中国の方が適していると考えるが、その根拠として竹中生誕伝承の民間伝承が日本よりはるかに豊富なこと、月女、月の世界の神話など月に対する観念は中国の方が古くからあった点を指摘している。エスキモーの説話世界ではこの二つのモチーフはカーバーの採集したこの話以外には全く例がない。このような話が生まれてくる伝承環境にはなく、突然降ってわいたかのような特異な説話となっている。

そのように見ると、アラスカの『月の男』、わが邦の『竹取物語』の二つの説話はそれぞれの地で独立して創造されたのではなく、よその地、すなわち中国で原型ができあがったのちに将来されたと考えるべきであろう。そこでこの仮定を補強すべく第二の課題に話を移す。ここでは説話以外の先史文化要素で中国とアラスカの関係を示唆するもので探し求めねばならない。

かねてより新大陸でのエスキモーの最古の居住の痕跡を求めてベーリング海峡地域に目を付けていたラルセンとレイニーの二人の極北考古学者は、あのラスムッセンがかつて、ポイント・ホープの近くにティガラという北極最大の非常に興味深い廃村があると述べたのに示唆を受けて一九三九年から一九四一年にかけてここを発掘した。その成果は *Ipiutak and the Arctic Whale Hunting Culture* と題して一九四八年に世に出、いわゆる「イピウタック」文化は極北研究者でにわかに脚光を浴びることとなった。

紀元後間もない頃に花開いたものと思われるイピウタック文化は、その後の研究ではノートン伝統と呼ばれる、海獣猟を主たる生業とする海に適応した文化の発達した局面を示すものとされている。だがこの文化は他のノートン伝統に共通する文化要素も含むものの、他と際だってユニークな遺物も残している。とりわけ様々な副葬品や用途の不明な装飾品のたぐいはその背景を為す宗教的観念、デザイン、細工の精緻さにおいてその他のエスキモーの先史遺跡に例を見ない特異性を示している。

中でも目を引くのは、西方を向いて埋葬された死者の頭蓋骨の眼窩にはめ込まれたセイウチの牙

図1　義眼（Larsen and Rainey 1948）

で作られた義眼である（図1参照）。義眼は人だけでなくアビ鳥にも用いられている。さらに、義眼をはめ込まれた頭蓋骨の二つの鼻孔にもセイウチの牙で作った栓がしてあり、見事に彫れた口覆いがのせてあるものもある。ラルセンとレイニーは、死体の開口部に栓をする埋葬慣行について、死者のまなざしを恐れてのものだとすると、これはエスキモーやフィノ＝ウグール的であるが、それよりも義眼のきわめてリアルに作られていることをかんがみると、これを、悪霊の侵入から死者を護るためと見る方がよいと解釈している。アビ鳥の義眼については北ユーラシアに動物を人間並に埋葬する風習が広く見られること、しかもアビという鳥はユカギールや北ツングースではシャーマンの守護霊としては最も一般的なものであるという。またイピウタックに隣接しているティガラという村の住民は、廃村イピウタックとその墓地にまつわる伝承を今なお持ち続けており、発掘の後で人骨にはめ込まれた義眼を見て、古老たちはかつてその親たちから夜遅くまで表《おもて》にいるとセイウチの牙をした人間に会うぞと戒められたことを思い出しているとラルセン等は述べている。このことはエスキモーの説話伝承のタイムスパンを考える上で見逃すことの出来ない意義を持つものだ。

また出土品の中にはセイウチの牙で出来た細工のきわめて精緻なチェーンのようなもの（図2参照）が数多くあり、ラルセンらはこれについて、イピウタック人は旧大陸の鉄製のチェーンの存在を知ってはいたが、手許には鉄のないところからセイウチの牙で代替したと推定する。彼等がイピウタックの年代に当てている紀元後まもなくの西シベリアでは鉄器の使用は一般的であったという。

さきの埋葬慣習に関して、ラルセンとレイニーは、古代中国、それも漢代に、埋葬に先立って翡翠《ひすい》の円盤などで死体の開口部をふさぐ風習のあったことを指摘している。だがイピウタック文化の原郷を西シベリアに求めようとする彼等はこの問題をそれ以上追及しない。なるほど西シベリアの先史文化にはイピウタックの文化財の多くと対応するものがみられ、イピウタック文化が基本的には起源間もない頃西シベリア方面からやってきた住民との接触によって大きな影響を受けたとする彼等の説は説得力に富むが、筆者は、ほんのかすかな片々たるエピソードに終わったにせよ中国古代文明の残響をこの地に見てみたいのである。ラルセンらが深追いせず引き返した地点から先を夢見たのは、筆者の亡父岡正雄であった。彼は一九六〇年の明治大学アラスカ調査団の一員としてポイント・ホープを訪れているが、ラルセンとレイニーの発掘成果に触発されてのことであることは間

図2　チェーン（Larsen and Rainey 1948）

違いない。後に岡は平凡社の世界考古学体系の月報に「極北における《古代文化》の断片」と題するごく短潔なエッセイ風のものを寄稿してこの問題を論じている。ここで岡が「地下にはまだいく百のイピウタック人が眠っているであろうツンドラの草原」を歩きながら夢想したものの要点を紹介してみよう。

まず鉄器の使用に関しては、ラルセンらにややおくれて一九五五年、セルゲーエフがシベリアの東端ウェーレンの墓祉から古ベーリング海文化とまったくおなじウル・ナイフ、石鏃、彫刻を施した離頭銛、用途不明の翼状牙製彫刻品などとともにほとんど完形の鉄刃彫具を発見した。この発見によってラルセン等が推定したように古ベーリング海文化における鉄器の使用が確証されることとなった。その経路についてラルセンらは西シベリアを想定するわけだが、岡は南方中国からのルートを考える。すでに満州には戦国時代の頃から中国文化が流入し、紀元前後には漢代文化は北朝の楽浪《らくろう》郡にコロニー文化を残しているし、おそらく黒竜江辺にまで波及していたと推定する。

さらにこの推定を補強するのが前述の埋葬風習が中国古代の琀蟬その他の慣習と一致するという事実である。この風習とともに鉄器が黒竜江方面からイピウタックに到達したと見るわけだ（もちろん筆者はかぐや姫をこれに加えてもらいたい）。すでに中国では、戦国時代あたりから、死者の体の九つの開孔部（九嵌）と臍に、玉を埋め、或いは塞ぐ埋葬儀礼が行われていた。北朝の楽浪の古墳からも口、眼、鼻、耳などを塞いだ玉が発掘されているし、最近の西周頃とされる洛陽付近の墓跡の発掘によっても同様のものが出土しているという。

かくして岡は、こうしたきわめて特殊な文化が、独立に、しかも極北の辺境に独立して発達したとは考えられず、中国古代文化の断片が、鉄器とともにイピウタックに到達したと結論する。

ここでかぐや姫に話を戻して拙稿を締めくくる。問題の発端はこうであった。カーバーの採集したアラスカ版かぐや姫はそのモチーフの特異さにおいてエスキモーの説話世界には類を見ないものであった。それも我が国の竹取物語を容易に思い起こすことから話は始まった。そこでこの説話の伝承経路を仮定するに、我が国からの直接のルートはほとんど見込みがないとしてこれを排除すると、考えられるのは中国しかない。中国には竹取風の説話要素が確かに存在し、伊藤清司をはじめとする研究者はここに竹取説話の原郷を見ようとしている。そこから引かれる推定は、北のかぐや姫は彼の地の説話環境の中から独立して生まれたものではなく、まして日本から将来されたのでもなく、遥か南方の中国からやってきたというものであった。だがこのあまりにも広大な伝播の時空間の仮定は、これと平行する他の文化要素の存在なくしてはほとんど現実味が無い。ここでイピウタックが登場する。イピウタック文化もアラスカのかぐや姫同様エスキモーの先史文化としては他に例を見ない特異性を示している。それだけではなく、あの埋葬風習に見られるように、古代中国を想起したくなるようなものまである。さいごにもう一点付け加えるならば、イピウタックと説話の採集地であるケーンギアン村とはきわめて近接した位置関係にあり、両者ともベーリング海峡を挟んでユーラシア大陸とは指呼の距離にあることである。

本稿は以下の文献に負うところ大であった。

伊藤清司『かぐや姫の誕生』講談社現代新書、一九七三年
岡　正雄「極北における《古代文化》の断片」『世界考古学大系月報14』平凡社、一九六〇年
Drmond, Don E. *The Eskimoes and Aleuts.* London：Thames and Hudson 1979
Garber, clark M. *Stories and Legends of the Bering Strait Eskimoes.* AMS Press New York 1975
Larsen, Helge E., and Froelich Rainey *Ipiutak and the Arctic Whale Hunting Culture.* Anthroporogical Papers of the American Museum of Natural History 42. Ner York 1948

追記

本稿の脱稿後ほどなく、友人の谷崎昭男氏と歓談の折り、玲蟬に話が及んで氏がいうにはたしか佐藤春夫がそれに関わることを書いているという。なるほど後日拝借した佐藤春夫の『白雲去来』の中の「耳底の蟬声」の終わりにはこういう一節がある。

「先年京城の骨董屋を見て廻つたら小さな象牙細工の光沢のいい蟬が沢山あつたのが面白いし、何かの使ひ道があるだらうと思つて、買つてから先方の教へたところでは、それらの小さな蟬は、古の朝鮮人が人を葬る時、迷信的に死人の口に含ませたもので、この蟬は墓地から多く出るといふ話であつた。思ふに、蟬が土中の穴から這ひ出すやうに死人が再びこの世に生まれ変わるやうにといふ意味なのではなかつたらうか。よくは知らない」。

Ⅱ　動物と人

「サケの大助」拾遺

東北日本の鮭の遡上河川流域を主たる分布域とする伝説（昔話）である「サケのオースケ」は、我が国の昔話、伝説としては特異な構成モチーフを持ち、物語の結構の雄大さにおいても並外れたところがあることなどから、従来の昔話、伝説研究の分類型の枠にうまく収まることがなかった。それに加えその時間的深度や空間的分布、拡がりの可能性への期待感もあってこれまで多くの研究者が刮目してきた。(1) まずは「オースケ」をめぐるこれまでの論考をごく簡単にふまえておく。

野村純一は、最上《もがみ》水系を中心とする「オースケ」の異伝群とそれにまつわる習俗について、その特異さを語りの一次的な発生現場でおさえて彫り込み、かつはその伝承経路まで探ろうと試みた。(2)

これに対し谷川健一は、「オースケ」伝説を、サケをめぐる一連の儀礼・表象群の一環として、これに「北の異族の匂い」を嗅ぎとるべくアイヌのサケ習俗などと比較している。(3)

さらにこれを北へと展開したのは大林太良《おおばやしたりょう》であった。『縄文時代の社会組織』で考古学界の「サケマス論争」に挑発的な一石を投じた大林は東北日本のサケをめぐる儀礼習俗伝承の北太平洋諸族

との比較民族学的研究のなかで「オースケ」にも言及した。(4)

大林のとった北の視点をさらに大胆に押し進めたのは中沢新一である。これは、東北日本の「オースケ」をレヴィ＝ストロースの『神話学』の鍵とも言うべき神話『バードネスター（鳥の巣荒らし）』の主題に巧みに絡ませることで環北太平洋的神話思考という広大な時空の構想へと解き放とうとする蠱惑的な試みであった。(5)

また菅豊は、サケをめぐる信仰、儀礼の伝承、伝播の背後に修験者の存在が随所にかいま見えることを、インテンシヴな現地調査の詳細なデータや文献資料によって丹念に跡づけているが、「オースケ」についてもそうした脈絡で論じている。さらには、サケ民俗という北方文化への傾斜を持った分野の研究が柳田民俗学で軽視されるに至った経緯の指摘も興味深い。(6)

本稿ではこれら諸先達のつけた道をたどってみたい。あらかたの問題は出尽くした感はあるが、それでもいくばくかの落ち穂拾いも可能であると思われる。とくに北西海岸諸族の神話伝承をふまえることによって、本来おかれていた文脈を欠漏《けつろう》することで多くの神話ディテールを失い、「残片」と化した「オースケ神話」とこれに関連する伝承群が、新たな相貌を見せ始める可能性が捨てきれないのである。

「サケのオースケ」の異伝群

「サケのオースケ」伝説の異伝群は本州のサケの遡上地域内にほぼ収まるが、それが集中的に分布しているのは三陸海岸と最上川流域である。まずは三陸から始める。はじめに紹介するのは陸前高田市竹駒町の羽縄家に伝わる文書で文化十年記載のものである。

M1陸前高田市竹駒町　羽縄家

一拙者先祖ハ右観音之別当成候間羽黒流ヲ□□□□□ニ而其ノ名ハ代々俊良ト申候、其頃屋敷ハ右観音之社東之方下脇ニ御座候又牛家者従夫尚東ニ当時畑ニ御座候然ニ其頃上通リハ皆ニ草野ニ而牛食野ニ御座候得者いつも牛ハ右野ニ離シ置申候処、年々牛之子鷲来而さらい取牛一向不恵申候ニ付俊良大立腹何とか志て鷲退じ《ママ》治不仕ト空風ヲ廻し有時分牛之皮□□母牛之□ニ子乃牛乃躰ニ而□□□横懐這歩行居候得ハ□いつもの鷲無思懸空ヨリ飛来而一捕ニ攫空ニ飛上リ終ニ源海ガ島大木之上ニ畳六丁敷計リ之巣江被離申候処ニ其木之大き成事咄ニ不及と伝得有之候

然ニ右巣迄者無事ニ行付候得共食物無之飢つか□死計ニ相成候処只一心ニ内神様ヲ念慈候得者不思奇成哉空ヨリ老僧来而餅壱ツ被当漸々飢ヲ凌キ居候得ハ従夫五十日許計之間毎日餅壱ツ宛被当飢ヲ凌キ居申候

段々其内ニ空廻シ候得而下江計リ下リ可申ト存従夫巣之内ニ而牛之毛鳥之羽等縄ニない枝ニ結付其縄ニ伝リ地ニ下リ従夫海辺ニ多ニ寄居処江何となき男壱人来而問けるハ我其元ニ願有之処為叶候ハバ其元本国江連帰り呉可申といふ俊良答申様ニ者夫者何分頼処ニ候得共併何様之事ニ候哉といふ彼男答申様ニハ某ハ鮭之大助と申者なり　龍含浄土ヨリ龍人共ニ被願□□□□□□之芦ミまのが□

ん多□ニ竹駒川口之観音同川上有住坂本観音両所江代参仕者ニ候間其時ニ当川留何様ニも六ヶ敷迷惑至し候聞、十月廿日之夜何卒永く開申候様頼願入と申候

俊良答申様其儀ハ心安キ事ニ候間願為叶可申と言然ハ彼男申様先□□ニ願相叶候得者此上もなき事迚双方悦事無限と伝得有之候然者今日暮ニ至而此所江可参候問右之約束□ニ間違申間敷と堅言合其場者一通リ引別中候と伝得候　夫ヨリ約束時分ニ相成候得者彼男来而申様但シ其元ハ堅閉可申といふ俊良答申候ニ者目ハ何程茂閉可申と言然ハ此上目□とち其の後江堅被取付打投候迄者目ハ開キ申間敷と言ヨリ茂後江為取付海中之飛込最早其夜明方ニ茂相成時分場所□□□成処之と□□□被投付申候得共気分不常暫打臥休居候得者夜茂明日出頃ニ相成候時分漸々起立四方見廻候得者其場ハ此川口砂之上ニ御座候　夫ヨリ此所江漸ニ這付申候と伝也其時者皆□ニ落涙被致候と申候

（中略）

一右之次第源海ガ島ニ而鮭之大助ニ約束仕候川留開キ可申吟味之事

（中略）

一右川留開キ初候ニ者此方ヨリ今泉村エ□□□仕候処ニ其頃者同村町計之川ニ有之候処依而金子三拾切町役付エ相渡右敷金ニ而前々云記候通リ十月廿日之夜急度開来申候　右之次第ニ候得者先以源海ガ島ニ而鮭之大助ニ約束筋ハ成就仕候伝也

従夫此来ニハ鮭之大助様ト唱御安内罷出御神酒献信心仕候後世可相守事(7)

佐々木喜善《ささききぜん》が末崎村で採集した異伝もほぼこれと軌を一にしている。

M2陸前高田市竹駒町　相川家

同郡竹駒村の相川という家に残る昔話である。この家の先祖は三州古河ノ城主であったが、織田信長との戦に負けて、はるばると奥州へ落ちのびてそこに棲まっていた。ある日多くの牛を牧場に放していると、不意に大きな鷲が来て子牛を攫って飛び去った。主人は大いに怒って、どうしてもあの鷲を捕えなくてはならぬと言って、弓矢を執り、牛の皮をかぶり、牧場にうずくまって鷲の来るのを五六日の間待っていた。そのうちに心身が疲れてとろとろっと睡ると、やにわに猛鷲が飛び下りて来て、主人をむんずと引っ提げたまま、杳冥《ようめい》遥かと運んで行った。

主人はどうとも為す術がないので体を縮め息を殺して、鷲のする通りになっていると、遠くの海の方へ行く。そしてある島の巨きな松の樹の巣の中へ投げ込んだまま、またどこともなく飛去った。

主人は鷲の巣の中にいて、はてどうかして助かりたいものだと思って、あたりを見廻すと、巣の中に鳥の羽がたくさん積まれてあった。そこでそれを集めて縄を綯《な》って松の木の枝に結びつけてやっと地上へ下りたが、それからどうすることもできぬから、その木の根元に腰をかけて、思案に暮れていた。

そこへどこから来たのか一人の白髪の老翁が現われて、お前はどこからここへ来たのか、何のために来られたか、難船にでもあったのなら兎にも角に、こんな所へ容易に来られるものではない。ここは玄界灘の中の離れ島であると言った。主人は今までのことを物語って、どうかして故郷へ帰りたいが、玄界灘と聞くからにはすでにその望みも絶えてしまったと嘆くと、老翁は、お前がそんなに故郷へ帰りたいなら、俺の背中に乗れ。そうしたら、必ず帰国させてやろうと言った。主人は怪訝《けげん》に思って、それではお前様は何人で、またどこへ行かれるかと訊くと、俺は実は鮭ノ大助である。年々十月二十日にはお前の故郷、今泉川の上流の角枯淵へ行っては卵を生む者であるとのことであった。そこで恐る恐るその老翁の背中に乗ると、しばらくにして自分の故郷の今泉川に帰っていた。

こういうわけで、今でも毎年の十月の二十日には礼を厚くしてこの羽縄に、御神酒供物を供えて今泉川の鮭漁場へ贈り、吉例に依って鮭留め数間を開けることをするというのである。

（末崎村及川与惣治氏より報告。大正十四年冬の頃。[8]）

両者とも、主人公がワシにさらわれて、玄海灘（一方は源海ガ島）の孤島に置き去りにされ、鮭の大助の背に乗って帰還するというこの神話のライトモチーフはおなじであるが、M1の方が絶海の孤島での成り行きをより詳細に語っている。また主人公と羽黒修験との関わりが言及されていることにも注意を促したい。

柳田の『遠野物語拾遺』所収の異伝では、先祖が鮭に乗って当時は湖水であった遠野郷にやってきたエピソードが始めに語られているが、その後の展開はM1、M2を略述した形を取っている。[9]

M3遠野

遠野の町に宮という家がある。土地で最も古い家だと伝えられている。この家の元祖は今の気仙口を越えて、鮭《さけ》に乗って入って来たそうだが、その当時はまだ遠野郷は一円に広い湖水であったという。その鮭に乗って来た人は、今の物見山の岡続き、鶯崎という山端《やまばた》に住んでいたと聴いている。その頃はこの鶯崎に二戸愛宕山に一戸、その他若干の穴居の人がいたばかりであったともいっている。この宮氏の元祖という人はある日山に猟に行ったところが、鹿の毛皮を著《き》ているのを見て、大鷲がその襟首をつかんで、攫《さら》って空高く飛揚がり、はるか南の国のとある川岸の大木の枝に羽を休めた。そのすきに短刀をもって鷲を刺し殺し、鷲もろ共に岩の上に落ちたが、そこは絶壁であってどうすることも出来ないので、下著の級布《まだぬの》を脱いで細く引裂き、これに鷲の羽を綯《な》い合せて一筋の綱を作り、それに伝わって水際まで下《お》りて行った。ところが流れが激しくて何としても渡ることが出来ずにいると、折よく一群の鮭が上って来たので、その鮭の背に乗って川を渡り、ようやく家に帰ることが出来たと伝えられる(10)。

さらに、この草分けの宮家については遠野物語拾遺に「開けぬ箱」の言い伝え（M4）があって、これも羽黒修験との関わりを強く示唆している(11)。

M4遠野「開けぬ箱」

宮家には開《あ》けぬ箱というものがあった。開けると眼が潰れるという先祖以来の厳しい戒めがあったが、今の代の主人はおれは眼がつぶれてもよいからと言って、三重になっている箱を段々に開いて見た。そうすると中にはただ市松紋様のようなかたのある布片《きれ》が、一枚入っていただけであったそうな。[12]

次の佐々木喜善『聴耳草紙』所収のM5では、M1、M2、M3を結構している「ワシにさらわれて、異界に置き去りされた主人公がサケの背に乗って帰還する」というライトモチーフの後段部、「サケの背中に乗っての帰還」のエピソードこそ欠いているが「大助」の名のサケが登場している。またサケ＝人間の相互転生、婚姻、サケを食べぬ家のタブーなど留意すべき要素を含んでいる。

M5竹駒　サケの翁

気仙郡花輪村の竹駒という所に美しい娘があった。ある時この娘を一羽の大鷲が攫って、有住村の角枯し淵に落した。すると淵の中から一人の老翁が出て来てその背中に娘を乗せて、家に送り届けてくれた。

実はこの老翁は鮭の大助であった。そして後にその老翁は強いて娘に結婚を申込んでついに夫婦となった。その子孫は今でも決して鮭を食わぬそうである。[13]

ここにみられるサケ＝人の転生、サケを食べぬ家のモチーフについては、明治時代という比較的新しい時代環境の中で語りが発生したという点で注目すべき話が『遠野物語拾遺』にある。

M6遠野

遠野の裏町に、こうあん様という医者があって、美しい一人の娘を持っていた。その娘はある日の夕方、家の軒に出て表通りを眺めていたが、そのまま神隠しになってついに行方が知れなかった。それから数年の後のことである。この家の勝手の流し前から、一尾の鮭が跳ね込んだことがあった。家ではこの魚を神隠しの娘の化身であろうといって、それ以来一切鮭は食わぬことにしている。今から七十年ばかり前の出来事であった。(14)

三陸から最上川水域を中心とする山形県内に目を転ずると、「サケのオースケ」伝説ならびにそれと関わりの深い伝承がより集中分布している。このことはこの伝説・伝承の伝播経路、ひいては我が国における原郷地を想定するとき大いに考慮すべきかと考える。(15)

語り口や話の構成、モチーフにおいて「オースケ」異伝群の中で比較的に完成された形を持つとされているのは次の『簗掛げ八右衛門』である。

M7最上町　簗掛げ八右衛門

トント昔。

小国郷さ、簗掛げ八右衛門って、簗《ヤンナ》掛げて魚取り商売してる男あったド。

ある年。サナブリえなったとて、サヅギ（田植え）の汚れ流すべとて、牛《ベコ》ば川さ連《ツ》でって洗ってらば、大山から、大っけ鷲《ワス》ア、バオラ降《オ》ってきてョ。ほの牛ば子猫ばでも、つかむみでして、かっつァらってってったけドワ。

「これァ、んまぐねェ畜生ら」どて、八右衛門。

「オレ、折角《ヘッカグ》大事えしった牛《ベコ》ば、さらってった。憎いちゃホニ。只、取らってすまったワ。あの畜生、味おべで、また来るに違いねェ。明日、オレ、熊の皮かぶって、出でで見んべェ。仇《アダ》とらねでァ気ァすまねェ」って、次な日、川っ縁《ブッ》さ寝でっと、やっぱす、大鷲ア来たけド。

ほして、昨日みでにして、八右衛門ば牛《ベコ》みでに、ひっつかんで、さらってったけド。

「こん畜生。ええ。オレ、どこ迄《ツ》も連《エ》で行ぐ所《ドゴ》まで行ってみんべェ」って、空見ィ空見ィ、飛んでったけド。

ずーと山越え谷越え、はるばるまで行ったド。ほしたら、こんだ、島の岩縁《ブッ》の大っけな木のてんぺさ、おどさったド。

ほして、直《ソンマ》、ほの大鷲ァ八右衛門ば食うべとて、かがったけァ、八右衛門、隠し持ってった短刀で、いきなり、鷲の胸元ば突っ刺して殺したド。ほごさ残ったヒナ、巣ん中で大っけな口あげて待ってるけド。ほのヒナさ食《カ》へだものらベァ、動物の骨カラ、山盛りなってらけド。

「ハハァ、ここでオレな牛《ベコ》ば食ったんだベナ、これァ」とて眺めだけ、こんだ、どがえして、この大木のてんぺからおりだら良《エ》がべって、思案したけド。ほして、

「これァ鷲の羽根ば綯えなって、綱作るべ」って、綯えなって、枝さつないで、ようやくの事、ほの松ぬ木から、おったたってヨ。

おりるァおってみだげんと、これから家さ帰る術ァ知《シ》しやね。これァ困ったごんだ。どげしたらええべ。ぶらぶらと浜端さ出てみだら、ほれ、白髪の老人一人、どっから来たづどァなく、ほさ

立ってだ。

八右衛門、困り果てでで、なンだれ首でえっと、老人ァ、

「なんだ。なに、うろうろしてる」って聞ぐ。

「オラ、小国の者ら。小国から牛《ベコ》コ鷲えさらわって仇とるべとて、オラもさらわって来たげんの、はて困ったごんだ。無事え仇返したは良《エ》えげんの、帰るに術ァない。帰る足ァない。そなた、年も経《エ》ってるす、どうか、オレちゃ智恵授げで、けんねべかや」

「そうか。それァ可哀想な話ら。ここは一体、何処らと思ってる？　ここは佐渡ヶ島ら」

「ありゃほうか。なにて遠くさ来たもんだナ」

「あのナァ、十月の二十日、魚の親方な鮭《サケ》の大助ァ、小国の川上さ、子ォ生《ナ》すえ行《イ》ぐ筈《ハン》だ。ひとづ、ほれさ頼んだら、ええべ」

「ほれ頼むは良《エ》えげんの、オラ、頼む術ァ知しやねズ」

「ほだら、オレ呼ばてける」って、ほの老人、なんた術をしたもんだが、間もなく、鮭の大助ァ、沖合いから、ごわごわと大波立てて寄って来たけド。ほすっと、

「この人ァ、小国から鷲さ仇《アダブ》討づ来たそうだ。帰るに困ってるさえ、お前《メ》ェ送ってってけんねが」って、老人ァ言ったらば、

「なんだや、オメァ、我《ワ》ァ仲間《ナカバ》ば、へェほで（大変）苦しめだ簗掛げ八右衛門、んねがや？　オラ、ほげら者ば送って行ぐ義理ァねェ。オラらの仇ら。ほげらな送りだぐね《ヤ》ェ」

「いやいや、ほげら事ば言《や》ねで、これからは一切《イッセツ》ほの簗掛げや魚取りば止めっから。どうか、送っ

てけろ」

「ほうか、ほうか。ほがえ改心するならば、オラも考えねわけも行《エ》がねェ。お互い、生き物、助け合わらんねェ。オラら一族ば取らねげば、送るべェ」

「こんだ、決して取らねさげ」

「んだか。んだら、オラ、十月二十日え小国川さ、のぼって行《ン》ぐなら。ほれまで、待づでェろや」って、言《ヤ》って、八右衛門、佐渡ヶ島で暮しったド。

ほして、いよいよ十月の二十日えなったれば、鮭《サゲ》の魚《ヨ》、大助ァ、元の浜さ寄って来たってョ。

「今日ァ帰っさえて、さァ乗れェ」って。

八右衛門、大助の背中さまたがって、馬コさでも乗るみでして、佐渡ヶ島から酒田の港まで来て、こんだ、最上川さ入って、ほれから小国川さかのぼって、ようやらさっと、半年ぶりえ小国さ戻りついたけド。

ほの川ばのぼりのぼって来る時《ズギ》、「サゲのオオスケァ、今のぼるゥ」って、大声で叫《サガ》びながら来たド。

川岸の村々でァ、ほの声ば聞くづど、不運な目ェあうとて、ほの夜ァ、餅搗きしてはやしたり、酒盛りして、どんちゃわ賑わがえ騒ぎするナライ（風習）なったけド。

大助、綺麗《キシエ》げら清い水さ子ォ生《ナ》して、すンぐ帰るならド。ほの子、海さくだって大っけぐなって、またの子ォなすえ、のぼって来るってョ。

ほの宝の鮭《サゲ》ば、ほの晩は決して取んな、タネつきるからとて、固く戒めんならド。

これァ小国川筋の「二十日講《ハズガッコ》」のイワレら。(16)

佐藤寅治郎翁の伝えるこの異伝は「ほとんど間然するところがない。語り口は雄勁《ゆうけい》で結構も整い、しかも結末で土地の民俗の由来を訴えている」(17)。「大助」の異伝群の中でももっとも詳細、かつ多くの構成要素を含んでいる。話形は三陸の異伝群と本質的に同型である。だが三陸の異伝群には見られなかった重要なモチーフも見られる。それは恵比寿講の日に「オースケ今下る」の声を聴くことの禁忌伝承である。

この類話にＭ８があって柳瀬八兵衛という主人公の名も紛らわしく似ている。

Ｍ８新庄市

ワシに子牛をさらわれた柳瀬八兵衛。ワシを捕まえようと牛の毛皮をかぶって待ち受けたところ、彼もワシにさらわれるが山奥の大木の梢につかまって難を逃れる。そこへ女があらわれるが女は八兵衛が飼っていたネコ。夫はマタギでこれもかつての飼い犬。八兵衛に虐待されたことを恨みに思っている。マタギの夫は妻の取りなしで復讐の念を抑え、八兵衛に、サケの大助が川を下る師走の七日まで待つように助言する。当日になって、「鮭の大助今下る」の声がして山のように大きな大助が現れる。大助は八兵衛がこれまで川魚を獲っていたことで怒りだしたが、八兵衛が今後は一切獲らないと約束して、背中に乗せてもらう。村里にでると師走の七日の晩で、みな行屋に集まり鉦・太鼓を叩いて「さんげ・さんげ、六根罪障、お注連に八大こうぐの一の如来、南無帰命頂礼」

と唱えていた。大助の声を聴くと来年は不作というので、大騒ぎしている[18]。

「ワシ狩り」、「ワシにさらわれる」、「鮭に乗って帰還」というエピソードはこれまでのものと変わりないが、さらわれていく先が山奥である点が特異である。主人公は鮭に乗って帰還するが、そのルートは当然のことながら「のぼる」のでなく、山奥から下流にむかって「下る」のである。さらには、犬、ネコの転生としてのマタギという狩猟の要素も他に類例を見ない。

M7、M8の二話とも「オースケ今下る」あるいは「のぼる」の声を聴くことのタブーで締めくくられている。このタブーは「大助」神話の本筋から切り離されて単独で伝承され、しかも習俗化している例が多く見られる。

M9真室川町小国

十月十五日はお大日様の祭りで総出で縄綯いの支度をしたり、鮭をはやして（切って）ナオライをする[19]。祭りの一週間前から川辺に行くなという。お注連を首につけた鮭が「鮭の大助今のぼる」と叫びながら参詣する。どんな水の少ない年でもかならず一匹だけでも小国川を遡上する。その姿を見たり声を聴いたものはその年の内に死ぬといい、祭りが済んで「ヨオ大助今くだる」の声を聴いてから鮭獲りが許されると言う。

またこの小国には、サケのオースケに乗ってのぼってきた人が小国郷を拓き、その子孫はサケを食べないという（M10）、遠野の草分け伝承（M3）とおなじ伝承も伝えられている[20]。

M11西村山郡　西川町

鮭の大助が旧十月二十日に川魚の数を数えながら出刃包丁を振りかざして寒河江川をのぼる。この姿を見ると急死するというので川辺には行かない。（『大井沢中村の民俗』(21)）

ここではサケのオースケが川魚の数を数えることが注意を惹く。マタギの山の神も山の木の葉を一枚ずつ数えるというが、この山の神は田の神に変ずる稲作農耕の山の神とは異なり、北方狩猟民の間に広範に見られる「動物の主」に通ずる性格を備えている。(22)

M12東田川郡川辺

旧十一月十五日にこの日までに捕獲された鮭の精霊が、「オースケコスケイマノボル」といって川を遡るという。人はこの声を聞くと三日のうちに死んでしまうので、漁を休み、声を聞かぬように耳フタギ餅を食って酒を飲んで騒ぐ。（『東田川郡郷土教育資料』(23)）

M13東田川郡朝日村

旧十一月十五日夜、各地の神々が出雲に集まるとき、大鳥川の神は「サケのオオスケ今下る」と叫びながら川を下る。この声を耳にすると人は死ぬか悪事に会うといって聞こえぬように餅を搗く。（『大井沢中村の民俗』(24)）

M14庄内地方

十二月の半ば頃、出雲に赴く神が、鮭の大助の背に乗って「鮭のおう助今下るわい」といいながら大鳥川を下る。この声を耳にすると人は死ぬか災難を受けるといい、賑やかに餅を搗いて聞こえぬようにするという。(『庄内の民俗』[25])

これら四話は野村が「鮭の大助」の類話としてあげた山形県内だけに限った三十以上にものぼる伝承の中から取り上げた。M12、M13では、十一月十五日という日付け、タブー侵犯の結果三日以内に死ぬなどの厳しい制裁、さらにはそれを避けるため耳ふさぎ餅をつく、酒を飲んで騒ぐなどの手だてを用いることが共通している。

またM13、M14では出雲へ出かける神が大助に乗っていくというのも目を惹く。出雲へ赴く神々と鮭がその不在を仲立ちにして結びついているのであり、鮭のライフサイクルの直接観察不能の局面に神話的思考の入り込む隙のあることをうかがわせる。

三陸、山形を離れると「オースケ」伝説・伝承はかなり簡略された形で伝えられている。そうした簡略な類話は特に新潟県内に多く見られる。

M15新発田市

十一月十五日の夜、オオスケ、コスケが川を上ってくる。そのあとさきに千匹ずつの魚がついて来るという。(『新発田市史　資料第五巻』民俗上[26])

M16新発田市敦賀

十五日の夜にオオスケ、コスケという魚の大将が川にのぼるという。

また新潟市には「王瀬長者」の伝説M17[27]があって大助小助の名の夫婦の鮭のことが語られているが、これまでのものとは話の内容が全くと言っていいほど異なっている。オオスケをとらえた報いとして長者の一家がたちまちのうちに死んでしまうというエピソードと大助が白髪の老人として現れるという点にかろうじて「オースケ」の面影を感じ取れるくらいである。

最後に「オースケ」が奇異とも思える変形を蒙った異伝として青森県の話をあげておく。

M18中津軽郡相馬村

大助部落を流れる作沢川に、むかしは鮭がたくさんあがってきた。そのころ近くの山に隠れ住む鬼が現れて来て、鮭が川をのぼるのを待ち、真夜中に川の中に立ちはだかって「オオスケ、コスケ今のぼる」と叫んで、サケを手づかみにして食ったという。この声を聞いたものはたちまち血を吐いて死ぬといわれ、村人は恐れてサケが上がる頃の夜は家からでなかったという。[28][29]

「オースケ今のぼる」のタブーの侵犯は変わりないが、これまでの伝承群には無かったサケを食うという鬼が登場する。この鬼を物語の構造にどう位置づけるべきか、ある意味でとまどいを感じる異伝であるが、後でも触れるようにこの鬼には、食物連鎖で鮭と競合する猛禽類などの捕食者の形象を感じさせないでもない。

以上「サケのオースケ」の異伝の主なもの、そして「オースケ」の伝承圏にあって「オースケ」の構成モチーフの一部をいささかなりとも残した「残片」的伝承をいくつかをあげてみた。

これらの伝説・伝承を構成するエピソード、モチーフのうち本稿では、北西海岸諸族の神話群と比較可能な、というよりもむしろ北西海岸の側から光を照射させることで新たな意味解釈に道をつけることが出来そうなものをいくつか拾い上げてみたい。かくすることで、「オースケ」も民俗学的な民話、伝承習俗の研究の光のもとで見るのとは異なる様相を帯びてくると思われる。

ワシの意味論

ワシは「サケのオースケ」の主な異伝の全てに通底し、主旋律を奏でる上でサケにも匹敵するめざましい働きを見せている。

まずワシは、主人公の飼育する子牛をさらう。その報復として主人公はワシ狩りを試みる。そのやり口は、我が国の伝承では類を見ない異様さで目を引くものがある。牛の皮などをかぶることで主人公自らを餌にして天空のワシを地上におびき寄せ、しとめようとするのである。こうした狩猟法が我が国の狩猟法として実際にあったのかどうか私は寡聞にして知らない。あったとしてもきわめて異例であったと思われるが、北米の諸族では広く知られていたようだ。レヴィ＝ストロースは『野生の思考』のなかで、ヒダツァ族のワシ狩りを取り上げている。

「北米のヒダツァ族は、穴に隠れて鷲狩りをする。鷲は穴の上に置いた餌につられてやってくる。鳥が餌をつかもうと地上に降りた瞬間に、猟師は素手で捕まえるのである(30)」

「オースケ」では物語の重要な環をなすものとしてワシ狩りのエピソードが挿入され、ワシとサケとが間接的にではあれ関係づけられているが、後出の北西海岸のベラ・クーラ族のＡＭ2「サーモン・ボーイ」神話も、具体的な狩猟法にこそ触れられていないものの、ワシ狩りのエピソードを含んでいる。何故ワシ狩りなのか。一つは、こうしたワシ狩りは、北米の神話などでは天空と大地というあまりにもかけ離れた二項を適切な距離に近づける媒介項に適したものとして召喚されているが、「オースケ」においても、主人公の故地と大助のすむ遥かの海のかなたの間に横たわるあまりにも大きく距たった神話距離を縮少し、媒介するという象徴的機能が付託されているのではないだろうか。もう一つ考えられるのは、食物連鎖においては、人間とワシとがサケをめぐってともに捕食者の位置にあるという競合関係についての事実認識である。この点から青森県のＭ18を読み直してみると、「オオスケ、コスケ今のぼる」と叫びながらサケをてづかみで食ったという鬼にもワシ、あるいは熊などの人間と競合関係にある捕食者の姿がかいま見えてくるのではないだろうか。

次に異伝の殆どで、ワシは主人公を海上遥かにある孤島の大木の梢の上の巣などに置き去りしていることにも注意を促したい。

こうした場所は佐渡島、玄界灘などの実在する地名でよばれているものの、「源海ガ島」という誤表記にも見られるように確かな地理的知識に基づくものではない。尋常の移動手段で往還出来る、現実の体験空間の延長にある場所ではなく、次元を異にする神話的トポスであると見なすべきであろう。

ワシは主人公をそうした異界へ運び去る。神話的思考はワシに次元のスリップを引き起こす機能を付与しているのである。ワシの果たすスリップ効果は北西海岸の神話・表象ではしばしばカヌーに託されている。そのカヌーは日常の用を足す尋常のカヌーでなく、高速、自走のカヌーであり、これが異次元の時空間の移動手段としてしばしば登場する。サケが海上遥かのサケの国から川を遡上するときは、種ごとに異なるカヌーに乗り込んでやってくるという（AM2）。


M1では主人公は鳥（ワシ）の巣に置き去りにされる。大木の上にあって下に降りることも叶わぬ主人公はそこで空腹、あるいは復讐の念から巣荒らしをしている。東北の異伝群ではほとんどが大木の梢とされているが、そうした場所は神話の意味論では社会的空間への後戻りの不可能な空間であり、そこでの主人公は社会から「外された」いってみれば社会的には宙づりの「死んだ」も同然の状態におかれているのだ。

中沢は『熊から王へ』で、このともすれば見逃しがちなディテールに、レヴィ＝ストロースが『神話学』において鍵神話に据えた「バードネスター（鳥の巣あさり）」という新大陸の主旋律の響きをはっきりと聴き取っている。南米のボロロ族に端を発した「バードネスター」は北米のクラマス族に至って次のように変奏されている。

AM1バードネスター　クラマス族

クムカムチ神にはアイシシュという息子がいた。クムカムチはその息子の美しい妻たちに横恋慕をしたのである。息子の妻たちを手に入れるために、高いケナワの木に巣をつくっている鷲を取りに行くように、息子に命じた。アイシシュに着ているものを全部脱ぐように命じて、息子は素っ裸で木に登った。しかし、そこには鷲の巣などはなく、それどころかみるみるうちに木の幹は高く伸びて、とうとう降りられないほどになってしまった。

クムカムチ神はそのあいだに息子の着ていたものを身につけて、そっくりになりすまして、妻たちのもとに出かけた。アイシシュの妻たちを手に入れようとしたが、彼女たちはニセモノと思って、相手にしなかった。

木の中程の鳥の巣に取り残されたアイシシュは食べ物も飲み物もないので、すっかりやせ衰えてしまった。二匹の蝶々が鳥の巣の中でぐったりしている彼をみつけた。親切な蝶々は水や食べ物を運んで来てくれた。そして籠に入れて、彼を地上まで運びおろしてくれたのだ。こうしてアイシシュは村に帰ることができた。(31)

日本の昔話、伝説などには例を見ない鳥の巣あさりのエピソードが「オースケ」の話の中でワシ狩りその他の平行要素とともに語られるのである。それは語り手の気まぐれな恣意によるものでなく、新大陸、あるいは中沢の言うような沿海州との時空関係を視野に入れなくては説明の付かない符合というべきである。

さらに主人公はワシの羽を縄に綯ってそれを伝って地上に降りる。ワシはここでも過度の距たりを解消する神話の媒介機能を果たしているのであるが、竹駒の異伝（M１）ではその人の名はまさしく羽縄である。我が国の民俗ではワシの羽になにがしかの象徴価を付託することはないが、北米大陸の先住民にとってのワシの羽は格別の象徴価を負っている。

たとえばトリンギット族ではシャーマンがワシの羽を用いて病人の治療に当たる。[32] スワントンのあげている例では、シャーマンが病人の傷口から槍を引き抜いて水中に投じ、傷口にワシの羽を吹き付けて治療する。

ヌートカ族のあるシャーマンは霊魂をドック・サーモンに連れ去られて瀕死の病気に陥った女性を治療したとき、盗まれた霊魂を両手に持ったワシの羽の中に入れて取り戻してきたという。[33]

これが神話に入り込むと、ワシの羽は死者を生き返らす、再生の重要な手段となる。

「オースケ」ではこれほどはっきりとは語られないが、孤島に置き去りにされ、社会から見れば「死んだ」も同然の主人公を元に戻す（再生）のに、ワシの羽の縄が用いられている。しかも主人公の名が羽縄であるというのはきわめて示唆的である。主人公を死の淵から再生させる必要に迫られたとき、この状況にもっとも適切な神話的再生手段を、「オースケ」では、日本の在庫からでなく、北へと連なるアーカイックな神話の記憶在庫から選び出したのであろう。

サケに助けられる

サケのオースケが孤島に見捨てられた主人公を救うエピソードはこの神話伝承を特異なものとしている。だがサケがその背に乗せて主人公を故郷に帰還させるというのは特異ではあるが、我が国に類話が無いわけではない。谷川は西南日本の（サケでなく）鮫に乗って帰郷するという話をあげている。

M19宮古島
宮古島の仲宗根玄雅《なかそねげんが》は、鯖祖氏玄雅とも称したが、彼の家の子孫は、先祖の玄雅がサバ（南島では鮫をサバと呼ぶ）がサバの背に乗せられて助けられたというので、今日に至るまでその恩人のサバの肉を一切食べない。(34)

サケの背に乗っての帰還というモチーフが西南日本的な漁民の伝承圏に引っ張られた可能性は、オースケが恵比寿講の日にのぼることなど併せ考えると大いにあり得ることだが、(35)それでも私はこのモチーフに「北の異族の匂い」を嗅ぎ取ってみたい。その手がかりとなるのが図1の木像である。

図１　鮭に乗った少年（Swanton 1970：470）

この木像はトリンギット族のもので、スワントンによると、サケに連れ去られのちにシャーマンとなった少年をあらわしているという。少年の足下のサケを思わせる魚は「彼の―足の―精霊」、「彼を案内する精霊」と呼ばれている。(36)この木像はサケ漁に用いる罠の背後の杭に彫られている。ちなみに菅の調査した新潟県山北郡では、ハツナギリと呼ばれる初サケ儀礼に際して、コドとよばれる漁具の中心に立てたエビスグイと呼ばれる長い杭にエビスの神符を張り付けるという。(37)

サケに連れ去られた少年といえば、北西海岸の諸族に多くの異伝を持つ「サーモン・ボーイ」の神話がある。ボアスがベラ・クーラ族で採集した神話のあらすじは次のような内容となっている。

AM2ベラ・クーラ「サーモン・ボーイ」

ある時、一人の女が鮭をさばいていたとき、腹の中に小さな人間の子供を見つけた。彼女はこの子を自分の子と一緒に育てることにした。彼は数日のうちに普通の子供の大きさに成長。ある日サケ達がカヌーに乗ってやってきて少年をサケの国へつれていく。そこは大きな国で、サケ達は、ドッグ・サーモン、スプリング・サーモンといった種類ごとにそれぞれの家を持って、人間の姿をして暮らしていた。少年はそこで人の姿をした二人の子供を水に投げ込む。子供たちは雄と雌の鮭になった。これを食べるが、周りにいた人から「内蔵と骨を丁重にしまうように」言われる。食べ終わってから、内臓と骨を水中に投ずると人間の男の子と女の子になった。女の子は片目を無くし、男の子は片脚を引きずっていた。そこで無くなった目と骨を見つけ、それを川に投ずると二人の子は五体満足の姿に戻った。さらには美しい娘と結婚するなどいくつかの体験を経て少年はサケ達と一緒にカヌーに乗って帰郷。サケの丁重な扱い方を人々に教えた。人々は教えられたとおりにサケの骨を水中に投じた。サケは生き返り、肉を後に残してサケの国へと帰っていった。

その後少年はワシ狩りをし、その羽を集めたり、太陽の所へ行ったりとさまざまなエピソードが続く。(38)

マクラスは「サーモン・ボーイのさらなる冒険」と題する話を紹介している。その中では主人公の少年がサケの背に乗せられたときの様子が実にリアルに描写されている。

AM3ベラ・クーラ「サーモン・ボーイのさらなる冒険」の冒頭部分

サーモン・ボーイが浜辺でパチンコあそびをしていて死んだ鮭を見つけた。これが生きていたらなにかの役に立つのにと思っていると死んだ鮭が口をきいて「川に連れていってくれ」という。川に鮭を投げ込むと鮭は泳ぎ回りすっかり元気になった。そして海辺に戻って少年に背中に乗るようにいう。杉の皮を頭にかぶって、鮭の背に鼻をつけ息をつける隙間を確保する。だがしばらくすると息苦しくなった、すると鮭は海辺に連れていって、背鰭に頭をうずめればよいという。言われた通りにすると今度はうまくいった…。[39]

神話の思考は「生ける」文脈のもとで語られるとき、この様にリアルな具体的細部の問題を何とか解決しようと努めている。それに対して「オースケ」など「梗概」と化した神話ではこうした脈絡を欠漏させており、魚の背に乗って水中を行くことに伴う障害問題を不問に付していると言える。

このサーモン・ボーイをめぐる神話は「オースケ」と筋立て、様相はかなり異にしているが、サケに主人公が連れられて往還すること、つれられていく異界（ここではサケの国とはっきり言及され、そこの風景も具体的に語られている）の表象、そしてなによりもサケの背に乗るというあの木像の背後にあるいくつかのモチーフが存在することで、かなりの程度に略述された「オースケ」伝説が欠落させた部分を補ってくれそうである。

サケの国

サーモン・ボーイはサケに連れられ「サケの国」に赴く。サケの国という表象は北方狩猟民の世界観を特徴づけているいわゆる「動物の王国」のカテゴリーに含まれるものであり、北西海岸の諸族の間に広く認められる。ベラ・クーラ族はそこをミアルトアとよび、遥か西方にあって、サケ達は毎年早春にここを発ち、川を遡上し、秋になって帰郷すると信じられている。サケはその故地では「サーモン・ボーイ」でも述べられているように、人間の姿をして、人間のように家に住んでおり、水とコンタクトすることでサケに変身する。

一方、「オースケ」にも、サケの国と明示されているわけではないが、この観念の希薄化した形を読みとることが出来る。先にも述べたように、そこが遥か西方の海にあること、またM1などにも見られるように、主人公がそこで出会うのは人間（老翁）に変身した鮭であること。あるいはM8のように山奥でマタギ稼業をするという犬、ネコの転生した人間の登場するエピソードにも「動物の王国」という表象の残滓を見て取れないこともない。またM11のオースケの「川魚の数を数えながらのぼってくる」という姿には「動物の主」の残響めいたものを聞き取れないだろうか。

北方狩猟民の「動物の王国」ではそこを主宰する「動物の主」、あるいは「特定動物種の主」という「グレート・スピリット」の観念が特徴的であるが、北西海岸にあっても「サケの主」もしく「領導者」といった観念が広範に見受けられるのである。東北のサケのオースケも、その名の「大助」が示唆的に示すだけでなく、「魚の親方」（M7）、「サケのおう助」（M14）、そして魚類精進物語に登場する北の川を泳ぐ魚たちを領する「鮭の大介助鰭長[40]」といった肩書きが明示するるように、「動物の主」としての性格を色濃くしている。

サケ＝人の転生、サケの再生、双子とサケ

「サケの国」、ひいては「動物の王国」という北方狩猟民的表象を構成する本質的な要件の一つは、サケと人、あるいは動物と人との相互変身・転生の観念であり、それを可能にするものとしての、霊魂と肉体についての狩猟民的なプラトニズムの思想であろう。

AM2でサーモン・ボーイは、サケの国でサケの儀礼的な扱い方を習い、それを帰還後人々に教えるが、そこで一番強調されるのが、骨と内臓を丁重に保存し、のちに川に投ずるというものだ。

北方狩猟民のプラトニズムでは肉体と霊魂を異なる存在様式を持ったものとして峻別するが、この二元論は相対的に適用され、肉体のうちでは骨により霊的な本質を認めている。イヌイトをはじめとする北方狩猟民のシャーマンが、そのイニシエーション体験で自らの身体から観想的な手段によって肉をはぎ取っていき、最後は自らを骸骨として視るという行が課せられるのもそうしたプラトニズムを下敷きにしているのである。シャーマンたちはいわば、骨から再生するのだ。こうした二元論に立つとき残余の肉は、アイヌの熊をめぐる祭祀にも典型的に見られるように人間への贈り物とされる。「サーモン・ボーイ」でも人間のもとを訪れたサケ達は肉を後に残して故国へ帰っていった。サケは自らの肉を人間たちへの贈り物として残し、人間によって骨や内蔵を丁重に処理され、水に投じられることでその本来の霊的本質を取り戻し、故郷のサケの国に帰還することが可能になるのである。

北西海岸諸族の神話の中でサケと人との相互転生がおこるのもこのような北方狩猟民的世界観をふまえているからに他ならない。転生で要請されるのは両者の不滅の霊的本質が等質であることであり、そうした等質の霊的本質からすればサケと人という二つの生物種の現実のあらわれの相異は、肉体という二次的で取り替え可能な「衣装」の次元での相異でしかない。

このサケ＝人の霊的等質性という表象を導くのに一役買っているのが、より経験的なレベルで観察・把握されている両者の振る舞いかたの相似であろう。コンパクトに組織された人間集団にも比すべきサケの群に人間の首長のような先導者の存在を看取《かんしゅ》し、種ごとの遡上順も規則的であることから、人間の生業活動にみられる組織性、計画性のようなものをサケのなかにも見て取ろうとするのである。このような経験レベルに引き寄せられた表象を基にして、サケが川を下って大海に出てからの、人間にとってはサケの不在の局面において、サケが人間の姿をとる、人間のような性格を具えている、人間のようにカヌーを移動手段とするなどのサケをめぐる擬人的な表象が生まれてくるのであろう。

ガンサーは北西海岸の初サケ儀礼を比較論考した人類学的サケ研究の起点となった『初鮭儀礼の分析』で、サケの骨を水中に投じてその再生をはかる習俗を論じた（こうした世界観を代表する動物としてサケと熊をあげたうえで、北方諸族の世界観の中では両者は置き換え可能なポジションを取っているとの重要な指摘もしているがここでは問題を熊にまで拡げる余地はない）(41)。

北西海岸ではサケの再生、相互転生は、サケの骨の水とのコンタクトによって起こる。これは「サーモン・ボーイ」におけるような神話の中での出来事に限られない。骨を川に投ずることによってサケが再生するという観念は、ガンサーが述べているように、北西海岸では初サケ儀礼という生業実践の一環にも組み込まれている。

「オースケ」神話では、再生のモチーフは欠けているがサケ＝人の転生モチーフは微かながらも残っている。すなわち、転生の過程が具体的に語られている訳ではないが、絶海の孤島に置き去りにされた主人公の前に現れた白髪の老翁（M1）はサケに転身する。転生という点ではむしろM6の、失踪した娘の転生と思われるサケが台所の流し前から家の中に飛び込んだという話が、「台所の流し」という水と直《じか》に関わる場所を選んだことの方によりリアルなものが感じ取られる。

サケの再生という観念は、日本のサケ民俗でははっきりとした形では表現されていないが、菅の紹介する庄内の「オセンニン・イオ」はそのなかでは北西海岸的な要素を多分に持っているものとして注目に値する。

M20庄内

「荘内ノ俗毎年鮭ノ初メテ捕獲セラルヽモノヲバ食膳ニ上サズシテおせんにんいをト称シおせんにん様ニ供スルヲ例トスおせんにん様ナルモノハ果シテ如何ナル神霊仏陀ナルカハ判然セザレド先ズ河海ニテ始メテ捕獲セラレタル鮭ハ売子之ヲ幾多ノ小片ニ解析《ハヤ》シつもり板ニ載セテおせんにん様ニ上ゲテ下サイト称シ家々戸々ニ廻ル家々ニハ二厘或ハ三厘ヲ出シテ与フ而シテ其鮭肉ヲ買ヒ求ムルニアラズシテおせんにん様ニ捧呈スル費用ヲ喜捨スルノミナリ売子ハ其肉片ヲ終ニ河ニ投ジテ以テおせんにん様ニ呈スルモノトナスナリト云フ(42)」

菅も指摘するように、この習俗ではサケの肉体を川へ投ずるという行為がより直接的な形で表現されている。さらに菅は、この習俗が我が国で広く行われている動物の供養としての放生と異なる点としてサケの身を細かく刻んで（解析《ハヤ》シ）流す点に着目し、これを北方の伝承と同じく、サケの肉体をこの世から送り出し、それを再び霊魂と統合させる、再生させることだという。(43)だがこの事例では、サケの肉体と水とのコンタクトという点では北西海岸の習俗と大いに関わってくるが、サケの骨からの再生という要素は見られない。

北西海岸にはっきりとした形で見られる「サケの骨からの再生」の痕跡を日本の民俗伝承に求めるとき、「弘法とサケ」伝説という東北日本に点在する伝説群は大いに考慮に値するのではないかと思われる。

この伝説群は、主題としては、サケという魚類資源の分布の不平等という主題のもとにレヴィ＝ストロースが『裸の人間』で扱った、トリックスターのコヨーテが活躍する神話(44)にも通ずるものを多分に含んでいるが、その中でサケの再生というコンテキストに入ってくるのは、「石」からの再生である。津軽石川の伝説のあらすじはこうだ。

M21津軽石川　弘法とサケ

旅の行人（のちに大師であるとわかる）が一宿の礼に石をいれた紙包みを置いていく。これを川に投げ込むと一両年経てサケがのぼり始めた。これは不思議と湯釜をたてて託宣すると行人《ぎょうにん》が「実は自分は大師である。津軽方面では宿を貸してくれず、歓待されなかったので津軽石川より石一つ持参。この村にくれたのでサケがのぼるようになったのだ」と言う。それ以来村の名を津軽石と改めた。[45]

この話では大師によって呪力を付与された石を川に投ずることによってサケの遡上が始まるのである。菅によると、このような「弘法とサケ」の伝説が特殊な石と関わる事例は東北、中部地方の日本海側に広がっており、決して特殊でないという。またその伝説に現れる宗教者と、それが行う、石をめぐる所作は、宗教者のサケの遡上に関する呪法を表現するものだと指摘している。

さらに菅は、これに関連した習俗をいくつかあげている。その一つ岩船郡荒川町では、十月末の鮭漁が始まる前に、石を十個くらい拾ってきて法印＝山伏に梵字を書いてもらうという習俗があった。この石をホリイシといい、川にまいたという。[46]

なぜ、石なのか。石にサケの遡上を招き起こす呪的な力を認めようとする民俗的思考の背景にあるものは何であろうか。

北西海岸諸族のサケをめぐる神話・儀礼でサケの再生を左右する鍵を握っているのは「骨」である。骨は彼らのプラトニズムを延長した身体二元論においては肉より相対的に霊的本質に近い部分とみなされている。その根拠は骨の持つ相対的な「硬度」「不朽性」という属性に求められよう。「石」はまさにそうした属性を具えたものとして東北の民俗思考の中で「骨」と置換されたのではないだろうか。

さて北西海岸諸族では、サケと人の相互転生は、神話化の手前にある表象のレベル、そして日常的な語りの場面でもしばしば現れ、ごく近年にまで及んでいる。この場合はサケが転生するのは主に人間の双子である。[47] 双子はサケであるとまでいわれ、再びサケに転生しないように水辺に近寄らせない（水とのコンタクトを避ける）。あるいは双子はサケと本質的に同一であるから、その年のサケの遡上の規模などを双子に予言してもらう、さらには双子にはサケの遡上をコントロールする力があるとまで見なされる。このような力をサケに及ぼすことが出来るのは双子の他にはシャーマンだけである。

双子―サケの相互転生という出来事が北西海岸諸族がドラスティックな変容をとげた近代商業漁の時代に入ってもリアルなものとして受け止められていたことを如実に見せているのがクワキウトル族の双子の男が語った前世を想起する経験談である。

AM4クワキウトル　双子の前世の思い出

彼はある時漁をしているときに、自分が前世でこの場所で捕まえられたことを思い出した。そればかりでなく、自分が調理され、缶詰（サケ缶）にされて船で運ばれたことまで思い出したという。[48]

ガンサーは、双子とサケをめぐる表象が近代という時代環境のもとで、さらには文化的伝統を異にする白人をも巻き込んだ形で伝承のジャンルに入り込もうとしている事件を報告している。

AM5カラム族

初期の入植者の白人家族に双子を持つ両親がいた。当時はこの川を遡上していたハンプバック・

サーモンをスポイルしないために漁をしないように警告されていたのを無視して魚を獲ったため、爾来二十年間というものこの川にハンプバック・サーモンの遡上は見られなくなった。(49)

サケへの転生という観念こそみられないが、双子にはサケの遡上をコントロールする力が期待されているのである。

大林は北西海岸に特異な双子とサケをめぐる表象について、これに対応する事例がアイヌや東北日本に見られないことを相当苦慮して、「大助・小助」というペアにその可能性を見いだそうとしている。日本のサケ伝承には他にもサケがペアとなって神仏を参詣・巡拝するという例がいくつか報告されている。さらに柳田も早くから、(双子ではないが)兄弟と鮭の関わりに注目している。(50)これらを北西海岸諸族の双子＝サケの観念と共鳴させるにはさらなる傍証を必要とする。この問題については後で文脈を換えて触れてみたい。

オースケの遡る（下る）とき

三陸地方の異伝では欠落しているが、最上川水系の「オースケ」の異伝群は必ずといっていいほど、尋常でない厳しい制裁を伴った「オースケ今のぼる（下る）」の声を聴かないというタブーをもって物語を締めくくっている。さらにはこの部分は独立した伝承として現行の習俗を根拠づけてもいる。

これらの伝承に共通する特徴は、「オースケ今のぼる（下る）」の声を聴くと三日以内に死ぬなど異様に厳しい制裁を受けること、そしてそれを避ける手だてとして、酒を飲んで騒ぐ、歌を歌う、（耳ふさぎ）餅をつくなどして徹夜で対処すること、そしてそれが現行の習俗として実際に行われていることである。

筆者の管見したこれまでの「オースケ」論ではこの点を十分説明していない。また当事者側からのイーミックな説明もほとんど目にしていない。当日が恵比寿講《えびすこう》の祭日に当たるから酒を飲んだり、餅をついたりして騒ぐ、あるいはM7、M8にみられるように、オースケとの間で交わした、サケをはじめとする川魚を乱獲しないという約束ごとを遵《まも》らせるために、このような厳しい制裁を設けたなどの説明もあるが、なぜオースケの声を聴くことがそれほどまでに危険なのかという一番の疑問は答えられないままである。

その点でドラッカーの北西海岸のヌートカ族に関する報告にはこの問題をうまく説明できそうな記事が見られる。

ドラッカーによると、北部ヌートカ族の間では、霊魂喪失が一般的な病因と見なされている。その治療を専門とするシャーマンも存在していた。人間の霊魂にとってとりわけ危険な季節は、ドッグサーモンの遡上の終わるとき、即ちドッグサーモンの精霊が海の下にあるという故国（サケの国）へ帰還するときである。ドッグサーモンが帰還の際に人間の霊魂も一緒に道連れにしようとするからである。ドッグサーモンの精霊から人々を護るべくシャーマンは徹夜で歌を唄うという。(51)

この報告は東北日本のサケをめぐる禁忌習俗に欠落している「生きている」脈絡を補って余りあ

るほどである。北西海岸では、実際にシャーマンがさらわれた霊魂を取り戻しに「ほんとうに海の下に出かけ」、濡れそぼり、時には鼻やこめかみから血を流して、両手に持ったワシの羽の中に盗まれた霊魂を容れて戻ってくるという。

ここでは先にも述べたように瀕死の病人の「再生」にワシの羽が象徴的な治療効果を発揮していることも目を引く。ドラッカーは昏睡状態に陥った女性のシャーマンによる治療の模様を次のように報告している。

一人の女性が重篤の病気になる。ヤツシスという名のシャーマンが治療に当たって「ここにあるのは彼女の身体に過ぎない。霊魂はいなくなっている」と診断を下す。女性の父親が（サケの国へわたるための）カヌーを提供する。シャーマンは歌を唄っていう。「霊魂をさらったのはドッグサーモンだ。彼女は水の中でドッグサーモンの近くにいたに違いない（ドラッカーのインフォーマントの言うところでは、彼女はその年の秋カヌーの転覆事故で溺死しそうになった。もちろんシャーマンはそのことを知りようがなかった）」。

シャーマンはサケにさらわれた病人の霊魂を取り戻すべく、ワシの羽を手にして海の下にあるドッグサーモンの国に出かけた。そして突然濡れそぼって、血を流して現れた。手を開くとワシの羽があったが、驚くことにそれは乾いていた。ワシの羽は旋回していたのでみんなは女性の霊魂がその中にあると悟った。シャーマンは病人の頭に手を置き、歌を唄った。翌日彼女はリフレッシュして目覚め、起きあがり、まもなく回復した[52]。

この報告を下地に、その上に東北日本のサケの禁忌習俗を透かし重ねてみると「オースケ」とその周辺伝承の様相が従来とは違って見えてこないだろうか。

たとえば双子の問題も大林のとは違った角度から考えることも可能になる。先にも述べたように、双子は本質的にはサケとかわるところがない「人間の中のサケ」だから水とコンタクトするとサケに転じてしまう怖れがあるというので水に近づくことを避ける。あの病人がサケの精霊に霊魂をさらわれるきっかけも水とのコンタクトであった。東北でもオースケがのぼる（くだる）夜は水辺に近づかないようにする（M11など）。「オースケ」でその声を聴いて「死ぬ」というのも本来は霊魂をサケにさらわれて霊魂喪失の状態となったことを指しているのかもしれない。かつて北西海岸にみられるような人間とサケの霊的な近さというものが存在していてこうした禁忌習俗が生まれたものと考えられる。

さらにこの禁忌伝承では耳ふさぎ餅もしばしば登場する。耳ふさぎ餅は日本の民俗ではふつう葬式の際に同年齢の友人の声を聞いて一緒にあの世へ連れ去られないようにと耳をふさぐべく餅を搗くごく一般的な習俗である。同年齢の者は社会的カテゴリーとして双子ほどでないにしろ一くくりにされる傾向にあるとすれば、このように「霊的に引っ張られないようにする」べく耳ふさぎ餅が要請されてくるのだと推測するのもあながち不自然ではあるまい。

さらにはヌートカの例では、霊魂の取り戻しにシャーマンが出動を要請されている。これに相当するのが菅の論考で指摘している修験者の存在であろう。M1の羽縄家や遠野の宮家をはじめとする羽黒修験との強い絆を示す人々が、東北のサケ儀礼（特に初サケの儀礼）で重要な役割を担っていた。また巫女に縁のある岩谷観音もサケを供え物にしている。おそらく山伏や巫女は捕獲されたサケの供養だけでなく、その加持祈禱の力によってサケの遡上などの霊的操作にも関わりを持っていたことも想像できる。注連《しめ》掛けのサケ、数珠を持ったサケなどの異形のサケの姿にもそうした修験＝巫俗的要素が見て取れるのである。これに加えて、菅の指摘しているように、法印＝山伏が石に呪的な働きかけを行ってサケの遡上をコントロールしているという事例もある。(53)

まだ触れておいてもよい問題も若干残されているが、最後に簡単な考察をくわえて本稿を締めくくることとする。

ごく雑把な印象ではあるが、わが東北日本に点在して残る「サケのオースケ」、ならびにそれに連綿する伝承群は、サケで言えば「ホッチャレ」のような姿にたとえられよう。ホッチャレの名で知られるサケは、サケのライフサイクルで言えば、最終局面に相当する。産卵を終え腿色、やせさらばえ、魚皮も剝落した姿のサケを筆者は西南アラスカのあちこちの河川で目にしたものである。動きも鈍く、水面に痛ましい屍を浮かべていたのも多数見かけた。北西海岸のサケ神話と「オースケ」を見比べるときその念を一段と痛切に感じざるを得ない。「オースケ」の伝承群はそれが採集者によって書きとどめられたのは神話のライフサイクルの最終局面ではなかっただろうか。ホッチャレをいくら集めてもその躍動的な局面を思い描くことは難しい。勢いよく群をなして遡上する局面を直接観察する必要があるのである。こうした勢いのある運動を駆動する力は野生状態にある神話思考に求められなくてはならない。幸いにしてボアスをはじめとする今世紀初頭の人類学者たちが捕獲した神話は未だ生成状態にあるみずみずしさを失ってないものだった。そこでは神話的思考はたとえ伝播圧とも言うべき力が周囲からかかったとしても、その地の具体的環境世界を構成する要素や要素間の関係からその主題に適したものを選択的に取り上げることによって当該神話の要素の置き換え、変形等を絶えず行っていくのである。ホッチャレ＝オースケ伝承群のかつての勇姿を復元・再現するに当たって召喚されるべきはこうした局面にとどまっていた神話ではないだろうか。

また本稿では殆ど立ち入ることがなかったが、サケをめぐる神話・伝承の下部構造とも言うべき具体的な生業実践としてのサケ漁も考慮すべきであった。トライデも指摘しているように(54)、北西海岸諸族の鮭漁は彼らの生業生活の焦点とも言うべき活動で、そこではまずはサケとそれを取り巻く動植物、季節、気象といった自然の諸要素の綿密な観察、分類、そしてそれをもとに行われる要素間の関係設定といったいわば合理的な野性の科学とも言うべき知的で正確さを要求される営みが神話に先駆けてなされる。それがある臨界点に至ると神話・表象の次元にスリップするのである。サケの国という表象を例に取るならば、まずサケのライフサイクルの目に見える具体的な局面についての緻密で正確な観察がある。種ごとに異なる遡上時期、それとワシなどの猛禽類、鵜やミソサザイなどの水鳥、ツグミをはじめとする渡り鳥といった鳥類や熊、ビーバー、コヨーテなどの動物、さらにはベリー類や堅果《けんか》植物といった動植物間にみられるシンクロニックな関係の観察などである。だがサケが産卵を終えて川を下り大海に出てしまうと科学は神話に席を譲る。サケの不在についての思弁が始まるのはここからである。サケは毎年回帰する。これは魚類学も同意する事実認識。だが同一の個体が毎年同じ川に回帰するかどうかは不明である。この、魚類学でもそれが証されたのはそれほど古くはないという回帰問題は北西海岸の諸族も頭を悩ませていたと思われる。事実ある部族では杉の樹皮をサケに標識としてつけていたという報告(55)もあるほどこの問題への知的関心は高かったが他方で神話・表象へのスリップが起こるのもこうした不在という局面においてである。それは具体的には、観察から推論される帰結が誤ったときであろう。同一個体が毎年遡上するという推論知識からはサケの本質部分即ち霊魂が不滅であるとの表象が帰結される。一方では水面に多数浮かぶ屍を目にしている。そこからあの北方的プラトニズムが生まれるまではほんのわずかのステップを要するだけだ。そして屍＝肉から解放された霊魂には大海、即ち彼らにとっては観察の埒外にある不在の時空があてがわれサケの国という表象が成立するのである。

註

（1）　室町時代のものとされている『魚類精進物語』は魚類と野菜の合戦を扱った物語であるが、魚類方の大将の名が「サケのオースケ鰭長」とあって北へ流れる川を領するものとされている。また柳田（一九一六）は、枕草子に出てくる警蹕の声「オホサキコサキ」に触れて、これを「鮭とは関係あるまい」としているが、東北日本の伝承でしばしば叫ばれる「オースケコスケ今のぼる」は、その声を聞くと凶事が起こるというまさに警蹕の声ではないだろうか。

（2）　野村一九七九

（3）　谷川一九七五

（4）大林一九九二
（5）中沢二〇〇二
（6）菅一九九〇、二〇〇〇
（7）菅二〇〇〇：二五七—二五九
（8）佐々木一九六四：一八八
（9）遠野と小国のこれら二つの草分け伝説は全くといってよいほど変わるところがない。鮭に乗った先祖による、当時は湖であった土地の開拓というモチーフは他に類例を見ないものである。このことは、この草分け伝説だけでなく、「オースケ」伝説も二つの土地の間で直接伝播した可能性を示唆する。事実M3では草分け伝説に続けて「オースケ」伝説が語られている。その伝播方向は、菅（二〇〇〇）も言うように最上川地方から遠野への方向である。その根拠となるのがM2などの三陸の異伝、あるいはサケ儀礼にみられる羽黒修験の深い関与である。菊池（一九八九）はこのルートを具体的に次のように考えている。すなわち、三陸の修験者が羽黒の峰中に参加し、帰途にあたる最上地方でこの伝説に接して三陸に持ち帰ったとする。さらに三陸の異伝ではオースケが連れ去られ、そこから帰還することになる絶海の孤島は玄海（源海）灘という西方にあったが、これは三陸の河川がすべて東方の太平洋に流れることを考えると不自然な設定である。そうしたサケの異界は東方に設定すべきところである。またこれらの草分け伝説では当時その地方が湖であったという歴史的事実としては確認できない想定をしている。ことさらに湖であったという想定とサケの背に乗る先祖から思い合わされるのは北米では数多くの異伝を有する「サケの開放」を主題とする神話である。レヴィ＝ストロースがあげている異伝の一つはつぎのようなあらましとなっている。

AM6ワスコ族「サケの解放」
　ワシという名の偉大なハンターが祖父のコヨーテと暮らしていた。コヨーテはワシにワシの羽をとってくるようにとの口実を設けて岩の頂に登らせる。その前に服を汚さないようにと脱がせた。ワシは言われたとおりにしたが、降りようとすると岩が天にも届きそうになっていたことに気付く。

一方コヨーテはワシの衣服を着てワシになりすまし、ワシの妻たちと寝る。ワシは高い岩の上で飢えてやせてしまうが、雷の助けで地上に降りることが出来た。

ある日コヨーテは狩りに出かけ、帰途を見失って大海に出る。すると二人の女がカヌーに乗っていた。彼は赤ん坊になりすまして女たちに取り上げてもらう。そこでコヨーテは女たちの留守を見計らって女たちがサケを囲い込んでいたダムを掘り棒を用いて壊してしまう。全てのサケが逃げ出し群をなしてコロンビア川を遡上した。それ以来、サケは人間のものとなった。コヨーテは女たちに灰を吹き付け、女たちはそれ以来鳥となった。(Levi-Strauss 1981：252-254)

この異伝が興味深いのは、湖とサケの二点で東北日本の草分け伝説に共鳴するところがあるだけではない。「鳥の巣荒らし」のテーマと「サケの開放」が一つの異伝の中で結合されていることである。AM1のクラマス族の「鳥の巣荒らし」ではみられなかったが、ここではワシがサケと間接的ではあるが結びついてくるのである。註19も参照。

(10)　柳田一九七二：一三〇—一三一

(11)　この呪力を帯びた市松模様のレガリアは羽黒山伏が着用する「摺り衣」である。おそらく、羽黒修験の峰中に参加した宮家の先祖が持ち来たったものと思われる。

(12)　柳田一九七二：一三一

(13)　佐々木一九六四：一八七

(14)　柳田一九七二：一四〇

(15)　註9参照

(16) 野村一九七九：二七九—二八二
(17) 同書：二八二
(18) 大友一九九〇：一〇七—一〇八
(19) サケをハヤスの「ハヤス」という言葉には、折口信夫の霊魂論のキーワード「フユ」とおなじ響きが感じられる。サケをハヤスのはその精霊の再生・増殖を願って行われる。折口の「フユ」も霊魂の増殖を意味する言葉である。
(20) 野村一九八二：四四
(21) 同書：四五
(22) 神野（一九八四）は一群のサケを率いて遡上するサケの王たる大助に、「寄り神」としてのエビスの観念を読みとろうとする。西南日本では海から拾われる小石をエビスの神体としており、「弘法とサケ」伝説、あるいは庄内で川から拾った小石をエビスの神体とする信仰などを論拠にして東日本の川魚の信仰の中にもエビス的性格のあったことを指摘している。筆者もこの指摘には同意するが、小石をめぐっては別の解釈も可能であり、ワシのエピソードや「オースケ今下る」の禁忌伝承など北からの視点が要請される問題も多く存在するのである。
(23) 野村一九八二：四四
(24) 同書：四六
(25) 同書：四六
(26) 同書：四七
(27) 大林一九八三：四二八
(28) 森山一九七六：一六三
(29) 菅二〇〇〇：二五四—二五五

(30) レヴィ＝ストロース一九七六：六〇
(31) 中沢二〇〇二：二三三―二三四
(32) Swanton 1970：450
(33) Drucker 1951：211
(34) 谷川一九七五：五二
(35) 註21参照
(36) Swanton 1970：468-469
(37) 菅二〇〇〇：七三
(38) Boas 1898：74-78
(39) McIlwrath 1948：478-479
(40) 小島一九六四
(41) Gunther 1926
(42) 菅一九九〇：一三七
(43) 註18参照
(44) Lévi-Strauss 1981：425
(45) 菅二〇〇〇：二三四
(46) 菅二〇〇〇：二三八―二三九
(47) AM2「サーモン・ボーイ」の主人公はサケの腹の中から取り出された「人間」であった。いわば「サケの中の人間」である。これと対称をなすのが双子、即ち「人間の中のサケ」である。
(48) Michael 1994：200
(49) Gunther 1926：616

(50) 柳田一九一六
(51) Drucker 1951 : : 210-212
(52) Drucker 1951 : : 211-212
(53) 菅二〇〇〇
(54) Treide 1965
(55) Ibid : 46

参考文献

烏兎沼宏之
一九八一『図録　岩谷十八夜観音』岩谷観音史跡保存会
大友義助
一九九〇「「鮭の大助」のこと」『口承文芸研究』13、日本口承文芸学会
大林太良
一九七一「縄文時代の社会組織」『季刊人類学』二—二
一九八三「東北日本の漁労と伝承」大林編『山民と海人』小学館
一九九二「北太平洋地域の神話と儀礼における鮭」『北海道立北方民族博物館紀要』北海道立北方民族博物館
小野寺正人
一九九四「鮭の漁労習俗と伝説の成立」『日本民俗学』一九九、日本民俗学会
神野善治
一九八四「藁人形のフォークロア——鮭の精霊とエビス信仰——」「列島の文化史」1、日本エディタースクール出版部

菊池照雄
　一九八九『山深き遠野の里の物語せよ』梟社
小島瓔礼
　一九六四「精進魚類物語と口承文芸」『日本民俗学会会報』36、日本民俗学会
佐々木喜善
　一九六四『聴耳草紙』三元社
菅豊
　一九九〇「鮭をめぐる民俗的世界――北方文化にみられる死と再生のモデル――」『列島の文化史』7、日本エディタースクール出版部
　二〇〇〇『修験がつくる民俗史――鮭をめぐる儀礼と信仰』吉川弘文館
谷川健一
　一九七五『神・人間・動物』平凡社
谷川健一編
　一九九六「鮭・鱒の民俗」『日本民族文化集成　第19巻』三一書房
千葉徳爾
　一九六九『狩猟伝承研究』風間書房
中沢新一
　二〇〇二『熊から王へ』講談社
野村敬子編
　一九七七『真室川昔話集』岩崎美術社
　一九八一『真室川の昔話』桜楓社

野村純一
一九七六「遠野の大助　最上の小助」『日本の伝説』4、角川書店
一九七九「新話型瞥見——鮭の大助の周辺」『日本昔話大成』12、角川書店
一九八二『日本伝説体系』3、みずうみ書房
一九八五『日本伝説体系』2、みずうみ書房
羽柴雄輔
一九一六「オースケコースケ」『郷土研究』四—六、郷土研究社
森山泰太郎
一九七六『陸奥の伝説』第一法規出版
柳田國男（山崎千束）
一九一六「鮭と兄弟と」『郷土研究』四—七、郷土研究社
柳田國男（鈴木脩一編集）
一九七二「遠野物語拾遺」『遠野物語』大和書房
クロード・レヴィ＝ストロース
一九七六『野生の思考』大橋保夫訳、みすず書房
渡辺仁
一九六三「アイヌのナワバリとしてのサケの産卵区域」『民族学ノート——岡正雄教授還暦記念論文集』平凡社
Boas, Franz
(1898)“The Mythology of the Bella Coola Indians”, *Amercan Museum of Natural History:Memoirs*. New York : (1894), *Chinook Texts* (Smithsonian Institution, Bureau of Ethnology, Washgton)

Drucker Philip

(1951) "The Northern and Gentral Nootkan Tribes", *Bureau of American Ethnology Smithsonian Institution, Bulletins, No 144 Washington*

Gunther, Erna (1926) "An analysis of the first salmon ceremony", *American Anthropologist 28*: 605-17

(1928) "A further analysis of the first salmon cerelnony", *University of Washington Publicatios in Anthropology 2*：129-73

Lévi-Strauss, Claude

(1981) *The naked man* (Jonathan Gape Limited and Harper)

McIlwrath,T. F.

(1948) *The Bella Coola Indians, 2Vols.*, Toronto

Michael E. Harkin

(1994) "Person, Time,and Being",in Mills,Antonia and Slobodin,Richard (eds.) *Amerindian Rebirth : Reincarnation Belief among North American Indians and Inuit* (University of Toronto Press)

Ray Verne F.

(1932) "The Sanpoil and Nespelem", *University of Washington Publication in Anthropology*, Vol5 Seattle.

Sternberg, L.

(1930) "Der antike Zwillingskult im Lichte der Ethnologie", *Zeitschrift fur Ethnologie 61*：152-200

Swanton John

(1970) *Social condition beliefs and linguistic relationship on the Tlingit Indians.* (Johnson Reprint Company, New York)

Treide Dietrich

(1965) "Der Lachs in der Vorstellung der Indianer des westlichen Nordamerika", *Jahrbuch des Museums für Völkerkunde zu Leipzig* 21 : 23-71

鮭を「はやす」ということ

あらたまの　きべのはやしに　なを立てて、ゆきかつましじ。いを先立たね（東歌）

去年（二〇〇五年）の十一月半ば、知り合いの案内で山形県真室川《まむろがわ》町の小国《おぐに》という山間の集落にある民家のお堂で古くから行われている「お大日様」の祭りを見聞する機会を得た。この祭りについては野村純一が『最上地方民俗』第九号の「大日様」の項を引用して簡単に紹介している。

十月十五日、小国のお大日様。（佐藤家）十二日、村中の縄ない。十三日、親類の縄ない。十四日、村中が茶屋のしたく。十五、十六日、祭。供物は生鮭、里芋の煮物。十七日、鮭をはやして（切って）、酒をあげてナオライ（を）する。里芋は「子授け」といって嫁たちに与える。お大日様の祭の一週間ほど前より川辺に行くな。お注連を首につけた鮭が参詣に「鮭の大助、今のぼる」と叫び乍ら、どんなに水の少い年でも、必ず一匹だけでも小国川をさかのぼってくる。その姿や声を聞いた者は、その年の内に死ぬといって恐れ、この祭すぎに鮭が「ヨォ大助、今くだる」と大声で叫んで行くのを聞いてから鮭捕りを許されるのがきまりであった。(1)

さらに菅豊は、『修験がつくる民俗史』のなかで祭りの詳細な記述を行っているが、私の見聞し損ねたところを充分補って余りあるものである。

祭りの由来は、旅の貴人（義経と弁慶の一行）を泊めた村人がおかずがなくて大根漬けと蕪汁でもてなしたが、一行は帰り際にお礼だといって一巻の巻物を置いていった。それからのちに義経一行が平泉で殺されたことを知り、粗末なもてなしを恥じ、置いていった巻物を神に祭って、鮭を供えるようになった。大根と蕪は断ちものにして、旧十月十五日を祭日にしてその日に巻物をご開帳するようになったという。祭りの様子を菅はこう記している。

正午、佐藤家では大日堂の軒下に下げてある鐘をならす。開帳が始まる合図である。大日霊尊の前に祭壇を設って燈明をこうこうと照らし、五升炊きの大鍋を置いて湯を沸騰させ、それで里芋（カラトリイモ）と先に供えておいたメスのサケノヨを煮る。本来は、サケ一尾丸ごと煮ていたらしいが、現在はイチノヒレ（胸鰭）の部分をハヤシて（薄く切って）入れるだけで、残りはオダイニチサマに供え直す。狭い部屋に多くの人が詰め込まれた熱気と、煮立った大鍋の湯気のなかで朦朧とする頃に、大鍋の後ろ側で開帳が始まる。ベットウ（別当）と呼ばれる佐藤家の当主と長男が、裃姿で口には半紙をくわえ、掛け軸を手にしてあらわれ、おもむろにそれを広げ始め、すぐに閉じてしまう。参拝者の目は一斉にその軸に注がれるが、大鍋の湯気と燈明の光で朧げにしかみえない。そのため、そのなかに描かれているものはみる人ごとに違った印象を受ける。この時みえたもので、これから自分や家族の身に起こってくることを占うのである。その例としては、三体の仏像、子供の姿、棺桶、腰から下が血まみれの女、幽霊、死んだ縁者の姿、ダイコン、ダイコクサマ、エビスサマ、ベンテンサマなどで、ちなみに、本章のインフォーマントであるベットウの妻佐藤キミヨ氏は太陽がみえたという。

それらの図像にはそれぞれに解釈が付与されており、たとえば、棺桶がみえるとその家の者が亡くなるとか、大黒様がみえると近く大金が入るなどといわれている。また、かつてこの日の精進を破って大根を食べてきた人や、大根の絵入りの手拭いを巻いてきた人がおり、その人たちはともに大根の図柄がみえたが、オダイニチサマからの帰り道二人とも崖から落ちて死んでしまったという。三年間同じものがみえると、もうオダイニチサマに参拝しないでもご利益にあずかれるともいわれている。

翌日、佐藤家では集落の人々を呼んでナオライ（直会）を行う。この時、祭りで作ったサケと里芋の汁をオゴフ（御護符）と称してふるまう。この汁は様々な病から身を守ってくれ、とくに若い嫁たちには子授けにもなるといって必ず食べさせた。このオゴフが残っているうちは精進があけないらしく、大根、蕪を食することはできない。祭りの当日に参拝に来た人たちには、オダイニチサマの判を押した餅を配るが、これもオゴフと呼ばれ、家にもって帰って必ず

朝食前に食べるものとされている。(2)

私が興味を覚えたのはつぎの二点である。

一つはこの祭りがロールシャッハ・テストなどにみられるような投影法的心理技法を先駆的に用いていること。ハヤしたサケを煮立てた湯気ごしに見る掛け軸の図像はおぼろで、不定形なもので（残念ながら私が見たときは写真撮影する人の便宜をはかってか湯気があまり立っておらず、図像がはっきり見えてしまったが）、見る人の潜在意識を引き出すうえでなにがしかの心理的効果が感じられないでもない。この場合はロールシャッハのような性格テストではないが、見る人の将来の出来事とおぼろな図像に投影されたものとの間に超越的な因果関係が設定される余地が多分に残されているのである。

もう一つは（これが本稿の主題となるが）、鮭をハヤスことである。野村の記事でも菅の調査報告でも、鮭を大日様にお供えするのに薄く切ることをハヤスと言っている（同行した地元の知人も、ハヤスという言葉をごく自然に使っていた）。鮭の聖なる身体部位であるイチノヒレ（胸鰭）を薄く切って大日様への神供《じんく》とするのであるが、神供とされた切り身は翌日のナオライで御護符として人々に振る舞われる。この護符には治病の力があるとされている。

このように鮭を神供するという儀礼的文脈で薄く切ることをハヤスという使い方をしている例は他にもある。

これも菅が調査した新潟県山北町《さんぽくまち》大谷沢《おおたにさわ》では、最初にとれた鮭（ハツナ）はエビス様に供えられた後、十二月十五日のオースケ・コースケの日に捕った人の漁場に流される。翌日ハツナは調理され、エビス様に供え直される。その際ハツナはイオジルにして家族で食べ、親類や漁仲間に配る。現在は鮭を〇・五ミリに薄くハヤシて柿の葉に載せて配る。これも小国と同様万病よけになるといい、もらった家でも家族全員で食べるという(3)。

さらに同町岩石《がんじき》でも、男子が生まれて初めて鮭を捕ったときに祝うハツナギリの際に、ハツナ（この場合は生まれた初めて捕った鮭）をまな板に載せてエビス様に供える。そのあとでハツナは薄くハヤシて集落全体に配ったという(4)。

また菅が『山形県漁業誌』の記事から引用している庄内地方の「オセンニンイオ」をめぐる興味深い事例では、はじめて捕れたサケを幾多の小片に切ることに「解析シ」という漢字を当てているが、ここではふりがなされていないものの、文脈的に、そして地域的にも「ハヤシ」と読んでみたくなる。

「荘内ノ俗毎年鮭ノ初メテ捕獲セラルヽモノヲバ食膳ニ上サズシテおせんにんいをト称シおせんにん様ニ供スルヲ例トスおせんにん様ナルモノハ果シテ如何ナル神霊仏陀ナルカハ判然セザレド先ズ河海ニテ始メテ捕獲セラレタル鮭ハ売子之ヲ幾多ノ小片ニ解析シつもり板ニ載セテおせんにん様ニ上ゲテ下サイト称シ家々戸々ニ廻ル家々ニハ二厘或ハ三厘ヲ出シテ与フ而シテ其鮭肉ヲ買ヒ求ムルニアラズシテおせんにん様ニ捧呈スル費用ヲ喜捨スルノミナリ売子ハ其肉片ヲ終ニ河ニ投ジテ以テおせんにん様ニ呈スルモノトナスナリト云フ（15）(5)」

ごく限られた事例ではあるが、「ハヤシ」という語が使用されている環境にはある種の共通性が見て取れそうである。

(一)　大日祭、ハツナギリなど儀礼的な場面で用いられる。
(二)　鮭を薄く切る。
(三)　ハヤされる鮭は初鮭など聖性を帯びたものである。さらに小国、山北ともハヤされるのは鮭のイチノヒレという特別に聖別された部位である。
(四)　ハヤされた鮭は神供される。
(五)　いったん神供された後、人々に配られる。
(六)　護符として治病の力を持つ。

そこで問題はハヤスという語が果たしてこうした儀礼・祭祀的な環境に沿って特殊に用いられるにふさわしいような意味内容を持っているのかということになろう。「切る」という一般的、標準的な語に対する単なる方言的な置き換えにすぎないのではないかという疑問も当然生じよう。ハヤスの方言学的観点に立った考察が要請されるべきである。

標準語引きの『方言辞典』（明治書院）で「切る」の項をみると、これにハヤシの語を対応させている地域は、青森、秋田、山形、長野、広島県に限られている。広島を除くといずれも鮭の遡上河川を有しているのである。また『方言辞典』では落ちているが、新潟県（『新潟方言辞典』）や岩手県（『ケセン語大辞典』）でも「切る」を「ハヤス」という地域がある。この両県とも鮭の遡上地域に含まれる。

こうした方言分布を見るとハヤスが特異に鮭に傾斜して用いられる語であると思いたくなるが、ハヤスの実際の用例はそう一筋縄にいくものではないようだ。

『日本国語大辞典』（小学館）の「はやす【生】」の方言義で、「切る」に相当する意味で「はやす」を用いている例は、埼玉、群馬、静岡、兵庫、和歌山、高知、長崎、大阪など鮭の遡上河川を持たない地域にまで及んでいる。したがって「切る」の意味での「はやす」が鮭の儀礼的扱いに限定された語であるという想定は断念せざるを得ない。

次なる想定は、「はやす」が特定の対格目的語を持つのではないかと云うことになる。ハヤシの対格、すなわち何をハヤスのかが問われなくてはならないのである。さらには「切る」との対応の仕方、即ち「はやす」は「切る」を上位概念としてそれに内包される部分集合的なものなのか、「切る」の特定の様態を示すものなのかも問題となろう。

『現代日本語方言大辞典』では、青森県の「ハヤシ」は、魚などの頭や骨を除いて、調理の下ごしらえをすることとあり、野菜については言わない。

秋田県では、古い言い方とあり、西瓜や漬け物を切る用例があげられている。

山形県では、「切断して個数を増やす。切り裂くこと」で、「包丁で魚を切る」、「西瓜を切る」の用例が挙がっている。

また『庄内方言辞典』にはこうある。

ハヤシ　動詞。はやす。包丁で野菜、魚などを切る。（遊佐）。
ハヤス　動詞　はやす。包丁で野菜や魚、肉などを切る。野菜などを切り刻む。「はやす（生えさせる）を「切る」に言うのが特徴である。「魚ハヤシてくれ」（魚を切ってくれ）……

『新潟県方言辞典』ではハヤスは「切り刻む」で、例として「大根をハヤス」をあげている。

また『ケセン語大辞典』はハヤシとして、「囃す」、「剪定する」の意味と並んで「切る／のし餅を適当な大きさに切ることをいう」とある。

次に『日本国語大辞典』で「はやす【生】」の方言例をみると1．卵をかえす。孵化する。2．野菜などを小さく切る。切り刻む。切って調理する。「七草をはやす」。3．切る。「爪をはやす」4．餅を切る。5．桑を切る。6．木の葉を切る。門松の松を切るなどの用例がある。

これらの地域にはハヤシとともに標準・一般的な「キル」もあって、こちらの方は「断って離す」、「つながりを離す」、「傷つける」、「取り去る」という一般的に了解されている意味内容となっている。地域によってはキルとハヤスが併存使用され、差異化されずに同じように用いられている例もあるが概して使い分けているように思われる。ハヤスをキルとの差異という観点からその意味の偏向の仕方をみると以下の点が目を惹く。

（一）ハヤスはただ「切って」離すだけでなく、「切り刻む」のように切片を数多く作り出すというニュアンスがある。この点で「切る」の方が上位概念で「ハヤス」はその下位概念として「切る」の特定の様態をあらわすものであるとも考えられる。

（二）対格目的語についても、「ハヤス」の方が「切る」よりも特殊化している。『日本語方言大辞典』の用例ではほぼ野菜と魚に限定して用いられている。さらに青森県では魚の下ごしらえをすることに限り、野菜には用いられない。また岩手県のケセン語の、伸し餅のようなハレの食物を切る、門松の松を切る、七草などハレのものに傾斜して用いられている向きがあることにも留意したい。

右の方言例で注目したいのは「はやす」の一群の意味の一つである「1．卵をかえす。孵化する。」だ。『方言俗語語源辞典』（校倉書房）にも「はや・す：孵化する。かえす」とあり、茨城、群馬、埼玉、長野、岐阜、愛知県北設楽《きたしたら》郡で用いられているという（著者はこれを「カエス」の訛だとしている）。「はやす」の意味としての「孵化する。かえす」が興味深いのは、それと同じ意味が「ハヤス」と音韻的に共鳴し合う「フヤス」の方言義にも見られるからだ。『日本国語大辞典』によれば、「はやす」と全く同じ「タマゴを孵化させる。タマゴをかえす」という意味で「ふやす」を用いている例が新潟県佐渡、富山市、飛驒地方に見られる。「ふやす」は「増やす、殖やす」という増殖の意味で標準語的にも用いられている語であるが、これに「孵化する、かえす」の方言義を仲立ちにすることによって「はやす」と「ふやす」がリンクしてくるのである。

「ハヤス」と「フヤス」のつながりについては、菅もすでに『修験がつくる民俗史』の中で、上掲のハツナギリの事例を考察した箇所で折口信夫《おりくちしのぶ》の『門松の話』の一文を引いて次のような指摘をしている。

サケの肉を薄く切ることを、ここではハヤスというが、この語について折口信夫は「はやすは、はなす、はがすなどと一類の語で、ふゆ、ふやすと同じく、霊魂の分裂を意味した語」と説明している(6)。

「ハヤス」が「フヤス」に近接・リンクするとなれば当然「ハヤス」の意味の古層部分に折口の云うような「霊魂の分裂・増殖」といういうきわめて古風な観念がセットされていた可能性をみてとりたくなる。こうした想定に立ったとき重要な意味を帯びてくるのは、さきほどの『方言俗語語源辞典』で「ハヤス」に「孵化する。かえす」の意味を当てている地域の中に愛知県北設楽郡が含まれていることだ。周知のように北設楽郡一帯は「花祭り地帯」のセンターともいうべき位置を占め、早川孝太郎の詳細なモノグラフと相俟《あいま》って、折口がその画期的な霊魂論を練り上げる上で大きな寄与をなした土地である。

『方言俗語語源辞典』は北設楽郡の「ハヤス」の用例についてはそれ以上の記述をしていないが、早川の『花祭り』には儀礼・祭祀的文脈の中で「はやす」が登場する。

花祭りでは湯ばやし、とうごはやし、しきばやしなどハヤシと呼ばれる神事がいくつか行われるが、ここで取り上げてみたいのは、花祭りと密接な関係を持つ「高嶺祭り」で行われる「玉をはやす」という儀礼作法だ。

高嶺祭りは現在は閏年《うるうどし》にしか行われないが、北設楽郡の古戸《ふっと》では明治初年期まで花祭りに先立って行われていた。「たかねさま」または天狗を祭るといって、村の西北方にそびえる海抜千メートル近い白山《しらやま》に村組の代表が登り、そこに祀られている白山妙理大権現の社殿に七日間参籠する。社殿からさらに登った地点に聖小屋《ひじりごや》または岩小屋があって、そこには奥宮として「ひじりさま」という祠がある。この「ひじりさま」の本体は直径二寸くらいの玉で、その質はきわめて重い石である。同じような玉石が四、五十個ほどあり、年によりいずれが御本体かきめがたいが、禰宜《ねぎ》だけにはわかるという。

白山社殿の七日間の参籠が終わって満願の日、この玉（石）を捧げて禰宜の舞がある。これを「玉をはやす」といい、玉は白木の三宝に納め、下に榊の葉を敷き、上を袱紗で覆っている。舞は五方の舞で次のような祭文がある。

東方や観音の浄土でめぐり逢う　南方や薬師の浄土でめぐり逢う
西方や弥陀の浄土でめぐり逢う　北方や釈迦の浄土でめぐり逢う
中央や大日浄土でめぐり逢う

次に

聖はまことのきやう聖　袈裟をば肩にかい掛けて
蓮華の花を笠に着て　同じ蓮華を杖につき
夜は岩屋に只一人　朝は日の出の行をする
神の稚児を中に置き　めぐりめぐりてせしおとす

の祭文があって、玉の舞が終わると、神輿を奉じて山を下り、その夜は花宿に落ちつきそこで「かたなだて」という花祭りの一日目の祭祀が始められた。(7)

折口が早川の『花祭り』の解説(『山の霜月祭り——花祭り解説——』)でこの高嶺祭りに一言も触れていないのは奇異な感じもするが、ここでこの祭りに折口風の解説を加えてみよう。

まずは参籠する山が「白山《しらやま》」と呼ばれ白山権現を御神体としていること。花祭り本体の方でも白《しら》山《やま》という方形の作り物があって、これに白装束の男女の一群が入る。これを「浄土入り」と称しているが、浄土入りのモチーフは高嶺祭りの禰宜の舞の祭文にもはっきりと読みとれるものだ。この浄土入りはあの世へ行ってしまう(死ぬ)という意味を持つのではなく、折口の解説するように「此に這入って生まれ出る式」、即ち擬死・再生のイニシエーション的意味を持つ式なのであろう。修験道の峰入り、葉山《はやま》籠もりなどに通じる性格のものだ。「生まれ出る」ことを推測させる根拠のひとつは白という色で、宮田登(『原初的思考——白のフォークロア』)も指摘しているように、白山、白装束など白色のシンボリズムが浄土入りという「生まれ出る式」の基調をなしているのである。

また花祭りの本体の方でも白山に入ることはウマレキヨマリとよばれ、折口はこれが花祭りの中心的行事として成人戒の意味を持つものだという。高嶺の白山の社殿に参籠するのも、人としてウマレキヨマルことによってそれ以降の神事に参加する資格を身につけるためのものと思われる。重要な神事に関わるには一定期間忌み籠もり、自らをタマが入り込みやすい器とした上で外来のタマ（霊魂）を身に帯びる必要があった。

祭文の末節には「神の稚児を中に置きめぐりめぐりてせしおとす」という何とも不可解な一文がみられる。「神の稚児」とは何か。折口の霊魂理論にならって、神はタマ（霊魂）の二次的な派生形態であるとすれば、「神の稚児」とは新たに生まれ出ようとするタマ（霊魂）ではないだろうか。従って「神の稚児を中に置き」は未発のタマを中空の空間の中に置いて懐胎している状態を指していると思われる。

高嶺祭りにおいては、タマは「ひじりさま」とよばれその本体は玉（石）として具体的に表象されていた。だがこれも折口に倣うなら玉（石）自体がタマ（霊魂）なのではなく、玉（石）の器の中に入ってくるあるものがタマ（霊魂）なのだ。それは常人の目に見えるものでなく、禰宜のような巫祝のものにしか見分けることの出来ない在りようをするものであった。年毎に本体の石が異なるというのもタマは新鮮でみずみずしいものでなければならなかったから、その器も年々切り替えられる必要があったのだ。

こう解釈してみると「めぐりめぐりてせしおとす」という不可解な文句もなんとなく腑に落ちてくる。玉（石）に入り込んだタマ（ひじりさま＝霊魂）を手にしたネギがそれを懐胎するように回しながら舞っている光景が浮かんでくる。この舞によって未発のタマがあらわれ出るのが「玉をはやす」で、こうなると「孵化する　卵をかえす」という意味での「はやす」に大いに近接してくるのである。折口のいうようにタマと卵が共鳴し合う語であるとすればハヤスという語の古層部分にはタマ＝霊魂が潜んでいたのだ。

こうして「孵化」されたタマは一つではなかった。玉（石）に入り込んだ一つのタマは分岐・増殖したと考えられる。タマはフル（振る）ことで活性化し分岐増殖する。禰宜の舞はその意味で一種のタマフリなのであろう。こうして分岐増殖したタマは、白山に忌み籠もるものたち全員のからだに入り込んで彼らをウマレキヨマリさせたのであろう。かくして「タマをはやす」は「タマを殖やす」となる。

「孵化する」、「増殖す」という「ハヤス」の古層にあると思われる意味を手に入れたところで冒頭「サケをハヤス」に立ち返ってみよう。すると大日祭やハツナギリにみられるサケを「ハヤス」作法は、心なき魚をただ「切る」という素っ気ない行為などではなく、霊的本質を備えた生き物に接するすこぶるデリケートな接し方をあらわす行為なのだということが見えてくる。

大日祭ではサケをハヤシて神供したあと、ハヤシたサケは護符として人々に配られた。その護符は療病の効験を持つとされている。山北町のハツナギリではハツナという聖なるサケのイチビレ（胸鰭）という聖なる部位を三度エビスサマに供え直して家の主人が食べ、集落全戸に配られるが、その過程は非常に手の込んだものとなっている。

菅はハツナギリの儀礼的特徴が神供、分配、共食の三つの過程におけるエビス神と人間との交渉にあるといい、そのきわめて媒介的な儀礼過程を次のように整理している。

　まず、捕らえたハツナを家へもって帰り（1）、それを家の主人がエビスサマに供え（2）、さらに下げて調理する（3）。次に家族で共食し（4a）、イチビレをエビスサマに供え直し（4b）、ハツナの一部を同じ集落内の家々などに贈る（4c）。エビスサマに供えられたイチビレは再び下げられ家の主人によって食される（5）。ハツナの一部を贈られた家では返礼として、カキの実を贈る（6）。また、贈られたハツナはどんなに少なくともエビスサマに一度供えて（7）、下げてから調理し（8）、家族全員で食べる。(8)

　こうした儀礼習俗からうかがえるのは、サケという魚が霊的な本質（タマ）を備えたものとされているだけでなく、その霊的本質は繰り返し神供する、薄く切りふやす、人々に配るなどの儀礼的なはたらきかけを加えることによって分岐・増殖していくと考えられていることだ。サケはただハヤされて（薄く切られて）ハヤされる（殖やされる）だけではない。そのタマが増殖されるには神霊（エビスサマ）、ハツナ、人間をつなぐ贈与の円環をいくども循環しなくてはならないのだ。また、庄内の「オセンニンイヲ」では、初鮭を「幾多の小片に解析シ（ハヤシ?）」て、それを川に投じてオセンニンなる神霊に供える。菅はこれについて、日本で一般にみられる放生とは異なり、肉体を細かく刻み込んで流すという点で、北方（北西海岸諸族）的であるという。すなわち、この行為の意味はサケの肉体をこの世から送り出し、それを再び霊魂と統合させる、つまり再生させることにあるというのだ。つまりはサケをウマレキヨマらせるのである。「北方的」というのは、ガンサー等の北西海岸諸族の初鮭儀礼の研究で紹介された、サケの再生をめざして骨あるいは内蔵を川や海に投ずる作法のことを念頭に置いているのは言うまでもない。我が国のサケをめぐる儀礼習俗では、サケの骨や内蔵と水とのコンタクトによる再生というモチーフはみられないが、それでも庄内の「オセンニンイヲ」はそれにかなりの程度に類した事例であろう。ここでは骨と内蔵がハヤされた切り身に置換されているのである。

さらには、サケに霊的本質を認め、その再生を図るという文脈でみるとき、東北日本で散見する石を川に投ずる習俗も考慮しなくてはならない。

新潟県荒川中流にある岩船《いわふね》郡荒川《あらかわ》町見附《みつけ》では、十月末のサケ漁が始まる前、荒川から握れる程度の大きさの石を十個位拾ってきて、ホウイン（法印）に梵字を墨で書いてもらうという民俗があった。ホリイシとよばれるこの石は、川に均等に撒かれる。上流の岩船郡関川村《せきかわむら》湯沢《ゆさわ》ではサケが捕れなくなると、サケ漁をしている場所の川底でこぶし大の石を拾い、同村上関《かみせき》のホウインのところへ持参する。これをホウインに拝んでもらい、もち帰り川に投げ入れると、とたんにサケが捕れるようになったという。(9)

ここでも北設楽郡の高嶺祭りにみられるように、石という容器にサケのタマ（霊魂）が入り込む。この場合はホウイン山伏の加持祈禱によってタマがイワイ籠められるのであるが、高嶺祭りで禰宜が玉をはやす作法に通じてくるものがある。菅が『修験がつくる民俗史』で再三指摘しているように、我が国のサケをめぐる儀礼習俗では山伏がサケの遡上、増殖に関わる霊的操作に大いにあずかっていた。一方花祭りの方も山伏が将来したという言い伝えもあり、高嶺祭りの禰宜もなんとなく修験山伏的ではないだろうか。

註

(1) 野村一九七九
(2) 菅二〇〇〇
(3) 同書
(4) 同書
(5) 菅一九九〇
(6) 菅二〇〇〇
(7) 早川一九七四
(8) 菅二〇〇〇
(9) 同書

本稿は以下の文献を参考にした。特に菅の著作には負うところ大であった。

大橋勝男
二〇〇三『新潟県方言辞典』おうふう
折口信夫

一九二九「霊魂の話」『民俗学』一―三（本稿では中央公論社『折口信夫全集』三によった）
一九三〇「山の霜月舞――花祭り解説――」『民俗芸術』（『折口信夫全集』三）
一九三二「石に出で入るもの」『郷土』二―一―三（『折口信夫全集』一九）
金田一春彦編
一九八〇『国語大辞典』学習研究社
佐藤雪雄
一九九二『庄内方言辞典』東京堂出版
菅　豊
一九九〇「鮭をめぐる民俗的世界――北方文化に見られる死と再生のモデル――」『列島の文化史』七、日本エディタースクール出版部
二〇〇〇『修験がつくる民俗史』吉川弘文館
野村純一
一九七九「新話型管見――鮭の大助の周辺――」『日本昔話大成』一二、角川書店
早川孝太郎
一九七四『花祭り』岩崎美術社
平山輝男編
一九九二『現代日本語方言大辞典』明治書院
宮田登
一九七四「ウマレキヨマル思想」『原初的思考』大和書房
山浦玄嗣
二〇〇〇『ケセン語大辞典』無明舎出版

山中襄太
　一九七〇『方言俗語語源辞典』校倉書房

狩の夢路

夢路にも露や置くらむ夜もすがら
　通へる袖のひちてかはかむ　紀貫之
住江の岸に寄る波よるさへや
　夢の通ひ路人目よくらむ　藤原敏行朝臣

『国歌大観』で「ゆめち」、「ゆめのかよひぢ」を索引してみると、『勅撰集編』で「ゆめち」を含む歌が五十二首、「ゆめのかよひち」十九首、『私撰集編』では、「ゆめち」が二十四首、「ゆめのかよひち」四首の多きに及んでいるが、その殆どは恋という脈絡で詠まれている。こうした夢の道が、恋につきものの定型化した決まり文句、作詞上の修辞に過ぎないものなのか、それとも夢見る詠み人の産みだした真正のイマジネーションによるものなのか、門外漢の私には判断しかねる。だが上代や王朝時代の夢見が「今ひとつの現実の場」（河東）であるとすれば、それらの歌のうちには、夢見る人が望み、あるいは畏れる予期作用の強度から産み出されたイメージの道がヴィヴィッドに詠まれていることも大いにありうるであろう。心の内から外へと、夢見る身体をその場に残してあくがれ出ていく道、正夢になってほしいと願う将来の出会いの地点に先駆ける道が伸びていくのだ。そこでの出会いとは、ゆめのかよひちを通ってなされる「タマ逢ひ」、すなわち恋する相手の辿る道と夢見る本人のタマ（魂）が辿り出ていく道とが交差・あるいは合流することに他ならない。将来の場所で待ち受けている交差を予期、願望し、そこへ向けて当人に先駆けていく道が夢の中を伸びていくのである。その意味では、ゆめち、ゆめのかよひちは、上代・王朝時代における人々のかつての願望のありようを窺い知るための道標ともなりうるものだ。

だが夢の道は恋人たちだけが専らにするアウトバーンであるとはかぎらない。多くの社会で、恋愛には、色好みの恋人が狩人によく喩えられるように、狩るもの／狩られるものという狩猟行為に通ずる二項関係が生来のものとしてセットされている。そこから、恋人同士の関係が狩猟のメタファーをもって語られることもしばしばだ。だが（恋愛ではなく）狩猟行為そのものにおいて、実際の狩猟に先駆ける夢の道が決定的な意義をもつような社会もあるのである。

アタパスカン語族やアルゴンキン語族など北のノマード＝ハンターにあっては、夢は、狩猟という彼らの生の根底をかたちづくっているプラクシス（人間の身体は狩猟を通じて取り込まれた動物の身体に殆ど全面的にといってよいほど依拠している）の本質要件をなしているかのようだ。ある意味ではフィジカルな狩りのテクノロジーよりも重要な役割を与えられているともいえる。たとえば、

〈図１〉（Speck 1935より）

アルゴンキン系のナスカピ族に関するすぐれたモノグラフをものにしたスペックによると、ナスカピでは狩りの夢が彼らの生の要点となっている。ナスカピ語には狩りと夢を一語にした動詞、「狩＝夢見る」と訳すしかないような動詞が見られ、「彼は狩＝夢見る」、あるいは「私は熊を狩＝夢見る」といった言い回しをするのである。そうした夢見を導くためのものとして、ナスカピは断食、踊り、歌、ドラム、がらがら、スウェット・バス、隔離、瞑想、特定の食物の摂取、動物の獣脂の摂取といったてだてを積極的に評価している。

スペックによれば、ナスカピにとって夢は、生活に必要な知識を手に入れるための啓示のプロセスである。こうした啓示は、当人の魂＝スピリットが夢の中で話しかけることで得られる。だが、我が国の上代、王朝時代もそうであったが、啓示はそのままでは具体的な意味を指示しない場合が多いので、その解釈が必要となる。夢の解釈をより具体的にするために彼らが好んで用いるのが動物の肩胛骨をはじめとする骨による占いである。火にくべた肩胛骨の亀裂の走行線や斑点などに将来の狩猟においてとるべき道（トレイル）、動物のトレイル、湖や山・川といった地形を読みとるのだ。

〈図１〉はナスカピ族のシュシェピシュというハンターが描いたみずから

の先駆けの狩りの夢の絵である。カヌーに乗った二人のハンターが湖を渡るカリブーを槍で狩っているところを描いている。このとき彼はドラムを敲き、歌を唄ったあとで、狩りを行うように指示されるという内容の夢を見た。夢から覚めて、カリブーの肩胛骨による卜占をおこなって、カリブーの群のいどころを見つけたのである。カリブーの身体があるものは黒く、あるものは白い余白を残してといった風に描かれているのは、カリブーの身体の白黒模様というよりは、夢のおぼろな光景をそのまま素直に表現したからではないだろうか。

〈図2〉のカリブーの上半身だけを描いた、ラスコーなどの後期旧石器時代の洞窟壁画を思わせるこの絵もナスカピのハンターの手になるもので、これは、夢見につづく狩りの成功のあとで死んだ動物に満足を与えるために描いたものだという。この絵でも白く塗り残した部分があり、これも夢のイメージにみられる視野周縁のおぼろさをあらわしているように思える。

アタパスカン語族のドゥネ＝ザは、（恋人でなく）獲物へと導くトレイル（以下「道」に代えて「トレイル」という語を頻繁に用いる。「トレイル」には、「道」にはない人や動物の跡という含意もあるからである）、実際のフィジカルな狩猟のプラクシスに先駆けるトレイルを夢見ることをその生存のための基本戦略に組み入れている。彼らの夢の指示内容は具体的なもので、夢見と実際の狩りとの間に、ナスカピのように、卜占という解釈のクッションを挟むことはない。

このドゥネ＝ザ社会を長期にわたって調査したリディングトンによると、彼らの生の根拠をなす狩猟というテクノロジーは、自然をコントロールするというよりは、自然と人間との関係をコントロールすることに専心するものだという。人間は、自然という技術的なはたらきかけの対象をコントロールする主体ではなく、様々な存在者との関係性のネットワークの環をなす一存在者にすぎないのである。しかもこのネットワークは静的なものではなく、動的な性質を色濃くしている。

かれらの考えでは、存在する一切のものは世界の旅人、運動体としてある。一切はトレイルに沿って運動するのだ。動物の踏みあとや人間が辿る道、太陽や月の運行路はいうまでもなく、歌ですらその旋回するメロディーの線はトレイルとしてイメージされている。さらにはドラムの安定したリズム、これは想像上の土地を旅するものが土地に刻み込んだ踏みあとであるとする。旅する運動体としての諸々の存在者のトレイルは、世界という存在平面で無数の錯綜した交差を行うことによって、相互に動的に関係づけられたネットワーク、というよりはメッシュ・ワーク（インゴルド）、すなわち点と点を結ぶ線分のネットワークでなく、紐の織りなすメッシュ・ワークを編み上げる。だから日月・動物・気象などの環境的諸要素は、人間主体から切り離された観察・操作の対象としてあるのではなく、人間と連動する運動体としてこのメッシュ・ワークの中に織り込まれているのである。

こうした無数の錯綜したトレイルの交差し合う織りなしの中にあって、彼らの生を維持していく上で必須の意味を持つものとして焦点化されているのが、人間同士のトレイルの交差、人間と動物、日月などの天体

〈図 2〉（Speck 1935より）

の運行トレイルとの交差、あるいは神話的なトレイルとの交差である。彼らの夢見は専らこれらのトレイルの交差へと差し向けられているかのようである。

では、彼らの生がこうしたトレイルの交差を夢見ることへと焦点を合わせているのは何故にか。それは、フィジカルな現実に先駆けるそうした夢見が、彼らの生の根幹をなす狩猟という行為の成否を大きく左右しているからに他ならない。ドゥネ＝ザのハンターのする狩りが成功するには、獲物が夢の中で現実に先駆けて自らをハンターに贈与していなくてはならないのだ。ハンターは夢を通じて獲物と肯定的なコンタクトをとることなしに狩りをしようなどとは思いもしないのだ。さらには、彼らにとって夢とは「今ひとつの現実」であるどころか、夢とフィジカルな「現実」とは一続きのリアリティとしてある。

ここでいう獲物による自らの贈与は、具体的にはハンターと獲物の現実に先駆けるトレイルが夢の中で交差するという形でなされる。そうなると「現実」の狩り、ハンターと獲物とのフィジカルな遭遇としての狩りには二次的な意義しか与えられない。事実、ドゥネ＝ザのハンターは狩りの獲物をキャンプに持ち帰った時にまず仲間に語るのは、夢の中での狩りの有り様なのだ。

狩猟という行為が人間の側からの一方的な搾取ではなく、獲物の側からする自らの贈与と見なされていることは北方の狩猟民に通底するいわば公理のようなものである。獲物の動物の肉や毛皮は動物による自発的な贈与であり、人間はこの贈与を受け収めるに相応しい器たることが要請されるのである。とりわけ動物の死体を敬意を払って丁寧に処理すること、肉を惜しみなく気前よく仲間に分け与えること、メンスの女性を狩猟に関わることがらから遠ざけておくことが動物との対称的関係（中沢）を維持していく上での基本的ないずまい＝エートスとして要請されるのである。

では、実際の狩りに先駆ける夢見におけるトレイルの交差＝狩りがどのように行われるのか、リディングトンの報告に拠って見ていくことにする。

夢見で交差するトレイルは、ドゥネ＝ザにあっては我が国の恋の夢路に見られるような修辞上の単なるメタファーに堕したものなのでは決してない。それはリアルな出来事として「起こる」ものだ。彼らの夢は、そして神話もそうだが、われわれが「うつつ」あるいは「現実」とよびならわしており、唯一真正で確かなリアリティとして信頼を置いている昼間の目ざめた意識の捉えるリアリティと遜色のないものであるどころか、より根源的なリアリティに触れていると考えられている。それは、夢や神話というもの（そしてナスカピ・インディアンでは肩胛骨占い）が、彼らが環境的に出会うさまざまな存在者の潜在性に関わるものとしてあるからだ。亜極北帯のブッシュに身を潜めている動物たちとハンターが偶然に遭遇することはまれである。「隠れることを好む」動物の存在は、大地の上に残された彼らの動きのパターンを示している踏みあとを読むことによって知るほかないのだ。また夜間地平線の下に没している太陽といえども、その翌朝の日の出は予期されはするが自明のものと見なされているわけではない。あるいは山や谷の一つ一つの地下に神話の文化英雄サヤが送り込んだという巨獣の身体（後述）など、彼らがその環境世界で関係する存在者はいずれも潜在的に存在しているのである。このような世界のみかけの裏に潜むものへと導いてくれるすぐれたチャンネル、それが夢や神話なのだ。逆に、こうした潜在的な存在者がすっかり露わになりきってしまっている世界、それがフィジカルなリアリティであり、それと関わるチャンネルが狩猟などのテクノロジー的側面ということになろう。狩りのこうしたテクノロジー的側面は彼らにとっては二義的なものでしかない。

夢見るハンターはこうした潜在性の世界に触れようとする。それでは夢見において世界の潜在性に触れようとするのはハンターの何なのか。

この点での北方狩猟民の思考はプラトニズムの様相を色濃くしている。肉体の束縛から自由な意識、これを彼らは「影」と呼ぶ。夢見る当人のそのとき、その場に居ついたフィジカルな身体から先駆けて出て行くトレイルを旅するのは影なのだ。「影」は前方へと先駆けたトレイルを旅するだけではない。後方へと、過去に本人が辿ったトレイルを遡行することもある。夢見のハンターは絶えず少年期のヴィジョン・クエストの決定的な出来事へと遡行するし、身体を永劫に離れてしまった死者の影＝幽霊は、夜間自らの過去のトレイルを遡行していくと言われている。だがドゥネ＝ザのこうしたプラトニズムはわれわれに馴染みの心身の二元論とも異なる様相を示している。リディングトンによると、影による心の旅とフィジカルな身体の旅とは、自然対超自然といった対立としてあるのではない。彼らにとっては双方とも自然でリアルな運動として、同じ恒常的な参照点、すなわち太陽によって、指示されるのである。

「影」はその自然な性向として、人体を離れ出ていくというエクスタティッシュ（脱自的）な動性を具えているという点で我が国のタマを彷彿させる。タマは「あくがれ・いづ」、すなわち、「対象に心が引かれ、本来あるべき所を離れてさまよい出る」（角川古語大辞典）、そのような動性をその本来の面目としている。タマの動性は、たまがり（魂上）、たまけり（魂翔）、たまさかり（魂離）、たまげり（魂消）と云った具合に、遊ぶ子供の動きにも似て無方向で、予測困難なものだ。だから人はこれをたまよばい（招魂）し、たましずめ（鎮魂）せねばならなかった。

夢見るハンターも「影」のこの気まぐれな動性をコントロールしなくてはならない。みずから期待・予期する狩りを首尾良い方向へ向けるべく夢＝影の動性をコントロールする能力が要求されるのである。この、夢＝影をコントロールする能力は、マイネと呼ばれており、思春期前に行われるヴィジョン・クエストによって獲得される。

先駆けの狩りの夢を見るのに必要とされるのはマイネだけではない。夢見の眠りにつくための調えも重要なものだ。夢見る者は頭を翌朝の日の出が想定される方向に向けて就寝する。しかも夢見る者の枕と日の出が想定される場所との間には人間のトレイルがあってはならない。とりわけメンスの女性のトレイルは禁物である。メンスの女性のトレイルは、夢見る人の影のトレイルを横切って赤い帯を描くという。この赤い帯が、夢見るハンターのフィジカルな身体に先行するトレイルと夢の影がコンタクトするのを妨げるのである。ハンターの生を維持する上で必須の情報源から彼を遠ざけるのだ。なぜメンスが妨げになるのか。メンスの二十八日周期は月と関連づけられており、月の動きの周期性は、ハンターが交差を期待する太陽のトレイルとは逆の、西から東へという運動方向を持っているからであり、さらには死者のする過去へと遡行する旅のトレイルにも関連づけられているからでもある。そのためには夢見る人が住まうキャンプのロケーションが相応しいものではなくてはならない。ドゥネ＝ザのキャンプは、キャンプと日の出の想定される位置との間に人手のついてないブッシュを挟むようにレイアウトされている。

このように、狩りの夢見で特筆すべきは、太陽の位置が重要な役割を果たしていることである。ドゥネ＝ザのハンターは実際の狩りでも、獲物を見つけるにあたってまず太陽を見つけることから始めるという。これをリディングトンは次のように解釈している。睡眠中の身体はこの世への太陽の戻りが予期される方向へ向けられている。それは「象徴的には、夢見るハンターの心が、その身体を、動物の身体が出会いを待ち受けているところへと導く適切なトレイルへと向けられていること」を意味するのだという。

また夢見へ向けた調えに欠かせないものとしてメディシン・バンドル、すなわちハンターの守護動物を象徴する呪物を詰め込んだ袋があり、これがハンターに夢＝影のコントロールを可能にする力をもたらしている。ハンターの寝る場所の上にこの袋がつり下げられているのである。

またドゥネ＝ザのハンターの夢見にコンテキストを与え、本人が予期するところ、すなわち獲物のトレイルとの交差の起こる場所へと夢見を方向付け、コントロールしていく能力を根拠づけていく上で神話のはたらきも見逃せない。

彼らの創世神話によれば、原古の世界の未分化の表面にまずイメージの「十字」がおかれ、これが世界の軸を引き出すことになる。そのときアースダイバーのマスクラット（ニオイネズミ）が水底まで潜り一片の泥土を持ち来たり、それを十字交差の中心点に置いた。この泥土からドゥネ＝ザのフィジカルな世界が十字の形を保ちながら成長し、それによって人間同士、人間と環境との関係が方向・決定づけられるのである。ドゥネ＝ザは今現にある世界においてもキャンプを新たに設営するたびにトレイルの交差点、つまりは十字にマスクラトが持ち来たった泥土を置くことで自分たちと生成変化する世界との関わりのモードを初期化しておくことを忘れない。

この創世神話で注意を惹くのは、十字というかたちのイメージが実体＝泥土に先在していることだ。このような、イメージの実体に対する先在性というプラトニズムは、北方狩猟民、とりわけドゥネ＝ザに特有の存在感覚をなしている。なによりも、彼らの生の根源をなす狩猟行為が、夢＝イメージの先行によって首尾良く成就されるのである。

狩猟というコンテキストにあって、十字というかたちは、二本のトレイルの交差、つまりは人と動物との予期される遭遇をはじめとする様々な存在者間の交差し合う関係をあらわしている。無数の錯綜して交差し合うトレイルとして構想されている彼らの関係性の世界を最小限にまで切りつめて端的に象徴するかたちが十字なのだ。先駆けてみる夢見の中でハンターは、二本の道の交差あるいは合流というかたちで予期される獲物との将来の時点での遭遇を、十字のイメージの助けを借りてまざまざと描くことが可能になる。

イメージの実体に対する先在、優位というこのようなプラトニズムは、夢見に限ったものではない。それは、彼らのテクノロジーになによりもよく反映されている。リディングトンが再三にわたって指摘・強調している北方狩猟民のテクノロジーの特徴は、道具よりもテクニックを優先させている点にある。もとよりノマード的な生存様式にある彼らのことだ。移動に際して持ち運ぶ物資財は出来るだけ軽くしなくてはならないという縛りがかかっている。彼らは「物を背に負うのでなく、頭に入れて持ち運ぶ」のである。必要な道具は移動先であり合わせに利用できるものを用いてブリコラージュするのだ。その際、道具制作のイメージ、言い換えればテクニックという制作のイデアが頭の中に鮮明にあればその制作は容易になるというわけだ。

またこの十字は未分節の世界を分節し、世界に方向性というものが持ち込まれる起点にもなっている。前後、上下といった基本的な空間の分節、人間の存在体制としての空間性がここから始まる。アースダイバー・マスクラットの水面から水底への潜水もこの空間分節を前提にして初めて可能となる。リディングトンによると、この十字のイメージは、それなしにはそもそも運動ということが意味をなさなくなる、そのような方向感覚の座標を与えるものだという。ここでも方向感覚の座標というイデアが運動に先行するのである。

アースダイバー・モチーフと並んでドゥネ＝ザ世界を根拠づけているのが、文化英雄サヤにまつわる神話である。ドゥネ＝ザのナーチ（夢見る人とよばれる予言者）であるチペシアが語る「スワン少年」を主人公とするその神話を紹介してみよう。

スワン（白鳥）という名の少年が両親と暮らしていた。気だての良い母親が死ぬ前に、再婚するときは日が沈むところから妻を娶ってはならない、日が昇るところから娶ってもならない。太陽が真昼に在るところから娶りなさいと云った。だが父親が連れてきたのは日が没するところの女であった。この女はスワンをきらい、スワンに乱暴されたと偽る。彼女は、彼が「頭の中で撃った」

兎を両脚に挟んだ。兎は死ぬ間際に女を蹴り、ひっかいた。夫がそれに目を留め「何があった」と尋ねた。彼女はスワンに乱暴されたと嘘をついた。父親はこの訴えを信じ込み、太陽が海に没する所に行って狩りをしようと息子を誘って、西の大洋の中のある島に連れていく。その時スワンは「なにか黒い道のようなものが遠くへ延びているのが見える」と答えた。彼らはカヌーで島に行き上陸した。父親はこの島の大きさを測ろうといい、息子が島の片側から回り始め、姿が見えなくなると道を引き返して、カヌーのところへ戻った。父親は取り残されたスワンに向かって「おれはお前をここに置いていく。おれ達は同じ穴を分け合った。だから二人がおなじ場所に戻るわけにはいかないのだ」といってスワンが抗弁するところにも耳を貸さずに家に帰っていった。スワンは泣き叫んで寝てしまう。そのとき誰かが話しかけているのを聞くのだが誰もいない。「これは私を助けてくれるスピリットに違いない」。精霊は彼に告げた。「ピッチ（瀝青）をたくさん採ってきなさい。それを太陽が照らしている岩の上に置きなさい。そうすれば（溶けたピッチが鳥もちのように）カモや雁にひっつくよ」。スワンは云われたようにして四十羽の鳥を手に入れた。こうしてスワンは鳥の肉を食べ、鳥の羽毛などそこらのあり合わせのもので建てた家に住んで暮らすことになった。

春が来て夏が過ぎるとスワンは再び南からやってくる鳥を捕ろうとした。が今度は寒すぎたのでピッチが溶けず、獲物を手にすることが出来なかった。鳥の干し肉の蓄えも残りわずか。彼は思った。「たぶん親父が帰ってくるだろう」。まもなくカヌーが現れた。父親は「スワンのしゃれこうべをこの目で見たい。水の中か、それともブッシュの中か」などと唄いながら戻ってきた。スワンは父親が上陸して姿が見えなくなるやいなやカヌーに飛び込みこぎ出した。父親が、太陽が照らし出した新しい足跡を見つけたときは遅きに失した。あわててカヌーを置いてきた所へ引き返すとスワンが岸辺からカヌーを引き離そうとしているところだった。スワンは父親に、自分が鳥で暮らしたようなやり方で暮らすようにいったが、十日後に戻ってみると父親は飢え死していた。スワンは、父親の死はあの女のせいだと、継母を殺すべく国に帰った。

スワンは彼女を見つけだした。頭に来たスワンは彼女の足下に矢を放った。矢は地面に当たると火を吹き、女が逃げ出そうとするたびに火矢を放って、彼女はしまいに川の中に飛び込んだ。火矢はとても熱かったので、川の水が煮立った。女が川から出ようとしたときには骨だけになっていた。こうしてスワンは悪い女を殺したのである。

そののちスワンは男になり、オンリ・ナチ「何か大きなもの」とよばれる人食いの巨獣と暮らす。彼女（巨獣）は「私にはもう子供が出来ないから一緒に暮らしてくれ」という。

彼女は人を食って生きているという。お前もそうしろと言われるが、「私は鴨や雁しか食べない。自分と同じ人間を食べたりしない」と答える。そのあとまもなく、オンリ・ナチは獲物の踏みあとを見つけた。「ごらん、雄と雌と二匹の子供だ」。スワンには獲物の跡は見えなかった。実はそれは人間の足跡だったのである。オンリ・ナチはその跡を追い始め、スワンは「それは私の仲間の人たちだ」と言ってそれを止めようとした。だが彼女は自分の獲物だと言って追跡し、男と女を打ち倒した。スワンが残り二人の子供を追わないようにいうがオンリ・ナチは聴かずに追いかけた。スワンは子供たちを毛皮に隠して捕まらないようにした。彼女は「それは私の食べ物だ。邪魔するならお前も食ってやる」と言った。そこでスワンは彼女を撃ち殺した。

そのあとでスワンは名前をサヤとあらためた。それ以来、彼は人食いの悪者を探し求める兵士のような存在となった。彼はかつてこの世界にいた怪物どもを一掃した。サヤは巨獣退治をなし終えて石になった。彼はいった。「世界が終わりを迎えるときは戻ってくる」と。彼は世界を修繕するために戻ってくるだろう。ジーザスが帰ってくるときサヤも帰ってくるだろう。

リディングトンは、他のインフォーマントの語る異伝をもとにこれにいくつかの補足を加えている。中でも見逃せないのは、主人公が退治した巨獣とは、現在地上に棲息している動物種の巨大化した先祖であること、そしてそれらが主人公の手によって大地の下に送り込まれ、今なお谷や山の景観の見かけの裏にその姿を見ることができるという点である。さらには、サヤは、原古の巨獣たちを今ある姿に変形させたとき、将来ドゥネ＝ザの子供たちがヴィジョン・クエストによってこれら巨獣たちのパワーを獲得できるようにしたという。また主人公の新しい名前サヤは天空の太陽を意味する言葉であるという。

この神話にはいくつかの興味深いエピソードが見受けられる。父親の手で大洋の孤島に置き去りにされる箇所には、レヴィ＝ストロースの『神話論理』の鍵をなす神話「バードネスター（鳥の巣あさり）」や、我が国の「サケのオースケ」に通じるモチーフも見てとることができそうである。

またスワン少年が孤島で見た夢でスピリットから授かる、ピッチを太陽の熱で溶かして鳥もちのようにして渡り鳥をとる狩猟テクニック、鳥の羽毛などあり合わせのもので居住空間を居心地の良いものにするブリコラージュなど、現在を生きるドゥネ＝ザの生業活動の根拠へと神話の語りを聞く者の意識を差し向けている。それと、スワンが父親と島に渡るときに幻視したという「遠くへ延びている黒い道」にも留意しておきたい。

だが、本論の脈絡に沿って見るとき、最も重要な意味をもつのは神話の後半部分、原古の巨獣退治のくだりであろう。巨獣退治のエピソードは、狩猟民ドゥネ＝ザの生の根幹に関わる関係をあらためて聞く人の意識にのぼらせるはたらきをしている。原古のときに存在していた巨獣は人を食って暮らしていた。巨獣は獲物＝人間の足跡を辿ってこれを狩るのであった。狩るもの＝人間／狩られるもの＝動物、トレイルを辿るもの＝人間／辿られるもの＝動物、さらには食べる＝人間／食べられる＝動物という、日々の生活の中ですっかり自明化してしまいがちで、あらためて意識にのぼることのまれな関係、とはいえ自らの生の根底をなしている本質的な関係を反転したものを、神話はまず時系列的、論理的に先行させておく。そのうえでこれを主人公スワンの手でドラマティックに逆しまに変形するのである。狩猟民にとっての狩猟といった、あまりにも自明なものは、たとえそれが決定的な重要性を帯びたものだとしても、その近さ故に彼らの意識から隠され、見えにくくなっている。そうした自明性のベールをはぎとった裸形の世界を、いわば「初期化」してみせる思考のてだとしては、そのものを欠如態にする、ずらし、異化する、などいくつかのやりかたが可能であるが、ドゥネ＝ザの神話論理は一八〇度の反転という手口を選択したのである。反転という神話論理は、日常的思考の惰性態によってすっかり自明のものとなってしまっている世界に、今現にあるのとは対称的な世界の存在可能性を対置することで、使い馴染んだ意識のモードをいったん解除して初期化するのに効果的である。これによって人はあらためてみずみずしい世界の存立根拠に立ち会い、この世界のただ中での居ずまい＝エートスを調えなおすのである。リディングトンはスワン＝サヤを、「偉大な変形者」と呼んでいるが、スワン＝サヤがドゥネ＝ザの世界に加えた決定的な変形の一撃にはそのような世界の初期化という意味が籠められているのである。

こうして神話は、自分たち狩猟の民の存在の底をなしている行為の拠って立つところへと、人々に気づきを促すはたらきを持つこととなる。特にドゥネ＝ザの子供たちには、思春期に先だって行われるヴィジョン・クエストの行に入る前に、この神話に語られている自らの生の根拠を心身にインストールしておくことが必須のものとして要請される。ヴィジョン・クエストとはこのような神話論理を経験にもたらすことに他ならない。ヴィジョンを求めてブッシュの中に分け入る子供たちがまずめざすのは、神話的動物である巨獣と遭遇してそのメディシン・パワー（験力）を獲得し、それによって大人のハンターへと変身することである。

子供たちはブッシュの中、それも神話の巨獣たちが今もその足下に潜んでいる場所で、孤独、飢え、渇き、そして睡眠の剥奪といった生理・心理的な負荷を自らに課すことによって変性意識の状態に入っていく。その際彼の思いを支配しているのは、神話の文化英雄である「偉大な変形者」サヤが、自分を変身へと導き、一人前のハンターとして必要な知識を授けてくれるという確固とした信念である。リディングトンによれば、ヴィジョン・クエストで子供が体験するのは、身体と心を文化的にコントロールされた仕方で分離することだという。この体験によって将来のハンターとして必要とされる、夢見の旅での影をコントロールする能力の基礎が築かれるのである。ヴィジョン・クエストにおける心身の分離とは、あくがれ出る影、今・ここに居つき、縛られた自分から先駆けて出ていこうとする影の脱自的な動性である。ブッシュの中で孤独に体験するヴィジョンという変性意識の中で、子供の意識はその時、その場に居ついた身体から、あの神話の十字めざして、自らに先駆けるトレイルを辿って出ていくのだ。「景観のリアリティの見かけの裏には、神話とメディシンのより深遠なリアリティがあって子供のトレイルがこれと交差するのをまちかまえている」（リディングトン）のである。こうして子供のヴィジョンの中で、自らの身体からあくがれでていくトレイルと神話の巨獣のトレイルとの交差、すなわち出会いが起こる。このとき逃げることなく、話をせず、水を飲んだりしないでいると、子供の身に決定的な変身が起こっている、子供はパワフルで自律したハンターへと変身したと認められる。

このトレイルの交差、出会いの点は創世神話の十字と重ね合わされる。ヴィジョンの最中で自己から踏みだして神話的過去へと投企されたこの交差点で「神話のリアリティと子供の体験のリアリティが一つになる」のだ。子供はそのあとも数日、場合によっては数週間、自らのメディシン・アニマルとなった神話的動物と暮らす。その時は、動物のように辺りを嗅ぎ回り、人間の言葉を忘れ、その動物の言葉でしかコミュニケートすることが出来ないと言う。この決定的な出会いを経て、神話の巨獣は彼にメディシン・パワーを授けるメディシン・アニマル（守護動物）となる。このメディシン・アニマルのスワン神話の中での振るまいや能力、そしてその子孫である現存の動物種のふるまいや性質が子供の第二のアイデンティティ・能力を形作っていくことになる。

ドゥネ＝ザの成人の、狩りに先駆ける夢見をコントロールするパワーは、少年期のこのヴィジョン・クエストという参照点に絶えず立ち帰ることで一層高められる。夢見るハンターの「影」は、自分のトレイルを、かつてのヴィジョン・クエストで体験したように、巨獣のトレイルと合流するところまで遡行していく。リディングトンは、このような夢見をコントロールする体験を経ることでハンターは再び自らのメディシン・パワー（験力）に触れることになり、この力の日常的な顕現について知ることになるという。ヴィジョン・クエストの時点へのこの夢の還帰によって獲得されるもので最も重要なものは、神話時代の巨獣の歌を持ち帰ることであるといわれている。また歌に加えて、その神話的動物種に特別な関係のある行動上の禁忌についても教えられる。たとえば、神話の巨大なクモからパワーを授かった者は、張り伸ばした皮や紐がたてる音に曝されてはならない。なぜなら神話の中でクモ人間が頭のまわりで振られるブル・ローラー（うなり板）で人間たちを惹き寄せて殺したからだといわれている。

また、自らのトレイルを辿ってヴィジョン・クエストの時点に遡っていくことと釣り合うように、ハンターの夢の中で前方へ先駆けている、将来に投企された狩りの道を辿る能力も獲得する。ドゥネ＝ザはいう。もし人が先駆けのトラック（踏み跡）を辿れば、そのトラックは動物のトラックと交差するであろう。トラックを遡行すれば、そのトラックは（過去の）交差の点から立ち現れるであろうと。繰り返すようだが、自らの内から外へ向かって脱自的に踏みだすのは「影」である。「影」、すなわち、ヴィジョン・クエストにおける「文化的にコントロールされた心身分離」の体験を通じてその本来の脱自的動性を獲得した「影」が先駆けのトレイルを旅するわけだ。ドゥネ＝ザにあっては、このような、夢見る本人に先駆けるトレイルに沿って、前方、後方、過去へと未来へと夢で旅する力は、脱魂的トランスの専門家たるシャーマンのような特異な存在が専らにするのではなく、ノーマルな成人なら誰しも持つべき能力とされている。

ここで、ドゥネ＝ザの狩りの夢路をめぐってこれまで辿ってきたいささか錯綜したトレイルをごく簡単にマッピングしておこう。

それはこうであった。ドゥネ＝ザの狩猟とは、動物による自らの肉や毛皮の自発的な贈与としてあった。その贈与はまずは、動物とのフィジカルな遭遇・殺害に先駆けてみる夢の中で起こるべきもの。この夢の中の先駆けの遭遇とは具体的には狩りの夢路における人と動物、そして太陽のトレイルの交差として起こるもの。狩人にはそのための夢見の調えが必要とされた。また、夢見の中で将来に予期される狩りへと踏みだしていくには「影」のトレイルをコントロールしなくてはならなかった。このコントロールする力は、少年期のヴィジョン・クエストにおける本人のメディシン・アニマル（守護動物）となる神話的動物との出会いの時点へと過去のトレイルを遡行することによって得られた。そのヴィジョン・クエストで少年たちは、神話的始まりへと遡行するトレイルを辿った。それは彼らをして、初期化された世界に立ち会わせるものであった。それによって、将来の狩猟へと方向付けがなされ、それを可能にする力を獲得することが出来た。

夢見るハンターやヴィジョン・クエストを行ずる少年は、既に起こったものであるヴィジョン体験や神話へと、脱自的な動性、すなわち「影」として我が身から外へと踏みだして遡行するが、それは単なる過去への退行的な遡行ではない。夢見るハンターや少年たちがそこで出会うメディシン・アニマルは、本人が後に残した過去の残滓といったものはや存在しないものとしてあるのではない。そうではなく、メディシン・アニマルとの出会いをピークとする神話とそのヴィジョン体験は、当人の存在可能性の参照枠を形作ることで、将来へむけて先駆けて踏みだしていくための、いわばスプリング・ボードをなしているのだ。

「自己から踏みだすこと」といえば、同じ北方狩猟民のアルゴンキン語族に属するクリー族には「歩き出し」、あるいは「彼を外に連れ出す」とも呼ばれる儀礼がある。これを調査報告したタナーによると、この儀礼は子供が歩けるようになって間もない頃に催されるという。子供のそれまでの、いつも屋内（テントの中）に居なくてはならない時期から、テントの外で過ごすことを許される時期への変化を公式に標すごくシンプルな儀礼である。

子供は、戸口から荘厳されたトウヒの木が立てられているところへと真っ直ぐに通ずるトウヒの枝で敷き詰められた道を、両親に導かれて辿って行く。その際、子供はそのジェンダーを象徴する持ち物、男の子なら玩具のライフル、もしくは弓矢、女の子は斧の玩具を持ち運んでいく。そしてこれらの玩具を用いて、それぞれのジェンダーを象徴する大人の行為を模倣するのである。男の子は動物、木の根元に死体となって置かれたビーヴァーや雁などを「撃つ」。女の子は柴の束を「伐る」、あるいはトウヒの枝を集める。そのあと、子供は木を時計回りに回り、取り集めたものを狩猟袋のミニチュアに入れて引きずり、運びながらテントに入り、そこでも時計回りに回る。

タナーは、この儀礼は、クリー族が歩くことと足に与えている重要性を示すものだという。彼らの考えでは、身体の各部分にはスピリットが宿っているといい、足はとりわけ重要なものだという。だから、彼らはモカッシン、特に子供がはじめて履くモカッシンやスノー・シューズに装飾を施すのである。装飾は彼らにとっては単なる審美的観点からなされるのでなく、聖なる意味をもつ。いわばそれらは「荘厳」されるのである。聖なるものとして荘厳するとは、それを日常的効用性が支配する自明化された文脈から切り離し、初期化された意識に立ち会わせることだ。歩くという行為とその身体的手段としての足と履き物という、あまりの近さゆえに、ふだんは紛失、損傷といった欠如態においてしか意識されることのないものへと、欠如態とは反対の装飾という過剰態をもって気づきを促すのである。

「歩き出し」の儀礼はたしかにタナーが指摘するように、狩猟を旅することと捉えるクリーが、歩行ならびにそれを可能ならしめる足と履き物に与えている重要性を強調するものであるが、それが潜在的に志向しているところは、脱自としての外への踏みだしであるようにも思える。彼らにとって狩猟という行為は、テントという「内」とブッシュという「外」というはっきりと区別された空間領域を往還する旅としてある。外へと「歩き出る」決定的な一歩を踏みだす以前の子供はテントという「内」に同一化していた。この「内」から、荘厳された木が象徴するブッシュの「外」へと子供は「歩き出る」。トウヒを敷き詰めた道は、ブッシュ＝外をあらわしている。「外」の木のもとで行われる狩猟のミメーシスは、将来成人した子供がそれをするであろう「そのとき」を象徴するものだ。儀礼は、子供の存在可能性を、象徴的な仕方ではあるが、ブッシュ＝外で待ち受けている「…するであろうそのとき」へと先駆的におしひろげるのである。

既に見たように、ドゥネ＝ザの思春期前の少年たちは、断食、渇き、不眠、ブッシュの中での孤独といった生理・心理的負荷を自らにかけることによって、ヴィジョンという脱自的な状況を創り出した。クリーの場合は、儀礼という象徴的な仕方で脱自的な方向性のようなものを刷り込もうとしたのかもしれない。たしかに、ものごころのついているとも思えない年頃の幼児本人にとってこれがどれほどの効果をもつものか疑問であるが、それでも儀礼に立ち会う人々の意識にはなにがしかの印象を残すであろう。

参考文献

河東 仁
二〇〇二『日本人の夢信仰　宗教学から見た日本精神史』玉川大学出版部
Ingold, Tim
2007 *Lines*：*A Brief Strory.* Routledge
Kluge, Friedrich
1975 *Etymologisches Wo*：*rterbuch der Deutschen Sprache.* Berlin.：Walter de Gruyter
Ridinogton, Robin

1971 Beaver Dreaming and Singing. *Anthropologica 13* (1-2)

1978 Swan People : The Prophet Dance Among the Dunne-za. Ottawa : *National Museum of Man Mercury Series paper no. 38*

1979 Trails of Meaning. In D. Abbot (ed.), *The World is as sharp as a Knife* British Columbia Provincial Museum

1982 Technology, world view, and adaptive strategy in a northen hunting society. *Canadian Review of Sociology and Anthropology 19* (4)

Speck, Frank

1935 *Naskapi* : *Savage Hunters of the Labrador Peninsula.* University of Oklahoma Press

1979 Bringing Home Animals : Religious Ideology and Mode of Production of the Mistassini Cree Hunters. *Social and Economic Studies No.23* Memorial University of Newfoundland

アビ鳥のまなざし

アビ　アビ目アビ科 Gaviidae の総称、またはその一種。北半球北部の海鳥で四種が分布する。

［和］アビ〈阿比〉［中］紅喉潜鳥、黒喉潜鳥、緑喉潜鳥（オオハム）［ラ］Gavia 属［英］diver（英）、loon（米）［独］Seetaucher（総称）［西］colimbo［露］rarapa

【名の由来】属名ガウィアはラテン語に由来し、本来はカモメを指したものらしい。英名は潜水が巧みな習性によるものでその能力は深さ四七m、潜水時間は一五分にも達するという。米名はスカンディナヴィア語源で〈愚か者〉の意。地上でのぎこちない歩きぶりを称したもの。

和名は起源が明らかでない。しかしアビとはアヒルと同じく、足広、足鰭など、みずかきに関係する名かもしれない。

荒俣宏『鳥類　世界大博物図鑑4』

二十世紀の初頭ジュサップ探検隊の一員としてシベリア東部のヤサチュアーナ川流域のユカギール族を調査したヨヘルソンは、あるシャーマンから、「コリヤークの老人」という名のシャーマンがおこなった次のような治療儀礼について語ってもらっている。

「コリヤークの老人」は、患者の患部を歯で噛むなどして、そこにしぶとく居座る邪悪な精霊と格闘したあげくにこれを捕まえて引きずり出し、その悪霊を大声とともに戸外に吐き出すというパフォーマンスをしてみせたあとで、患者に息を吹きかけ、患部をマッサージして、歌をうたってその眷属霊たちを送り出した。そして最後に、実に奇異なパフォーマンスでこの治療儀礼をしめくくっている。

> 彼（シャーマン）は、左手でドラムの撥を取って自分の頭越しに地面に投げ捨てた。また、右手で帽子をとって後に投げた。それからシャーマンは**右手の人差し指で右目をほじくり出し**それを地面になげるふりをしてみせた（右目をほじくり出したかのように）。そしてこう言った。「**下から見張るように**」と。つぎには、左目をほじくり出して、あたかもそれを上になげるようにして言った。「**上から見張るように**」と。
>
> それから敷き皮の上に座って、**シャーマンはアビのように叫んだ**。彼は手渡された水を飲んでそれを自分の体に振りかけた。[1]（以下も太字：筆者）

ごく簡潔に語られていて、この奇怪な儀礼的身体所作が何を意味してなされたのか、ヨヘルソンは注釈をほどこしてはいない。とはいえこれが全くのナンセンスでないとすれば、とくに以下の三つの所作には看過できない意味が潜んでいるように思われてならない。

①まず、両目をほじくり出す、ふりであるにせよ目を取り外すということ。眼球をほじくり出して取り外すなど、われわれにはたとえふりのイメージであっても尻込みさせられる所作であるが、このシャーマンは、みずからの眼球を、それがあたかも取り外し可能であるかのように扱ってみせるのだ。(2)

②つぎに、取り外した目に上と下から見張らせること。この場合の上とか下とは、身体的に身近な上下の空間を指すというよりは、コスモロジカルな領域としての上界下界のことを指しているというべきであろう。上ははるか天にまで及び、下は地中、あるいは水中、つまり常人にはアクセス不能の上界・下界という二つの宇宙領域を象徴させている。さらに、上下を「見張れ」というからには、この二つの宇宙領域に視覚作用をもたせようとしていることも示唆されている。両目を上下に投げるというふりの仕草は、この二つの領域に目を据え付けようとする試みなのだ。かくして視覚作用を備えることとなった上下二つの宇宙領域がわれわれを見守るようにとの意思表示がここにはある。

③第三は、シャーマンがアビの鳴き声をまねることだ。ユーラシア大陸から北米にかけての周極地域では、アビの鳴き声が人の声によく似ているとする伝承が広範に分布している。カナダのイヌイトは、アビ鳥が人の泣き声を聞いて、それを真似て自らの鳴き声にしたと伝承している。これが

アビが人に「なる」ことだとすれば、上述のシャーマンがその鳴き声を真似ることは人がアビに「なる」ことだ。その意味では、ここでは人＝アビの相互の近接・生成変化（なること）がはかられようとしているのだと言うことも出来よう。そして、水を飲んだ後でそれを体に振りかけるという仕草からは、水界という水鳥アビの面目する所、そして常人にはアクセス不能の領域へのシャーマンによる入り込みの仄めかしをみてとることができる。

本稿では、上の三点を始点として、イヌイトやユピック、さらにはシベリアなど北の狩猟民たちがこれらの問題をどのような方向に展開・接続していっているのか、その収斂するであろうところへと向けて彼らの「野生の思考」の踏み跡をたどってみることにする。

アビとシャーマン

まずは③、シャーマンとアビとのかかわり合いから見ていく。

あのユカギールのシャーマンはアビの鳴き声を真似ることでアビに「なろう」としているかのようだ。イヌイト＝エスキモーの世界にあっても、シャーマンや儀礼ダンスの踊り手たちが人からアビへのメタモルフォーゼをはかろうとしていることをうかがわせる萌しのようなものをいくつかみてとれる。

たとえば、コッパー・イヌイトの踊り手は、アビのくちばしのついた帽子をかぶって踊るし、アラスカ最北端のポイント・バローでは、アビのくちばしが踊り手の額にとりつけられている。北西アラスカのコッツェビューでもダンサーはアビの頭部、首、背中でこしらえられたヘアバンドをつける。(3) さらに、西南アラスカのユピックのシャーマンは、自らの眷属霊（helping spirit）を描いた仮面（サンバイザー）をかぶる。この眷属霊はアビではないが、アビと似た習性をもつツノメドリという潜水性の水鳥である。(4)

これはアビ鳥に限ったことではない。手振りや音で鳥の羽ばたきを真似る、翼を肩胛骨にとりつけてみたりするなど、ユーラシアから北米にかけての周極地方のシャーマンたちは鳥への生成変化をしきりと願望している。鳥抜きにして北のシャマニズムを考えるのは不可能であるといえるほどにまで両者のかかわりあいの根は深いのだ。

なぜ鳥なのか。(5) 鳥がシャマニズムにしっくりくることの第一はいうまでもないことだがそれが飛ぶことにある。北のシャーマンたちの特徴をなす要素としてエリアーデが指摘するのも、彼らが得意としている呪的飛翔であった。(6) シャーマンは常人ではアクセスできない宇宙領域である上界や下界（水界や地下世界）、あるいは、遠隔の地に短時間のうちに往復「飛行」してその地の情報（遊離した魂の行方、他界の住人たちの意向など）を持ち帰って人びとの役に立てようとする。そのような魂ないしは意識の旅、これを具体的な表象にもたらすとき、その飛行をふだん身近に目にしている鳥が隠喩的に（あるいは事実的にも）召還されるのはごく自然の成り行きであると言える。

そのような「飛行」の一例を挙げると、一八七〇—八〇年代に北西アラスカのポイント・ホープでシャーマンとして勇名をはせたアサチャックのパフォーマンスについての記憶を、彼と同名の大甥が、あらましつぎのように語っている。

あるとき彼は、飛行の巫儀に先立って、ウミガラスの皮のパルカのフードをドラムにかぶせた。するとウミガラスの卵が割れずにドラムの上に落ちてきた。それをドラムに乗せてカリギ（男子集会所）をまわってみんなに見せた後でのみ込んだ。彼は円をえがいて周り、腹をこすった。そして赤ん坊を産むようなそぶりをした。こうしてウミガラスを産み落とすというパフォーマンスを見せつけた後、彼の体はアザラシの紐でしばられ、床に寝かせられ室内のランプが消された。しばらくしてそこに居合わせた人びとは何かがパタパタと室内を飛び回っている音を聞いた。やがて全く物音がしなくなった。彼は外に飛び立ったようだった。そして再び羽ばたきを耳にする前にバタンという音がした。ランプをつけてみると彼は相変わらず縛られたままだった。

アサチャックは飛ぶ前に歌やドラムで自分の眷属霊をよびだしている。飛ぶときには、脚の一つを後に延ばし、脇の下から翼を出す（手を翼の代わりにしないのは、両手が後ろ手に縛られて出来ないからだ）という。[7]

同様の「飛行」はイヌイト＝ユピックでは広くおこなわれていた。たとえば、グリーンランド東部のイヌイトのシャーマンたちは、病人の失われた霊魂、盗まれた霊魂を取り戻しに長距離「飛行」する。

シャーマンの太鼓が動き始めると、それは突然屋内を上昇し始めシャーマンにしか見えない出口をさがして飛び回る。その出口は部屋のコーナーなどにあり、シャーマンだけには開いている。彼はそこから空中へと滑り出て、前人未踏の遥かな遠隔地へと飛行する。ものすごい速度で飛行するのだが、それでも明け方になるまでは戻ってこられないほど遠くまで行く。そして、その土地で盗まれた霊魂を見つけ出したり、ニュースに飢えている人びとに聞かしてやる土産話を持ち帰る。

この巫儀の間、シャーマンの体はロープできつく縛られ、室内はランプを消して真っ暗闇にする。彼が帰還するとランプがつけられるが、行く前と同じ場所に、同じ姿勢のままいる。(8)

この飛行について、グリーンランドのイヌイトは、はるか遠くまで空中を旅したのは、身体から遊離したシャーマンの魂であると言うものもあれば、彼自身の身体も飛行したと主張する者もあって解釈は分かれている。だが、身体ごと飛行する場合は、ウミガラスの翼を肩胛骨に縛り付けておかなくてはならないという。

飛行するのは誰なのか。シャーマンの魂なのか、それともシャーマン自身が飛行するのかについて、エリアーデはこう解釈している。

彼らはエクスタシー能力を持っているため、宇宙のどこへでも「精霊」として旅することが出来る。彼らは必ず体を綱で結わえ付けてから、「精霊として」だけ旅することになる。そうしないとシャーマンは空へ連れ去られ、永久に帰ってこなくなるからである。しっかり結わえ付け、ときにはカーテンで参会者たちとの間に仕切りをつけて、彼は補助霊を呼びだす。精霊の力を借りて、シャーマンは地上を離れ、月に行ったり、大地や海の底へ入ったりする。(9)

アビももちろん鳥であるから飛行することは言うまでもないが、それだけでは、他の鳥たちと異なるところはないどころか、アビよりすぐれた飛行能力を持つ鳥は数え切れないほどいるであろう。アビ鳥（そして潜水性の水鳥の類もこれに加えてよいであろう）を北のシャマニズムの中できわだった存在にしているのは、この鳥が飛行だけでなく潜水を得意にしているという行動特性をもつことによる（アビの英名 diver は文字通り「潜水する者」である）のだ。それによって他の鳥ではカバーできない下界・水界という宇宙領域のマスターというユニークな役を担わされるのである。

そして、北のシャーマンたちの「飛行」とならぶ得意わざの一つも「潜水」である。ユピックやイヌイトはアザラシやセイウチなどの海獣猟に依存するところがすこぶる大きいが、これらの海獣たちはハンターのコントロールの及ばない水面下にある「アザラシの国」などにいわば「潜在」している。そうした「動物の国」はユピックらの考えるところでは、こちらの世界とひとつづきの延長上にあるのではなく、存在の位相を異にする領域となっていて、その地の情報はシャーマンのような人物でなくては知りようがない。シャーマンにとっては、海の底、あるいは大地の底に潜り、そこを住まいにして海獣たちを支配しているセドナあるいはタカナカプサルクといった偉大な精霊たち（「動物の主」）のもとへ赴き、彼女らの意向を探り、あるいはなだめすかすなどして機嫌をとって好天や豊猟を約束してもらうことが必須の任務となっているのだ。そういうわけで、シャーマンは「飛ぶ」だけでなく、大地に「潜り」、「潜水」することもしなくてはならない。シャーマンのそうした動きのことを、イヌイトでは「泳ぎ」といい、彼は海底の岩盤まで通り抜けるという。[10]また、シベリアでは、シャーマンのするトランスを「侵入・潜入」とよんでいる。グリーンランドのシャーマンも、しばしば「海底へ下降する者」とよばれる。[11]

そうであれば、シャーマンが巫儀で見せるこうした動きは、ごく自然のなりゆきで、潜水を得意とする水鳥、とりわけアビ鳥の動きに重ねあわされることになる。アビの潜水能力について鳥類学者はこう述べている。

アビは水中に数分間いることも出来るが、一回の潜水時間はほとんど一分以内である。水面下では漁をしながら気まぐれに前進するが、魚を追いかけているときや逃げるときには、高速を維持することが出来る。潜水しながら数百メートルぐらいはたやすく移動してしまう。漁は水深一〇メートル以内の比較的浅くて光の状態のよいところで行われている。だが、深く潜ることもあるらしく、水深八〇メートルをこえるところに仕掛けられた漁網にハシグロアビがかかっていたこともある。[12]

アビ鳥のこうした卓越した潜水能力に着目するのは鳥類学者だけではない。北の狩猟民の神話的思考もこれを見逃しはしない。なかでも創世神話では、アビ（＝ダイバー）が潜水者としての面目を躍如させてめざましい活躍をみせている。潜水神話としてくくられている神話群では、大地創造のための泥土を潜水してとってくる動物は数ある異伝の中ではさまざまに置き換わっているが、周極地方ではアビや白鳥・カモなどの水鳥であることがしばしばだ。

たとえば、シベリアのイェニセイ川流域では、喉赤アビが、三度潜水して泥を取ってきたと語られている。ブリヤートでも、アビが、創造神の命令をうけて、黒色の大地に潜って赤い泥を持ち帰ってくる。ヤクートでは、白いくちばしのアビが、母なる女神を欺いたことへの罰として泥土をとってこさせられる。

また、北米のチペウィアンの創世神話では、ビーバー、カワウソ、ジャコウネズミが粘土をとってくる任務に失敗したあと、ハシグロアビがその足に乗せてもち帰りに成功した。だがチペウィアンに隣接するオジブワでは、アビが失敗してジャコウネズミが成功したと話は逆転する。(13)

アビのこうした水中での卓越した行動能力に一役買っているとおもわれるのが、アビの水中視力(14)である。アビの視力は、空中でも水中でも異様な鋭さを見せている。これは主に二つの生理的適応によると考えられている。一つは、アビの虹彩括約筋が強力で、水と空気という二つの異質な媒体の中でもシャープな焦点を維持することが出来ること。もう一つは、瞬きを行う膜繊維が特異に発達していて、それが、水中では特別に効果的な付加的レンズとして、われわれになじみの水中眼鏡のような役割を果たしていることであるという。(15)

また、生物学者オルソンによると、アビ鳥の小さな赤い眼も水中への適応に効果的なはたらきを演じている。この赤色は水深一五フィートを超えると灰色に見え、アビが獲物とする魚類の警戒心をカモフラージュする役割を果たしているという[16]。

こうしたすぐれた視力を持つ鳥類のなかでもひときわきわだっているアビの特異な視力に匹敵する「視」の力をそなえているとされる人間存在がシャーマンなのだ。周極地方にはシャーマンの特異な「視」をめぐる数々の伝承がみられる。

イヌイトのシャーマン候補者たちは、イニシエーションの過程で内的な光（イグルーリクではこれをカウマネクという）を獲得することが成巫の本質的要件とされている。彼らは、自分の内部に、ある種の輝く光を持っており、それによって、文字通りにも、比喩的にも闇の中でも見ることが出来るという[17]。

たとえば、イグルーリクのシャーマン、アウアは、ラスムッセンに「光」を獲得したときの体験をつぎのように語っている。

私はどうしてなったのか知らずに、シャーマンとなった。私はそれまでとは全く違った風に見、聞くことが出来るようになった。私は自分のカウマネクを、つまり私の光明、私の脳と体のシャーマン光を獲得したのだ。その光とはこのようなものだ。生の闇を通して視ることが出来るのが私だというだけでなく、同じ光が私から発していて、それはふつうの人間たちには見えなくても、大地、空、海に遍在するあらゆる精霊たちには見えるのだ。そして彼らが私のところにやってきて、私の眷属霊となるのだ[18][19]。

グリーンランド東部のシャーマンが、光を体験したときの様子はこう記されている。

…その晩、ドラムが目に見えない手に導かれるように震え、ドラムの皮が歌う時、太陽がありったけの光で彼の目の前で輝き、**大地のすべてが彼の前の円の中に集められた**。[20]

内に光を宿して見るシャーマンのまなざしは、「大地のすべてが彼の目の前の円の中に集められた」とあるように、もはや常人のする肉眼視を超えており、鳥類のまなざし、文字通り「Vogel鳥・schau瞰」を具えたものとなるのである。しかもここでは、シャーマン的な「視」は、通常の肉眼視と対立するものとしてはっきり区別されている。

シャーマンは、セアンスの最後で内側に燃えている光を消さなくてはならない。それは、事物がよく見えるようにするためだという。[21]

つまり、この簡潔な引用が言外に示唆しているのはこういうことではなかろうか。通常の物理的世界のうちに存在している事物を視認するには肉眼視の方が向いており、事物の背後に視入るような内的な光による超越的視力ではかえって支障を来すのではないか。だからシャーマンは、巫儀が終わると用済みとなった内的な光を消さなくてはならないというわけだ。

こうした、超越的な「視」と通常の肉眼視との対立は、西南アラスカのユピックでは、肉眼視の制限という形にゆるめられて変形されている。ユピックの狩人たちは、動物たちの世界をのぞき込めるような視力を持たなくては狩りの成功はおぼつかない。そのためには、日常的な肉眼視を制限しなくてはならない。若い女性に目を向けたり、目上の人を直に見ることは社会的な行動規範の理由から非難されるだけではない。それをすることは視力の浪費となり、肝心の狩りで必要とされるときにはもう使い物にならないものとなっているのだ。(22)

このような、アビとシャーマンとの間にみられる視力をなかだちにした密接な関係をもっともすぐれて物語っているのは、「アビと盲目の少年」のタイトルに一括されている一群の神話であろう。アビをめぐる神話は周極地方に広範に分布しており、それらの主題は、アビの人を思わせる鳴き声や、長いくちばし、首輪、大地創造の起源をめぐるものなどさまざまだが、アビの視力とのかかわりをよく示しているのが、アビが盲人に視力を回復させるというモチーフをもつ神話で、これもイヌイト＝ユピックのほぼ全域、さらには北西インディアンや、アルゴンキン語族などにも広範囲に伝承されている。

西南アラスカのオールド・ハミルトンの異伝ではこう語られている。(23)

ある日、女が夫を連れてツンドラに寝に行った。夫が寝入るやいなや彼女は自分の乳を夫の目にたらし込んだ。それで夫は失明する。彼女がそうしたのは、偉大なハンターである夫が獲ってくる沢山の獲物の皮を剝ぐ仕事にうんざりしていたからだ。夫はもはや狩りをすることが出来なくなった。彼は目が覚めると、目が見えないことに気がつき、ぞっとした。自分が歩いて行くところが見えないので、手と膝を使っていざって湖まで行った。そこで休んでいると誰かがカヤクをこいでいる音がする。彼は音のする方へ向かって叫んだ。それに二人の男が答えた。二人は彼に近づいてカヤクに乗るように言った。乗るとカヤクは突然水の中に沈んだ。それで溺れそうになったとき突然水面に浮上した。男たちから、何か見えるようになったかと聞かれるが、前と変わらないと答える。するとカヤクはまた潜り、再び浮上すると今度はかすかに光が見えてきた。三度目に潜ったあとは視力はより強くなっていた。**四回潜って完全な視力を取り戻し**、陸地に引き上げられた。二人の男は、自分たちが少し離れるまでは背中を向けていてくれと言った。しばらくして振り向くと、彼らはいなくなっており、湖に**二羽の大きなアビ**がいた[24]。

この異伝に限らず、「アビと盲人」の神話群では、潜水の場面にアクセントが置かれて詳細に語られているのが特徴的である。潜水は一度ではなく何度も行われる（四回が多い）。

これが意味するのは、視力というものを贈与するのがアビ鳥であることを強調しているだけではない。何回にも及ぶ潜水による水界とのコンタクトということも視力の贈与に大いにあずかっている。この失明した主人公はシャーマンであるとは語られていない。だが水界がアビとシャーマンの双方にかかわりを深くしている領域であることをかんがえると、ここで贈与される視力が尋常ならざるシャーマン的な「視」であること、また、シャーマン的なダイビング能力も仄めかされているように思われる。

クローバーが採集したカナダのスミスサウンドのイヌイトの「イッカクの起源」と題する異伝では、アビの背に乗って潜水して視力を回復した主人公は「アビのように見ることが出来、母親がどこにいて何をしているかまで見えるようになった」とその視力が尋常以上のものであることがはっきりと指摘されている。さらにこの後日談では、視力を回復した主人公は、自分をだまして、自分が仕留めた熊の肉を与えなかった母親に復讐して母親をイッカクに変えてしまう（イッカクの起源を語る神話）。そして、人食いに殺された妹の骨を集め、それを背負うと骨に肉がついて妹は生き返るのだ。(25)

この後日談にみられる「骨からの再生」というモチーフは北方シャマニズムではよく知られているものだ。シャーマンはイニシエーションの過程で、いったん神話的な熊や猛禽類に食べられて、体を解体され、バラバラの骨をあらたに組み直して再生するのである。超越的な視力に加えて、骨から再生する能力によって、この神話群の主人公がシャーマン的存在であることが示唆されていることとは明らかであるが、北西海岸のセイリッシュの「アビの首輪」の起源を語る異伝になると、主人公は盲目の老シャーマンと冒頭から明示されている。

老シャーマンはひどい嵐と飢饉を予言する。村人は笑って取り合わないが、まもなく雪が降り始め狩りは出来なくなる。飢えた村人をオオカミが襲い、老シャーマンは魔法の弓でオオカミを仕留め、そのあとで、自分の父親のアビを探しに出かける。日暮れを感じとれる（盲目なので）まで森を歩き回ってアビの鳴き声を耳にする。小さな湖に近づいてアビに呼びかけると、父親のアビは、息子に何をしてやればよいのかと答えた。「目が見えるようにしてください」と言うと「背中に乗りなさい」とアビが答える。そして水中に四回潜った。そして老人はクリアな視力を持つようにまでなった。[26]

セイリッシュの異伝の主人公が父親のアビから授けられたのはクリアであってもとりたてて常人と変わるところのない視力であるが、シャーマンであるこの主人公は盲目の時にすでに嵐を予知するなど、超越的な「視」力を具えていた。Salish の異伝では、この「視」力は、エスキモー＝イヌイトの異伝群のようにアビの潜水によってもたらされるものとはなっていないが、主人公の父親がアビ鳥であるとされていることから、アビから継承された能力であることが暗黙のうちに示されている。そしてシャーマンが未来をのぞきこむ「視」の力は、アビの予知能力、とりわけて気象予知についての伝承によく語られている。

ユーラシアから北米にかけての周極地方では、飛行や潜水とならぶいまひとつの得意技として未来の出来事の予知、特に気象予知の能力がアビ鳥に付託されていることは広く知られている。狩猟民にとっては（とりわけ苛酷な気象環境下にある北方の狩猟民にとっては）、気象を予知することは死活にかかわる問題である。彼らは、動物の鳴き声や行動の変化と気象・季節の変化との間に適切な、科学的にも根拠のある関係を設定するが、それも叶わない状況下で、あるいは望ましい気象変化を求めるときは、アビ鳥の出番となる。

イヌイトでは、

他の鳥たちの鳴き声の多くが、春の好天のまえぶれとなっているのにたいし、アビのメッセージは、湿った天気を警告し、イヌイトはこれを耳にすると毛皮を乾すなどの仕事を控える。アビが「カッカッカー」と鳴くと湿った天気が間近に迫っていると言われる。(27)

レヴィ＝ストロースも『裸の人』の中で、アビが氷のとけることや嵐を予言するなど、アビの季節的なかかわりを示す神話群を取りあげている。

ピュージェット湾のセイリッシュは言っている。「嵐が始まると雷を祖父とするアビは水の静かな湖に移る。春には沿岸に戻る。それは塩水の民の長なのだ」。(28)

トムソン・インディアンは、ハシグロアビの鳴き声は雨を前ぶれするという。さらに、彼らはアビの鳴き声を真似ると（アビの鳴き声は人間に似ているので真似るのは容易）雨が降り出すと信じている。これをアームストロングは、アビは雨を予知するだけでなく、雨を降らせもするのだと言っている。その点でも、気象を予知するだけでなく、気象を狩猟に適うようにコントロールするシャーマンと通じるものがある。(29)(30)

取り外し可能の眼

つぎに、ユカギールのシャーマンの行った治療儀礼をしめくくるパフォーマンスの問題として指摘した①、「眼球の取り外し」について考えてみる。

あのシャーマンは自らの両眼をほじくりだすふりをしたのだが、問題は、このパフォーマンスに単なる余興、あるいは力の誇示以上の意味を見いだすことができるかどうかだ。結論を先取りして言えば、あのパフォーマンスは単なる慰みのナンセンスな余興などではなく、人間の眼が取り外し可能であれという願望を具体的な身体所作として真摯に表明したものとして捉えねばならない。

「取り外された眼」といえば、レヴィ＝ストロースは『裸の人』の中で、自分の肘にペニスを突き立てて、受胎し息子を産むネズパースのトリックスター神話に注目してつぎのように言っている。

もっと意味深いことは、この子供が父親が眼を取り戻す助けをしたことである。父親は、眼を無事に取り外しその後にふたたびはめ込めると愚かにも信じて眼を失ったのである。[31]

レヴィ＝ストロースは、このモチーフが南アメリカにもあり、それは眼と排泄物の対立に基づいており、この二つは、「本来取り外すことが出来ない部分と、目的のために取り外すことが出来る部分を代表している」と言って、眼を取り外すことの出来ないものの代表としている（ところがこのトリックスターは、眼が取り外し可能であると「愚かにも信じて」眼を失ったのだ）。[32]

これに対してユカギールのシャーマンは、眼球を取り外すふりをして見せることで、通常の肉眼視を超える超越的な「視」を獲得するという目的のためには眼は取り外し可能でなくてはならないという思いを、たとえ「ふり」とはいえ、具体的な身体所作として表にあらわしているのである。しかも彼がしたのはそれだけではない。彼は取り外された眼球を上下に投げることによって、上下二つの宇宙領域に眼を取り付けようとまでするのだ。かくして、「眼」を具えた上界と下界は「見張る」という視覚作用を持たされることになる。上下の宇宙領域が「見張る」とはどういうことか。ユカギールのシャーマンは、眼球を取り外すことによってふつうなら眼球から遠心的にはたらく肉眼の視覚作用をいわば否定して、上下の両界につけ直してやることで、こちらがわへと向かう求心的な視覚作用を持つものへと眼のはたらきを転換するのである。それが「見張る」ということが意味するところではないだろうか。

ところで、取り外し可能の眼といえば**義眼**、それもアラスカの**イピウタック**から出土した義眼のことに触れなくてはならない。

ラルセンとレイニーが発掘したベーリング海に臨む北西アラスカのティガラ（英名ポイント・ホープ）郊外のイピウタック遺跡は、エスキモー＝イヌイトの遺跡としては他に類を見ない特異な遺物が多く出土したことでよく知られている。紀元前後の年代のこの遺跡からは、眼窩に義眼を嵌めた二体の完全な形の人骨が地下七五センチのところで発見された[33]（図1）。発掘の際にこの大きなぎらぎら光る眼をもつ骸骨をみた村の老人たちは、昔両親たちが子供たちに夜遅くまで外にいるとアイヴォリー（セイウチの牙）の眼をした男に出会うからと諭したことを思い出したというエピソードも語られている。老人たちは、発掘されたこの異様な骸骨を見るまではすっかり忘れていた

図1　義　眼（Larsen and Rainey 1948）

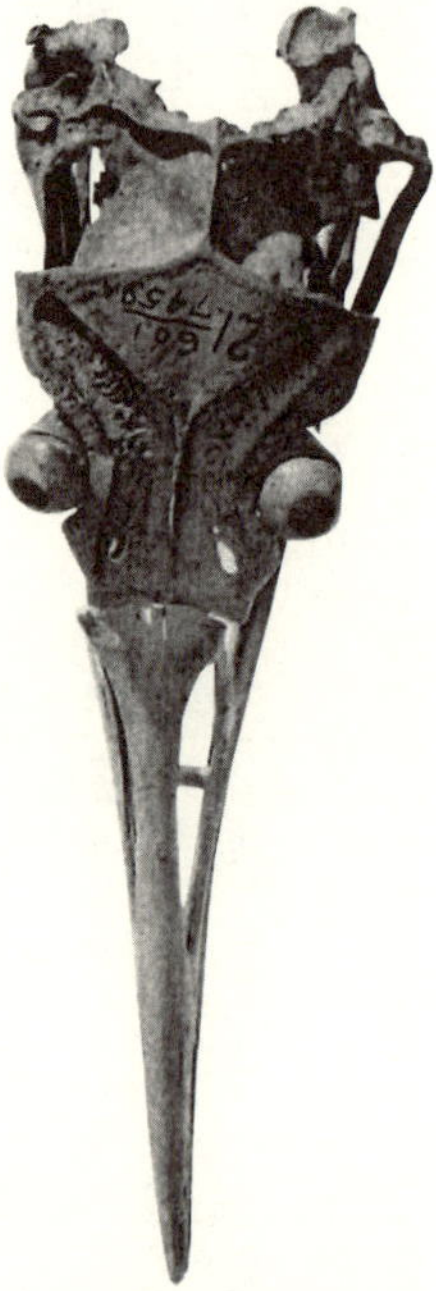

図2　アビの頭蓋骨と義眼（Larsen and Rainey 1948）

記憶を思い出したのだろう。

本稿にとってイピウタックが意味深いのは、こうした義眼が人間だけでなく、アビの頭蓋骨にもつけられていた、人間以外で義眼をつけていたのはアビだけであるという点にある。アイヴォリーで作られたアビの義眼は、黒玉（jet）の瞳もそなえたものだった。義眼を嵌めたアビの頭蓋骨の鼻腔部には二つのアイヴォリーの彫刻があり、それらは鳥の頭部をかたどっていて黒玉の眼がはめこまれていた（図2）。

さらに、埋葬番号二一の番号を振られた人骨の左の膝の下からは、黒玉の瞳のついたアイヴォリーの義眼を眼窩にはめ込こんだアビの頭蓋骨が見つかっている（図3）。

イピウタック遺跡のこれらの人骨やアビの頭蓋骨にはめ込まれた義眼についてラルセンらはその意味を断定せずにいくつかの解釈可能性をオープンのままに提示している。

まず、人骨の義眼については、一つは、眼を義眼で塞いだのは、死者の邪悪なまなざしを怖れての故であるとする。これが、エスキモーやフィノ＝ウグール諸族の死者祭祀の慣行にも見られるモチーフであることを根拠にしてそう推定するのである。

第二はそれとは反対に、義眼は外からの邪霊の侵入を防ぐはたらきをしているとする。

そして第三の可能性は、死霊に魅力的になるように頭蓋骨をできるだけ生きているように見せようとしていることだ。これはオセアニアの頭蓋骨の扱いを思わせるやり方だという。

一方のアビについては、アビがヤクートやツングースでシャーマンの守護霊として最も一般的なものとなっていること、さらにはエスキモーのシャマニズムにおいてもかかわり合いを深くしていることを指摘した上でこう推定している。

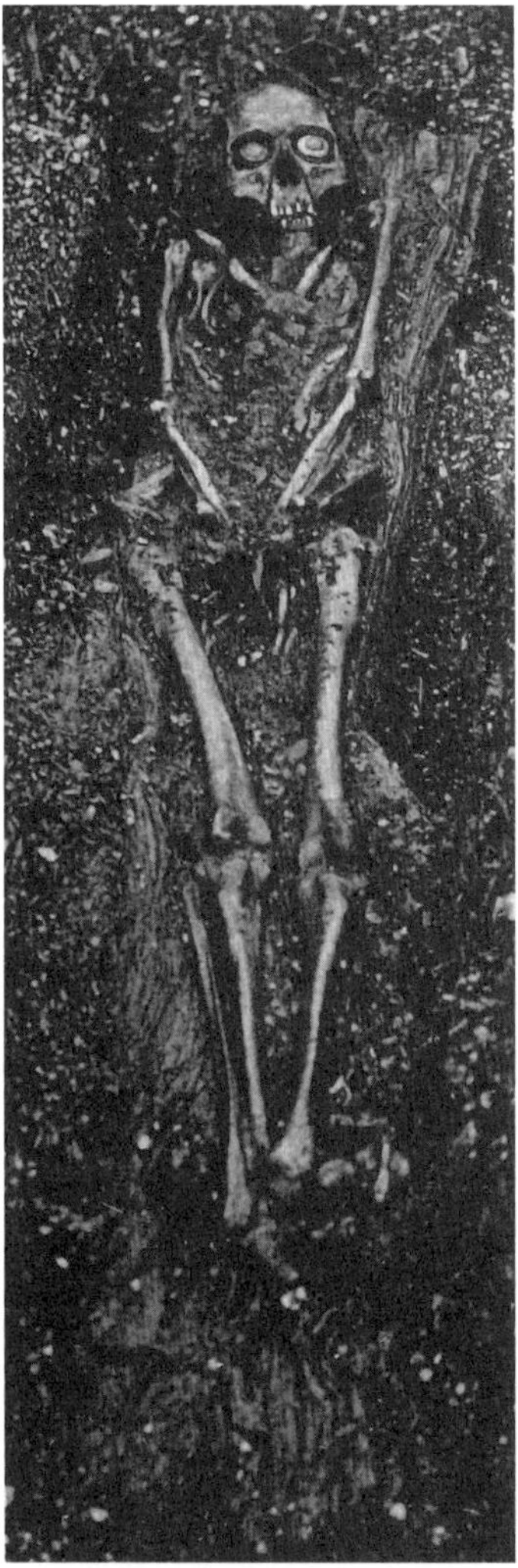

図３　埋葬番号21の人骨と義眼（Larsen and Rainey 1948）

義眼を持つアビの頭部も含めて、これらの（アビの）彫刻が示しているのは、アビがイピウタック人の宗教生活の中である役割を演じていたことである。だがその本当の意味は定かでない。アビはシャーマンの守護霊をあらわしていたのかもしれないし、祖先であったのかも知れない。[34]

ここで、ラルセンらが「定かでない」として断定的な解釈をひかえている「本当の意味」とは何か、「アビの眼」、「取り外し可能の眼」、そして「転移する視座」という三つの観点から考えてみるとどうなるか。

まずありそうなのは、イピウタック人が超越的な「視」というものを願望しており、それは肉眼視の否定を前提にした「第二の眼」としての義眼によって可能となるのだと考えていたということだ。肉眼視の否定は、端的には眼球を取り外すことでなされる。[35]だが、生きている人間が実際にそれをすることとは、「愚かにも信じて」しまったあのネズパースのトリックスターならともかく（もっとも我が国には即身仏となった鉄門海上人の例はあるが[36]）、およそ考えがたいことの極限をなしている。だがその「極限」へと向かわんとする試みの中途にはよりゆるやかで希薄化された形をとった「肉眼視の否定」の様態がさまざまに存在している。

その一つが冒頭のユカギールのシャーマンのした、眼球を取り外す「ふり」であり、西南アラスカなどでよくみられる仮面舞踏における仮面の着脱もそのような脈絡に置いてみることもできる。

西南アラスカのユピックの仮面の特徴の一つは、眼をゴーグルで隈取《くまど》るなどして異様なまでに強調していることだ。フィーナップ＝リオーダンによると、ユピックの仮面の使用には、人間の制約された視力と精霊などの超自然的な視力とのコントラストを具体的に目に見える様にする効果があり、しかもそうしたコントラストは視覚に限らず、触覚や聴覚などの感覚にも及んでいるという(37)。これは、超自然的な視力との対比という消極的なかたちをとった肉眼視の否定であるといえる。これに加えて、前述した社会的コードとしての「視覚の制限」も、肉眼視の否定のごく穏やかな表現として考えることができる。

そしてイピウタックの「義眼」もこうした脈絡の中で見るとき、ラルセンらの推定するところとは違った意味が見えてくるのではないか。死者の肉眼が腐敗消滅していくことは人間のいかなる努力によってもとどめようのない自然・必然のなりゆきである。それでは、イピウタック人は、この動かしがたい厳然たる事実にあらがって、自然消滅していく肉眼を不朽に代替するものとして義眼をとりつけたのであろうか。彼らイピウタック人は、想念のなかでは肉眼と同一の存立平面に位相するものとして義眼をとりつけ、死後にもつづく肉眼視をのぞんだのか。そうした可能性もないではないが、よりありそうなのは、義眼を、肉眼とは存立平面を異にした超越的な視を可能にする「第二の眼」として構想していたという可能性である。ラルセンらが、イピウタックの人骨の眼球が死後間もない時期に除去手術をうけた痕跡のあることを指摘していることもこの想定を傍証するものだ。つまり、あの義眼は、肉眼が自然に腐朽、消滅したあとで取り付けられたのではないということである。あくまでも死者にこの世の肉眼視の延長をのぞむとすれば、死後まもなくの生前とあまり変わるところのない眼球にわざわざ手の込んだ除去の手術をほどこすようなことは考えにくい。だからこの義眼は、肉眼の腐朽消滅といった「自然」のおこなう否定の延長上にあるものではなく、はっきりとした意図に基づく肉眼視の否定の意思表示＝眼球の早期の除去手術を前提として取り付けられたものと考えるべきである。

では、肉眼を不朽に代替するものとしての義眼（臓器移植の思想とはこういうものだろう）ではなく、意図的な肉眼否定をもとにして義眼をとりつけるのはなぜなのか。それは、超越的な「第二のまなざし」を死者にあたえるためであったと考えられる。ユカギールのシャーマンが自らの二つの肉眼を取り外し、上下に投げるふりをしたのも、上下の両界というふつうなら視覚作用を想定しがたい空間領域に「視座」を据えつけて、向こうからこちらへという求心的な「見張り」の視覚作用を持たせるためであった。イピウタック人も、肉眼視とは異なる「第二のまなざし」を死者に持たせて生者の世界をあちら側から「見張」らせようとしたのではないだろうか。

つぎに、アビの頭蓋骨にはめ込まれた義眼については、アビとシャーマンとの視力をなかだちにした親縁関係を考えればすんなりと理解出来そうである。

イピウタックで発掘された人骨は数多くあるが、ラルセンをはじめとする研究者たちの関心は、そのうちの義眼を施された二体の人骨に集中していて、すべての人骨が義眼を施されているわけではないことの持つ意味を無視しているようだ（図を見て地を見ないとはこのことだ）。二体の人骨に義眼がはめ込まれていることに眼を向けるよりは、義眼を施されているのが、二体の人骨に限られているという事実にも眼を向けるべきだった。というのも、イピウタック人といえども、誰もがシャーマン的な存在であるわけでなく、アイヴォリーに黒玉の瞳をつけるというような手の込んだ細工を施した義眼をつけるに値するとものして選び抜かれた二体の遺体だけがシャーマンであった可能性は大いにあり得るのではないだろうか。これと同様にして、数ある動物種、なかでも鳥類のなかではアビだけが義眼をつけるに値するものとしてえらばれているのである。要するにシャーマンとアビだけがその死後に義眼をつけるに値する存在として特異に扱われていたことが想定できる。その理由は先にも述べたことからも明らかなように、彼らの持つ特異な、超越的な「視」の力の故である。これを持たないシャーマンならざる常人たちや他の動物たちはたとえ、死後に肉眼を除去して義眼をはめ込んだとしてもそうした「視」力を持つことは叶わないというわけだ。

視座の転移

冒頭のシャーマンは、自らの両眼をとりはずし、それを上下に投げるふりをして「上から見張れ」、「下から見張れ」と叫んだ。それは、取り外された眼がその後の行き先として上下の両界をえらんで、そこに「視座」を据えて「見張る」という視覚作用を行っているということを示唆している。「眼の取り外し」ということのうちには、「取り外された眼のその後の行き先き」が暗黙裡に仄めかされているのだ。また、「取り外された眼がつぎに据えつけられるのはどこなのか」と問うことは、眼の置き所、つまりは「視座」とその転移するありようを問うことにほかならない。さらにいうなら、「眼の取り外し」ということを構想するには、「転移しうる視座」という存在論的前提が要請されねばならないであろう。さもなければ取り外しそのものが全くのナンセンスになりかねないのである。このことは、眼窩に取り外しようもなくおさまっている肉眼を唯一無二の不動・不変の「視座」とし、これと「主体の座」とを同一視しているわれわれにすり込まれてある思い込みに揺さぶりをかけることにもなる。われわれが視座あるいは視点という言葉を使うときのほとんどは比喩的なものになりさがってしまっていて、いくら自分以外のものに視点をとるといっても、自分の中の思考のスタイルをずらしてみるくらいがせきのやまであって、ここには視点の移動をリアルに行っているという自覚は全く見られない。これにくらべると彼ら北の狩猟民の視座、視点は、比喩的にも、事実的にもすこぶる自在で流動的であり、よりリアルな様相を帯びている。ここで彼らの視座の転移のリアルなさまをフィーナップ＝リオーダンの描くユピックの仮面舞踏の世界を中心に見ていきたい。

彼女は、ユピックの仮面が「見えないものを見えさせる」はたらきをしていることに注目してこう述べている。

> ユピックの仮面をつけた演者は、見所の眼からは超越しているが、仮面も演者の体験を変容させている。木製の仮面というバリヤーの背後で踊るということは、肉眼視の制限と霊的な視力の高揚とを同時に行うことである。仮面のあるものには、仮面があらわしているところの精霊が吹き込まれている。(38)

ここでは視座の転移ということが、仮面を着けて肉眼視を制限することを通じてはかられようとしている。仮面舞踏者のまなざしは、もはや肉眼視を行う常人（見所）のまなざしとは同一の存立平面に位相するものではなくなっているのだ。そのまなざしは、仮面が表象している精霊たちのまなざしに同一化した「第二の眼」と言っていいものである。そのような精霊の視座に転移した演者は、「あちら」の世界から「こちら」を覗き込むような視覚運動をおこなうことになり、見所からすればあちら側から「見られている」ような想いをいだかせられることになる。精霊に視座を転移した演者のこのようなまなざしはすでに肉眼視を超越した霊的な「視」であるというべきであり、そうなるとシャーマンの「視」力と変わるところはない。

シャーマンの仮面の持つ超越的な「視」についてユピックのエヴァンはフィーナップ＝リオーダンにこう語っている。

これらの仮面はアガルクト（ユピック語でシャーマンを指す語）のものだった。彼らは自分たちが心に描いている尋常ならざる視力を顕わにするように仮面を作った。あるアガルクトは彼のトゥーンラック（眷属霊）を通して視たものの仮面を作り出した。(39)

シャーマンの視座の転移とは具体的には彼の眷属霊の視座に立つということでもある。ユピックをはじめとする北のシャーマンたちがなににもましてたよりにしている眷属霊は、動物や死者など彼らが霊的に遭遇したさまざまなものであるが、なかでも動物の精霊たちがなることが突出して多く、そうなると視座の転移とは動物のまなざしをもつことを意味することにもなる。ユピックのジェスパー・ルイスは、熊やオオカミなどの動物の姿を取った眷属霊について語ったところでこう述べている。

より パワフルなシャーマンはアビの仮面を眷属霊としてもっている。(40)

すなわち、シャーマンはアビという眷属霊のまなざしに視座を転移したとき最もパワフルとなるのである。眷属霊（＝動物の精霊）のうちでもアビが最も強力であるとされるのは、眷属霊に視座を転移してこれを駆使するシャーマンには、熊やオオカミなどのもつフィジカルな「暴」力をはじめとする他のなによりもにまして、肉眼視を超えて「視」る力が期待されているからにほかならない。

このように、ユピックの視座は、われわれの比喩的で抽象的な「視座」や「視点」にくらべると、よりリアルで具体的なものとなっているが、ユピックは、それでもまだいくぶんかは抽象に留まっている「視座」というものをなんとか物象化して視覚化しようとする。そのとき彼らが好んでとる形象は、中心に点を持つ円（核円）、や複数の同心円という図像モチーフである。これを中央ユピックの方言などでは、ellam iinga（気づきの眼）ということさらな言葉で呼んでいる。(41)(42) この図像モチーフは日常に使用される道具などを装飾したり、仮面に描かれたりするが、なかでも興味を惹くのは、これがジョイント・マーク(43)として肩や膝、手指などの人体の諸関節に描かれていることだ。それが意味するのは、人体のうちで視覚作用をもっているのは顔面の眼窩におさまった眼球だけで

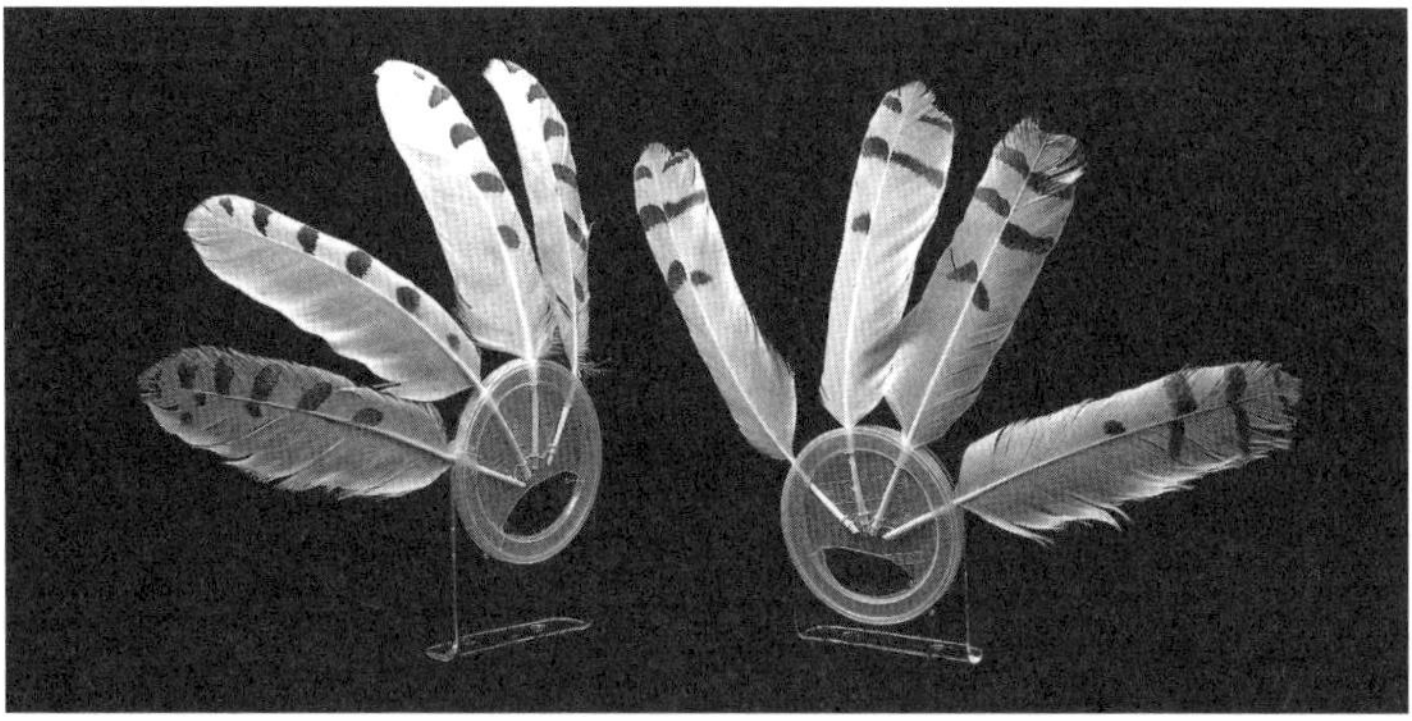

図4　ダンス・ファン（Fienup-Riordan 1996）

はないということであり、視座は人体の至る所の関節部に撒布・転移している、あるいはそのようであるべきとの願望を表明した生理＝心理学をここにみてとることもできる。あのイピウタックでも、一体の人骨の膝関節の裏には義眼をはめたアビの頭蓋骨があった。イピウタック人も人体の膝関節にアビの超自然の視覚作用を持たせようとしていたのであろうか。

ジョイント・マークにみられる視座の撒布・転移とのかかわりで意義深いのは、ユピックの女性ダンサーが手に着ける（仮面の代替物ともいえる）扇（ファン）である（図4参照）。この扇のほとんどがellam iinga、つまり「気づきの眼」の核円や同心円のモチーフでかたどられているのである。いってみれば、手にも眼をつけているのであるが[44]、それだけではない。

（「気づきの眼」のファンを手にした）女性のダンサーは故意に眼を伏せて踊る。そして彼女に代わってファンの眼が見る[45]。

このときダンサーの頭部はクズリ（イタチの仲間）の毛皮でつくられた冠で囲われて視界は制約されている。フィーナップ＝リオーダンは、これについてつぎのような指摘をおこなう。

仮面の超自然的な視は人間の演者の伏せたまなざしとコントラストをなしている。ダンサーは真の意味で「見る」ために、そして精霊たちが彼らを見るために踊るのだ。(46)

ここには、肉眼視の否定による超自然の視の獲得という主題のきわめて穏やかなありようをみることも出来るが、それよりも重要なのは、手が「見」ていることだ。視座を手にまで転移し、その手に「気づきの眼」を据えて視覚作用を行わせようとしていることである。

そうなると、この視覚作用はもはやありきたりの肉眼視ではない。というのも、ユピックの「気づきの眼」の図像モチーフが意味するのは、「眼」、「視座」というだけではなく、もう一つの世界、「あちら側」への通路をも意味しているからだ。ユピックでは、死者や動物の世界、そして精霊たちの世界など、われわれの「こちら側」とはなり立ちを異にしている世界への通路が至る所に穿たれており、そこは核円や同心円の「気づきの眼」でマークされることがしばしばである。(47)従って、伏し目のダンサーが、ファンをつけた手に転移した視座から見るとは、この通路を通して遠心的に向こう側を「視」、その視線の遠心運動のきわまりからの折り返しによって求心的に見所のこちら側を「視」ることにほかならない。

核円や同心円のモチーフをもつユピックの「気づきの眼」が、肉眼視の否定（ないしはその制限）、そして視座の自在な転移という思想を下敷きに生まれたものであるして、イピウタック人にも同様の背景を仮定するなら、人骨やアビの頭蓋骨にはめ込まれたあの義眼も「気づきの眼」を変形した一つのヴァリアントとしてとらえることもできるのではないだろうか。

義眼であるからには、至る所に取り付け、取り外しが自在であり、それによって視座の転移を可能とするのであるから。

註

（1）Jochelson 1926

（2）「眼を取り外す」パフォーマンスについては、レイニー（Rainey 1947）も、ポイント・ホームのアガトコク（シャーマン）がこれと同様のことをおこなっていることを報告している。ここのアガトコクたちは、「月へ飛行し、死後数日間で死者を蘇らせ、致命傷を一瞬にして取り除き、自らの両眼を引き抜いてまた元に戻す」といった技をしてみせる。たとえば、十九世紀後半にこの地方で活躍したシャーマンのアサチャク（Asetcak）（Lowenstein 1992 ではAsatchaq と表記）が、人びとに自らのパワーを誇示してみせたパフォーマンスは以下のようなものだった。

彼は病人の麻痺した背中に息を吹きかけて治した。それから、息を吹きかけた箇所からほとばしり出る血をなめた。つぎに、自らの舌を切り取りそのほとんどを食べたうえで、舌先を戸口に投げて犬にやった。そのあとで舌を口の中によび戻した。彼はこれと同じことを眼球にもした。顔をしたたり落ちる血を人びとに見せながら（Rainey 1947）。

筆者の限られた知見ではこうしたパフォーマンスが知られているのは、ここと ユカギールだけであるが、これがほかならぬポイント・ホープという地で報告されているということには見逃せない意義がある。というのもここの村外れからは、後述するイピウタックの遺跡が発掘されており、義眼をつけた人骨とアビの頭蓋骨が出土しているからである。

（3）Morrow and Volkman 1975

（4）Fienup-Riordan 1996

（5）なぜ鳥なのか。これについては、たとえば、レヴィ＝ストロースなら構造主義のトーテム思考に即してこう説明するのではないか。北の狩猟民たちは、シャーマンという特異な神秘につつまれた人物もしくはその魂の特性を表象し、言説化するにあたって、われわれのように心理学や精神医学などの抽象的理論を援用するようなことはしない。彼らのトーテム思考は、自然の環境世界でふだん身近に目にしている動物たちから形態や生態の具体的な特性を選び出して、それをシャーマンという社会的存在と隠喩的に関係づけて言説化したり、儀礼的な表象にもたらそうとするのだと。つまり、一方で「社会」の系列に属するものとしてシャーマンという項をとりだし、これをもう一方の「自然」系列の項である鳥と隠喩的に照応の関係に置こうとするのだ。その意味では、鳥は「食べるに値する」というよりは、「考えるに値する」ものであるというべきだ（蛇足になるが、アビ鳥は味が不味くて「食べるに値しない」とする社会は多い。イヌイトでも、アビは「鱒のような味がする」といって日常の食卓にのぼらせることはない）。

これに対して、ドゥルーズなら、「生成変化（…になること）」の観点からこう反論しよう。生成変化においては、鳥とシャーマンを、構造主義のいうような、社会／自然という二つの異なる系列に属する項の間に設定された安定した秩序ある照応の関係にからめとったりするようなことはしない。鳥とシャーマンの両者は、そのような固定した「項」として条件が整えさえすれば随時に照応の関係に入り込めるといった再現性に富んだ置き換え可能の関係にあるのではない。生成変化における両者の関係は「コント（奇譚）」に表現されるような逸脱的なエピソード」（ドゥルーズ一九九四）であり、状況的なものなのだと。

ユピック＝イヌイトの場合はどうであろう。よく見られるのは、鳥の羽ばたきや、鳴き声を模倣する、あるいは鳥をあらわす仮面や衣装を身に着けるなどの「模倣」があるが、ドゥルーズは、「模倣は〈なる〉ことではない」という。頭の中に描いた鳥を行為や衣装などで表象・再現しているにすぎないからだ。さらに護符などにみられる人と動物の関係も「トーテム的」な様相を帯びている。イヌイトはさまざまな動物のさまざまな身体部分を護符として衣装や猟具などに取り付けている。そうした動物の身体部分は、その動物のきわだった能力や資質をもっともよく象徴している部分で、これが社会的に望ましいとされる人間の徳性や能力と照応の関係に置かれているのだ。たとえば、ネツィリク・イヌイトの女性のベルトには、息子のためになるようにとさまざまな動物の身体部分が護符としてつけられている。ケワタガモの頭と足は息子を将来すぐれたアザラシのハンターにしてくれる。アビ鳥の頭と足は、鮭をとるときに運をもたらしてくれるといった具合である。

これにたいして、シャーマンとその眷属霊の動物たちの関係をみると、その関係の仕方には多分に「エピソード的」な生成変化をおもわせるものがみられる。シャーマンたちは、人気のない荒涼としたツンドラや氷海で起こった、その後眷属霊となる動物たちとの思いもかけない印象深い出会いを機にしてそうした関係に入り込んだといった体験を語ることがしばしばである。イグルーリク・イヌイトのシャーマン、Anarqaq がしたいくつもの体験の一つをラスムッセンはこうしるしている。

> 彼がカリブーを狩りしていたとき、額に鼻をつけ、下あごが胸まで及んでいる精霊が威嚇するように突進してきたが、彼が自分の身を守ろうとするといなくなった。それがまた、今度は静かに現れて言った。「自分は Nartoq（孕んだもの）だ。自分が怒りっぽいのはお前が怒りっぽいからで、お前が短気をなくせば、私を怖れることはない」。この精霊が彼のいちばんの眷属霊となった（Rasmussen 1929）。

（6）シャーマンが「飛ぶ」とはどういうことか。これについて、デュルは、ドンファンとその弟子カスタネダとのあいだの、「悪魔草」の服用による「飛行」をめぐるやりとりを踏まえてつぎのような解釈をして見せている。

デュルは、このような「飛行」は、自我の境界の拡大にかかわるものであると指摘する。つまり、原初的な社会では、自我の境界がある瞬間に消滅することがあるのだ。彼は、自我、ないし人格というものを、水面上にその一面しか見せることのない氷山にたとえてこう述べる。

　氷山の**輪郭**を海中深く辿っていくには、シベリアのシャーマンたちのように、**ダイビング・バードに変身**する能力を高めねばならないのである（デュル一九九三：太字筆者）。

われわれの日常的な自我は、その固定された境界を放棄していくにつれ、自我内容として含まれているとされるものの範囲が拡大するのである。そしてそれまでは「外界」に属すると考えられていたものまで含み入れるようになる。そうなると。

　われわれが飛ぶというよりも、われわれの日常的な「自我の境界」が飛んで消え去ってしまうのである。だから、「日常的な身体」の境界が、拡大された人格の境界ともはや一致しなくなるために、われわれはふと気がつくと自分がいる場所に「日常的な身体」が見当たらない、と言うことが全く起こりうるのである（同書）。

（7）Lowenstein 1992
（8）Thalbitzer 1908
（9）エリアーデ一九七四
（10）Freuchen 1961
（11）Thalbitzer 1908
（12）『動物大百科 7——鳥類I』
（13）Armstrong 1959
（14）杉田（二〇〇七）によれば、鳥類は視覚が発達しており、すみやかに遠くに焦点を合わせることも近くに焦点を合わせることも自在で、色の識別能力も高い。また、視野（眼球を動かさずにみることの出来る範囲）も広く、ヤマシギという鳥では三五九度の視野を持つことが知られている。その仕掛けは眼球のつくりにあり、水晶体および角膜の形を変え、高度にレンズ機能を調節することでなされる。これに関わるのが鳥類特有の毛様体筋であるという。

（15）Morrow and Volkman 1975

（16）Klein 1985

（17）Birket-Smith 1959

（18）Rasmussen 1929

（19）ボアスはバフィン島について以下のように述べている。

人がシャーマンとなるとき、光がその体を覆うという。それによって彼は超自然的なものを見ることの出来る視力を獲得するのだ。その光は強ければ強いほど、より深くまで、より遠くまで見ることが可能になる。それに伴い、彼の超自然的な能力もそれだけ偉大になる。

また、光の強度が増すと、本人は強いプレッシャーを感じ、それまで目を覆ってクリアに見ることを妨げていたフィルムが取り除かれたようおもわれるという。この光はいつも彼の内にあって、彼をガイドし、未来や過去をのぞき込めるようにしてくれる（Boas1901）。

（20）Thalbitzer 1908

（21）Ibid.

（22）Fienup-Riordan 1994

（23）『裸の人』でレヴィ＝ストロースが取りあげたポイント・バローの異伝も、モチーフ構成においてこれとほとんど変わるところがない。

（24）Fienup-Riordan 1996

(25) Kroeber 1899
(26) Morrow and Volkman 1975
(27) http://www.arctic.uoguelph.ca/cpl/
(28) レヴィ＝ストロース二〇一〇
(29) Armstrong 1959
(30) スコットランドのシェトランドでは、喉赤アビ（この地方では「レイン・グース」と呼ばれている）が悪天候の前にけたたましく鳴くという伝承がある。ここではその鳴き方の具体については触れられていないが、フェロー諸島の民間信仰になると、喉赤アビは鳴き声を使い分けて、湿った天気の前には猫のような鳴き声で vara-vi-vara-vi と鳴き、好天が間近に迫っている時は gaa-gaa あるいは tukatrae-tuktrae と鳴く。シェトランド地方の住民には、フェロー諸島の住民にとっての好天を予知する鳴き声を含めてアビのうるさい鳴き声はすべて雨や嵐の予兆となるのである。一見すると、鳴き声のより詳細な聞き分けをしているフェロー諸島の方が事実に即しているように思えるが、アームストロング（一九五八）は、いずれも土地土地で独立してなされた事実的な観察根拠に基づくものでなく、伝承世界の伝播の論理に従っているにすぎないと断じる。アームストロング自身の観察やナチュラリストたちの研究によれば、アビの鳴き声は実際には、気象予知よりも、求愛や連隊行為あるいは攻撃と結び付いているのである。
(31) レヴィ＝ストロース、前掲書
(32) レヴィ＝ストロースは、目的次第で取り外し可能なものの代表として排泄物を、取り外し不能の代表として眼をあげて対立させるだけでなく、この両者の鋭い対立をやわらげる媒介項として子供の出産をとりあげてこう述べている。

九ケ月のあいだ取り外すことができず、そののちその一部として統合された身体から、戻ることなく排出される子供は、それゆえに、眼と排泄物のあいだで仲介する役割を果たすことができる。これが、造化の神が彼の眼を体外に出す失敗を、自己妊娠によって子供を体内に取り込むことによって修正することができる理由である（レヴィ＝ストロース二〇一〇）。

(33) こうした義眼はラルセンらによれば、アラスカではCook InletとKodiak島から、さらにはメキシコのMonte Albanからも報告されているという。

(34) Rarsen and Rainey 1948

(35) 注1でも指摘したように、イピウタック遺跡のあるティガラ村では、比較的最近までシャーマンが「両眼を引き抜いて元に戻す」パフォーマンスをして見せていた。このことと、「夜おそくまで外で遊んでいるとアイヴォリーの眼をした死者に出会う」と親から言われたという老人たちの記憶などを考え合わせると、「義眼」あるいは「取り外し」というあらわれをとった肉眼視の否定の思想が二千年近くも連綿してきた可能性は捨てきれない。

(36) 注連寺の即身仏（ミイラ）として今なお人びとの崇敬を集めている鉄門海上人は、もと鶴岡市大宝寺の木流し職人であったが、大雨の時、治水の係の武士と争って二人を殺して、湯殿山に遁れ、注連寺にて修行ののち、一世行人となって仙人沢に籠もり、二千日の木食行を修した。江戸に出て飢饉と眼病を見て、発願して**一眼を湯殿権現に献じて**万民の病苦を救おうと、社会事業、医療救済につとめた。深く空海に帰依し、六二歳のとき（文政一二年）、大師の先蹤をしたって、注連寺本堂の椅子に身体を縛り、座禅断食して入定した（堀一九七五）。

(37) Fienup-Riordan 1996

(38) Ibid.

(39) Ibid.

(40) Ibid.

(41) Ibid.

(42)　ヨヘルソンのユピック語辞典には「ii, iik = eye」とあり、これの変化形の iingaq は eye を意味するが、スピーカーによっては、「disembodied eyeball」つまりは「取り外された眼球」の意味で使用しているとある。われわれでは、「眼の取り外し」などということは、常人が生涯眼にすることのない、思い浮かべることすらまれなできごとになっているが、彼ら狩猟民にとっては、解体した獲物の眼球を取り出すことなど日常茶飯のことである。だからこれがごくありきたりの短音節の語彙として辞典に掲載されているのであろう。だがそれとともに、視座の自在なすげかえというここに繰り返し述べてきた主題もこの語にある種のニュアンスを加えていると思われる。また ella という語はきわめて多義的で（これについては、岡二〇〇七、二〇〇九参照）、辞典では「world, outdoors, weater, awareness, sense」の訳語があてられている。「ellam iinga」の「ella」はこのうちの awareness の意味で使われている。

(43)　シュスター二〇〇八

(44)　ユピックの治療では、手を用いることが多い。中でもシャーマンは「かたくなさ」がとれて「病気にたいしてオープン」になった柔らかな癒しの手を持っており、この手で病人の身体の境界を壊して病気を中から引き出すことができるとされている。さしずめ彼の手には「穴」が開いているという感覚があるのだろう（治療にさいして掌心にある経穴＝老宮を用いる気功師などもこうした感覚をもっていると思われる）。ユピックにとって「穴」とは、位相を異にする世界への通路を意味している。氷穴はアザラシをはじめとする海獣たちの世界への通路であり、家屋の煙穴は、シャーマンがそこを通って天界などへ飛翔するときの通路となる。この「穴」はユピックのイコノグラフィーでは「気づきの眼」と同様の図像モチーフであらわされている。穴は眼なのだ。ユピックによく見られる四本指をした手の仮面（仮手？）でも、掌に眼や円を描いたものや穴を開けたものが多くみられる。

(45)　シュスター二〇〇八

(46)　同書

（47）岡二〇〇七、二〇〇九参照

参考文献

荒俣宏
一九八七『鳥類　世界大博物図鑑4』平凡社
ミルチャ・エリアーデ
一九七四『シャーマニズム』堀一郎訳、冬樹社
岡　千曲
二〇〇八「北のオントロギー」『相模女子大学紀要』71Ａ（本書所収）
二〇〇九「流木の身になる」『相模女子大学紀要』72Ａ（本書所収）
カール・シュスター
二〇〇八「ジョイント・マーク」松本みどり訳、山麓考古同好会・縄文造詣研究会編『光の神話考古――ネリー・ナウマン記念論集』言叢社
杉田昭栄
二〇〇七「鳥類の視覚受容機構」『バイオメカニズム学会誌』31（3）
ジル・ドゥルーズ／フェリックス・ガタリ
一九九四『千のプラトー』宇野邦一他訳、河出書房新社
ハンス・ペーター・デュル
一九九三『夢の時――野生と文明の境界』岡部仁他訳、法政大学出版
C・Mペリンズ　A・L・Aミドルトン編
一九八六『動物大百科7――鳥類Ⅰ』平凡社

堀 一郎
一九七五「湯殿山系の即身仏（ミイラ）とその背景」戸川安章編『出羽三山と東北修験の研究』（山岳宗教史研究叢書5）名著出版
百瀬淳子
一九九五『アビ鳥と人の文化誌——失われた共生』信山社
クロード・レヴィ＝ストロース
二〇一〇『裸の人　2』（神話論理　IV—2）吉田禎吾他訳、みすず書房
Armstrong, E.
1959. *The Folklore of Birds*. 1959.
Birket-Smith, K.
1959. *The Eskimos.*
Boas, F.
1901. *The Eskimo of Baffin Land and Hudson Bay.*
Eliade, M.
1972. *Shamanism.*
Fienup-Riordan, A.
1990. *Eskimo Essays : Yupik Lives and How We See Them.*
1994. *Boundaries and Passages.*
1996. *The Living Tradition of Yupik Masks.*
Freuchen, P.
1961. *Book of the Eskimo.*

Gubser, N.J.
1974. *The Nunamiut Eskimos.*
Jochelson, V.I.
1926. *The Yukaghir and the Yukaghirized Tungus.*
Jacobson, A.S. (ed.)
1984. *Yup'k Eskimo Dictionary.*
Klein, T.
1985. *Loon Magic.*
Kroeber, A.L.
1899. Tales of the Smith Soound Eskimo. *Journal of American Folklore.* 12.
Larsen, H. and Rainey, F.
1948. *Ipiutak and the Arctic Whale Hunting Culture.*
Lowenstein, T.
1992. *The Things that were said of them.*
Merkur, D.
1985. *Becoming Half Hidden : Shamanism and Initiation Among the Inuit.*
Morrow, P.
1990. Symbolic Actions, Indirect Expressions : Limits to Interpretations of Yupik Society. *Etudes/Inuit/Studies. 14 (1-2)*
Morrow, P. and Volkman, T.,
1975. The Loon with the Ivory Eyes. A Study in Symbolic Anthropology. *Journal of American Folklore 88.*

Rainey, F.
1947. The Whale Hunters of Tigara. *Anthropological Papers of the American Museum of Natural History.* 41 (2)

Rasmussen, K.
1929. *Intellectual Culture of the Iglulik Eskimos.*
1931. *The Netsilik Eskimos.*

Thalbitzer, W.
1908. *The Heathen Priests of East Greenland.*

http : //www.arctic.uoguelph.ca/cpl/

アザラシ・カリブー・サケ
――カナダエスキモーに於ける世界構成と動物をめぐるタブー

一、エスキモー世界と動物

本稿では、カナダ中央エスキモー地域(1)における動物をめぐるタブーの意味と機能を彼らの世界構成との関連で考察する。エスキモー世界にあって動物は二重の意味で重要な存在となっている。第一にエスキモーの食料・衣料が全面的に動物に依拠しているという点で動物は彼らの生業活動の最も重要な対象である。第二に動物はエスキモーの神話や童話、儀礼等の主人公となることが多く彼らの精神活動がさし向けられる対象としても重要な存在である。

これまで多くの研究者は第一の側面に注目し、エスキモー文化をもっぱら生態的状況に還元して説明する傾向にあり、第二の側面には副次的な意義を認めるに過ぎなかった。つまりエスキモーのイデオロギー、特に動物をめぐるタブーについていえば、その機能を動物種の保護・増殖あるいは狩猟環境の整備に求めることが多かったといえる。たしかに彼らのイデオロギーは生態条件と適合する部分が多いが、反面イデオロギーとしての自律性、固有の論理もはっきりと認めることができる。生態的環境は自然と同義ではない。自然を分節してそれを世界として構成するに際してはイデオロギー的取捨選択がはたらく。同一の自然がそれを分節するイデオロギーによっては異なる世界を構成するのである。

本稿はこのような視点から、まずエスキモーの宇宙論・生業活動の場面で世界がどのようなカテゴリーから構成されているかを概観し、次に動物をめぐるタブーを通じてエスキモーが具体的に世界を認識・体験する様相をみてゆきたい(2)。

二、宇宙領域

我々の宇宙に相当する語彙としてヌナミウト・エスキモーには supaiyaat つまり「一切・すべて」を意味する語がある(3)。コッパー・エスキモーではこの「宇宙」の中で人間の住む世界を取りまくのは nuna（陸）、tarajoq（海）、hila（空）の三つの領域である(4)。nuna は東西南北に際限なく広がる空間であるが、具体的に体験できる範囲はカリブー猟をする範囲に限られており、この範囲の外の土地は神話的に表象している。nuna には人間や動物以外にも沢山の精霊が住み、nuna 自身自らの精霊をもつ。この精霊は人間が大地と石にあまり係り合うのを好まず、特にカリブーが移動していう時にこれをするとカリブーをかくしてしまうという。tarajoq は nuna を洗う塩水で、nuna と同様数多くの精霊が住む。そのうち最も強力な精霊は arnaka、phaluk とよばれ、海の動物の母、守護者とされている。hila は nuna と tarajoq の上方の空間である。コッパー・エスキモーでは、hila は世界の四隅に立てられた柱で支えられていると考える。hila は空虚な空間ではなく、hilap inue とよばれる精霊達のすみかで、この精霊が天候を支配する。hila の上に日・月・星辰が住むが、これらは説明できない死に方をした者が変身したものだという。エスキモーでは他の自然現象や社会関係についての関心・知識にくらべると天体が注意を引くことは少ない。[5]

空・陸・海についてのこのような表象から、エスキモーがそれぞれの空間に固有の存在者を配していることが明らかである。すなわち空という空間は気候現象によって、陸はカリブーによって、海は海の動物達によって特徴づけられている。

三、生業活動

ここではエスキモーの生業活動を、その季節的局面と分業関係の二つの側面から概観する。

季節的局面

中央地域のエスキモーの生業活動はほぼ共通のパターンを示している。ネツィリク・エスキモーを例にとってその概要を素描してみたい。[6] ネツィリク・エスキモーの生業活動は主要な猟獣の季節的移動と密接な関係をもち、年間の生活は二つの全く異質な局面から構成されている。猟獣の主なものはカリブー・サケ・アザラシである。カリブーは冬の間は数百マイル南方、ほぼ森林限界の近くにあり、春に北上して北極海岸に出て秋には再び南下する。夏の数ケ月が猟期である。サケは春に川を下って海に出て八月の中旬には内陸に戻る。アザラシは大きな移動をしないが、ネツィリク・エスキモーは海氷上から狩る以外の狩猟技術をもたないため、海氷が安定する冬だけが猟期となる。

彼らの年間の生活は、基本的にはこの三種の動物の狩猟サイクルに則しており、夏と冬の二つの局面から成っている。八月の始め頃、彼らは海岸を離れて内陸に向い、主にサケのヤナ場の周辺にテントを設営する。二〜三家族がヤナの単位となり各家族は一つのテントで生活する。ここでサケ漁とカリブー猟を中心に内陸に適応した生活を送る。冬にはアザラシの集まる海氷上に家族ごとに雪小屋をたてて生活する。夏のキャンプより大規模な構成となる。

この様にネツィリク・エスキモーでは夏／冬という年間の二分が陸／海という空間の二分、カリブー・サケ／アザラシの主要猟獣の二分、さらにはテント／雪小屋、集団の分散／集中という居住形態の対照的形態に明確に対応している。後にみるように、これら一連の二元的カテゴリーはタブーを通じて相互の対立を著しいものにしている。

男女の分業

エスキモー社会の分業関係では、一般に性が決定的な原理になっている。これは彼らの集団の規模が小さく、職業の分化が進んでいないことによるためで、年齢その他の原理が分業を組織化することは殆どないといってよい。男は狩猟によって妻子や、働けない親族を養う。猟具の手入れ、ソリの操作、雪小屋やテントの設営も男の仕事である。女は料理、縫いもの、ランプの手入れ、テントやボートの張り皮の修繕、毛皮のなめしを主たる分担にしている。特に料理と縫いものが主要である。こうした分業は非常に厳格に行われるが、動物の皮はぎや解体には双方がかかわり、この点での境界は流動的である。(7)

男女の仕事を比較してみると、男が狩猟という形で直接動物に関係するのに対して、女は料理、縫いもの等間接的にしかかかわらない。エスキモーは動物（この場合猟獣）に対して人間よりすぐれた聖性を付与しており、聖性の点からすれば、聖／俗の対立が動物／人、狩猟／料理・縫い物、男／女の対立に対応している。空間的には狩猟空間＝外が料理・縫い物の空間＝内と区別され前者が聖的に優位に立っている。

男女の分業は動物をめぐる他の様々の対立と連動することによって、女と動物との間にきわめてデリケートな関係を生み出している、特に月経、妊娠時の女は不浄とされ、猟獣の聖性を侵害しないため、諸々の厳しいタブーの対象となる。

四、動物の分類

エスキモーの動物分類の第一の特徴は、空間を分類規準にしていることである。近代の動物学では、動物の解剖学的属性が重要な規準となっているが、エスキモーは動物の分類に際してそうした特徴に全く注意を払わない。例えば海の哺乳類と陸の哺乳類との間に哺乳類としての共通の属性を認めることはない。北極グマは海の動物に分類されるがこれなども解剖学的属性でなく海氷上という生息空間を分類規準として先行させているためである。(8)分類上の最も基本的な粋組は陸と海の二つの宇宙領域で、空は分類の枠から外されている。我々の民俗分類では空に鳥を配するが、エスキモーは島を細分して命名しているにも拘らず一括して陸の動物に編入している。

陸の動物は Umassut nunamiut（陸・動物）、海の動物は Umassut imarmiut（海・動物）とよばれ(9)言葉の上で一括して類別されているだけでなく、この分類は儀礼行為を通じて具体的に体験される。北アラスカ・エスキモーは、捕鯨を行うにあたって前シーズンにとった陸の動物の骨をできるだけ多く集めてこれを一ケ所で燃やす、一方海上の猟が終ると海の動物の骨を集めて同じように燃やす。これは海・陸それぞれの動物に安らぎを与えるためだという。(10)

海の動物と陸の動物との関係は対立的に表象されており、カンバーランド・エスキモーの動物の起源神話はこうした関係を適確に表現している。(11)

ある女が自分の衣服からカリブーとセイウチを創造した。彼女は、セイウチには角を、カリブーには牙を与えた。だが人々が狩りを行うとセイウチは角でボートをひっくり返し、カリブーは牙でハンターを殺した。そこでこの女は二匹の動物を呼び戻して角と牙を交換させた。それ以来セイウチとカリブーは互いに避け合い、人々は二つの肉を一緒にしてはならないことになった。

これに類似する神話は他のエスキモーにも広く分布しているが、海・陸の動物が敵対的に表象され、しかもそれによって双方の接触を禁止するタブーが生れたという点で注目すべきものがある。海・陸の動物のいずれのカテゴリーにもおさまらない異例的な動物としては犬がある。犬は食料にも衣料にも用いられないエスキモー唯一の家畜であると共に、海の猟にも陸の猟にも人間と行動を共にする。エスキモーでは動物は猟獣と同義にみなしているため、猟獣でない唯一の家畜である犬は、人／動物という基本的カテゴリー区別をあいまいにする存在であると同時に、海・陸の双方にかかわりを持つことによって動物の分類原理をもあやうくするのである。そのため犬は不浄なカテゴリーとみなされ、聖なる動物との接触には細心の注意が払われる。

五、動物をめぐるタブーの諸相

ここでは主に中央地域のエスキモーの主要な猟獣をめぐるタブーを、エスキモー世界の構成要素との関連で分析する、これまでの分析からも明らかなように、エスキモーの具体的現実を構成する枠組は、時間的には夏／冬、空間的には陸／海という二組の対立的カテゴリーで、猟獣の一切はこのいずれかに編入されている。結論を先取りして云えば、エスキモーのタブーの主要な機能はこうしたカテゴリー区分、帰属を、具体的行為の場面で体験し、彼らの世界秩序をあやうくする要素を排除することにある。便宜的にここでは冬のタブーと夏のタブーに分けて分析する。

冬のタブー

はじめに冬・夏の季節区分について述べておきたい。この二つのカテゴリーは、自然の客観的な推移に関する「季節感」といったものをもとにつくられているのではない。エスキモーは年間の時間の流れを主に狩猟行為を媒介にして体験する。狩猟活動は年間を通じて変化するが、それでも連続して行うことが可能である。一方季節のカテゴリーはそれがカテゴリーとして明確な輪郭を持ち、相互に別個のものとして認識されるには、不連続な部分の存在が前提されねばならない。年間の時間が狩猟の時間として連続していくとすればこれを停止して不連続な部分を創出するには狩猟を停止し、それと対立する性格の行為を対置すればよい。前にも述べた様に狩猟は専ら男子によって行われる。したがって間猟期は狩猟＝男の反対のカテゴリーによって特徴づけられることが最も効果的である。中央エスキモーでは、間猟期は女の針仕事によって規定される。

ネツィリク・エスキモーでは、晩秋、夏のキャンプ地の周囲から最後のカリブーが去ると一切の猟が一時中止される。そして新雪を集めて針仕事専用の雪小屋をつくる。雪小屋は元来、冬の海氷上にたてるものであるが、内陸にたてることによって冬にも夏にも属さない空間となる。その中で女達が朝から晩まで来るべき冬のための衣類を縫うのである。衣類が縫い上ると翌春日が高く昇る頃まで一針も縫うことができない。冬用の衣類の完成と共にキャンプは内陸からアザラシの集る海氷上へと移動する。ネツィリク・エスキモーはこの移動を「衣服がつくられたところ」からの移動とよんでいる。[12]また冬の開始は儀礼的にも表現される。ネツィリク・エスキモーはレミング（北極産タビネズミの一種）の毛皮にアザラシの彫刻や銛等をつめ、海の動物を司る女神ヌリヤヨクへの供犠とする。この儀礼をしてはじめてアザラシ猟を開始することができるが、その時期は、貯蔵食料の多少によって一一月の末にまで早めたり一月末まで遅らせたりするなど年によって変動する。(13)

イグルーリク・エスキモーでは間猟期にセイウチ猟をすることがあるがその場合は条件づきで行われる。(14) ただしアザラシ猟は絶対に行ってはならない。間猟期に行われるセイウチ猟に際しては、三人の男が選ばれ、そのうちの一人だけが銛を突くことができ、他の二人はセイウチの解体をするだけである。この三人はカリブーの頭部、髄を食べることを禁止され、凍った肉しか食べられない。その時も手袋をはめなくてはならないという。また針仕事をしている女達はセイウチの肉を食べてはならない。イグルーリク・エスキモーの一グループであるウスアルスック・グループでは間猟期に捕獲したセイウチを沖合いの氷上にかくしておき、衣類が完成したのち屋内に持込んで料理する。

冬のタブーの殆どは、冬の象徴的動物であるアザラシ・セイウチと他の異質な要素、特に夏・陸・女との接触を禁止することを意図したものである。

なかでもアザラシは冬・海のカテゴリー帰属がきわめて明確な点で、海の動物のうちでも最もすぐれた聖性を付与されている。換言すれば、アザラシが真にアザラシとして本来的に扱われるのは冬・海という時空を措いてない。アザラシは雪小屋に持込まれると口に水が注がれる。アザラシの霊がこれを欲しがるのだが、夏のアザラシにはこうしたことをしない。(15) また湖でアザラシを捕獲した者は猟具の手入れ、修理等をしてはならない。彼はその後の一年間余人とは別の特別のポットで料理した食事をとらなくてはならない。(16) きわめて聖性の高いアザラシも、冬、海という固有のカテゴリーから逸脱すると聖性を減じ、不浄な存在にすらなり得るのである。

本来的な時空にあるアザラシに対しては、その聖性を侵害せぬよう、不浄な要素との接触に関してさまざまな厳しいタブーが課せられている。

イグルーリク・エスキモーではアザラシの肉を捕獲後すぐ雪小屋に持込んではならない。翌日まで待つか、緊急に必要な場合は狩人が一旦アノラックを脱いで持込まなくてはならない[17]。アザラシの狩猟空間＝外に対して人間の住空間＝内が聖的に劣位におかれているため二つの空間の直接の接触を回避するのである。アザラシが解体されるまでは女が髪をとかす、顔を洗う、ランプに油をそそぐ、氷窓についた霜をとる等の行為をしてはならない[18]。ネツィリク・エスキモーではアザラシを汚れた床、踏まれた雪、女が歩いた場所に置いてはならず、新雪を運び込んでその上に置く[19]。これらのタブーはいずれも女とアザラシのへだたりを強調しているが、アザラシも解体によって聖性を失い、女に近づき得るものとなる。

アザラシは不浄な要素との接触を回避するだけでなく、海の動物としてこれと対極をなす陸の動物との接触も禁止されている。特にカリブー・サケとの対立的関係が顕著にみられる。ハドソン湾西岸のエスキモーは、シーズン最初のアザラシ猟に出かける前に、乾燥した海草を雪小屋の中で燃やし、この煙で衣服や銛をいぶす。これはアザラシのきらいなカリブーの匂いを追い出すためであるという[20]。イグルーリク・エスキモーではアザラシ猟のシーズンにどうしてもカリブーの毛皮の縫いものをする必要が生じたときには、海を離れて内陸に行っておこなう[21]。カンバーランド湾のエスキモーはアザラシをカリブー・サケと同じ日に食べることを禁止している[22]。

中央地域では、セイウチがアザラシについで重要である。だがセイウチに対してはアザラシに対してなされたような聖的な扱いが殆どみられない。セイウチも冬・海と密接な関係をもっている点ではアザラシと同様であるが、両者は中央地域では神話的起源を異にする動物として区別されている。これらの地域ではいわゆるセドナ神話によって特定の海の動物の起源が語られている。カンバーランドの異伝では海獣の主であるセドナの切断された指からアザラシとクジラが化成するが、セイウチや白クジラについては触れられていない。しかもカンバーランド湾のエスキモーはセドナの指に由来する海の動物に対しては、それを殺したあと窓の霜をとってはならない、女が髪をとかす・洗う等の行為をしてはならない、ベッドをゆすってはならないなど様々なタブーによってその聖性を守ろうとするが、セイウチをはじめとする非セドナ系の動物に対してはこうしたタブーが課せられることはない(23)。このようにセイウチは同じ海、冬の動物でありながら神話的系統を異にする動物として、陸の動物だけでなくアザラシとも対立的に表象されている。フロビッシャー湾のエスキモーは、セイウチをアザラシと同じ日に食べるに際して衣服を換えることによって両者の差異を強調する。ここでは陸の動物との関係もアザラシほど対立的でない。すなわち、アザラシをカリブー・サケと同じ日に食べることはタブーであるがセイウチならかまわない。またアザラシをカリブー・サケと同じ入口から持込んではならないがセイウチならよいとされている(24)。

その他の海の動物として、イグルーリク・エスキモーではクジラが儀礼行為の対象となっている。クジラの移動には固定したサイクルがないため、クジラは海の動物ではあっても冬のカテゴリーには属さない。クジラをめぐるタブーや儀礼は、クジラと陸との対立を表現するものが多い。ここではクジラに銛を突き立てると、子供達と老姿達が二人ずつ組になって足をしばり合い、海が見えなくなるところまで内陸側に向っていく。そうするとクジラがボートを引く力が弱まるのだという。クジラを捕えると陸の燃料を使用することはできず、海獣の骨や獣脂を燃料にする。[25]
冬のタブーは春に入って解除される。ハドソン湾西岸地域のエスキモーでは三月の満月の後は、カリブーの肉と毛皮をアザラシと同じ出入口から持込んでも良いという。同時に針仕事のタブーも解除される。[26]

夏のタブー

夏を象徴する動物はカリブーとサケである。カリブーは未だ残雪の多い四月頃姿を現わす。その後雪がとけて夏になると内陸の川や湖の近くにキャンプを移して本格的な猟に入る。この間は一種の間猟期になるが、冬前の間猟期ほど猟の制限は厳しくはない。この間にカリブー猟が海獣猟と重複することがあってもタブーとみなされない。女の針仕事もカリブー猟に入ってからはタブーとなるのでシーズン前に完了しなければならない。シーズン中はかんたんなつくろいならしても良いが、その場合もテントの中ですることはできず、キャンプから離れた丘陵に登るなどして行う。

アザラシの場合とは逆に、カリブーが真のカリブーとして本来的に扱われるのは夏・陸という脈絡においてである。シーズンオフの春のカリブー猟が海獣猟と重複してもかまわないのもそのためである。ハドソン湾西岸のエスキモーでは、冬のセイウチ猟期に殺されたカリブーならセイウチと一緒に食べてもよいが、前年の夏に殺されたカリブーをセイウチと一緒に食べることはタブーとなっている。さらには、夏に殺したカリブーを氷上の雪小屋に持込むときは、普段使用される出入口を使ってはならず、反対側の壁にあけた穴を使わなくてはならないが、このタブーも冬に殺したカリブーに対しては適用されない[27]。

カリブーはアザラシより聖的にすぐれている。このことはアザラシの解体は女が行うが、カリブーの解体はもっぱら男のするところとなっていることからも明らかである[28]。その解体に際しては、目と生殖器のまわりの毛皮を一部残しておかなくてはならない。カリブーの霊が、これらの部分に女によって触れられるのを好まないからであるという[29]。

中央地域のエスキモーのカリブーの狩猟法はバラエティに富んでいる。とりわけ効果的な方法は、川や湖を渡っているカリブーをカヤックの上から、あるいは岸辺で待ち受けて射る狩猟法である。カリブーが渡河する地点は、聖なる場所とされることが多く、ここはきびしいタブーによって聖性を守られている。イグルーリク・エスキモーには、こうした聖所の一つにタッセルスアクとよばれる湖がある。女はここに近づくことが禁じられており、もし湖をみわたしたりすると目が悪くなる、雪目になるなどの結果を招くという[30]。ネツィリク・エスキモーは、渡河地点でカリブーを殺すと、前足、後足、肋骨、頭部などを血と一緒にならべて石でおおう。毛皮は直接テントに持ち帰らず、キャンプとは別の所に設けた貯蔵所におさめる[31]。

カリブーは聖なる動物として、最も不浄な動物である犬から遠ざけられる。イグルーリク・エスキモーでは犬はカリブーの足、その他の骨をかじってはならない。カリブーの骨を犬がかじるとカリブーの霊を傷つけ、カリブーがいなくなるという[32]。ハドソン湾岸のエスキモーでも同じようなタブーがみられる。ここでは食料が豊富にない時には、足の骨や肉を食べさせない。もしまちがえて犬が食べるようなことがあるとその犬の尻尾を落とす、耳を切るなどのきびしい制裁を加える(33)。

サケは中央地域の生業経済では、カリブーやアザラシほど重要な役割を果していない。だがサケに付与された聖性はきわめて高い。これはサケの主要な生息空間である川・湖が象徴的に特異な地位を占めていることと深い関係があるように思われる。川と湖は水を含むことによって他の陸地とは区別される。しかもこの水は真水であって塩水ではない。川・湖がとりわけ聖的なのは真水の聖性による。ネツィリク・エスキモーは陸封されたサケと海に出るサケをはっきり区別している。前者はアザラシと同じ日に食べてはならないが後者はかまわない(34)。またイグルーリク・エスキモーでは、屋内でサケを一方から他方へ手渡すときに、床の上でしてはならず、寝床の上で行わなくてはならない、サケをさがし求めているときには床に落してはならない等のタブーがある(35)。これらのタブーは真水を塩水や真水以外の陸の要素から聖別し、真水にすぐれた聖性を認めていることをよく示している。カリブーの渡河地点やサケのヤナ場が聖域とされているのもそのためである。

イグルーリク・エスキモーではサケを他の猟獣と同じポットで煮るときは、ポットをていねいに洗い、煤を内側にぬる。サケは他の肉と同じランプで煮てはならず、通常用いられるランプの右手に別のランプを置いて料理しなければならない(36)。こうしてサケは特異に聖的な動物として他の動物から際立たせられているが、そのうちでもサケとのへだたりが最大限に表現されているのはアザラシである。ネツィリク・エスキモーでは、陸封されたサケとアザラシを同じ日に食べることに対してカティトゥトつまり「二つの異なる食べ物を一緒にすること」と、わざわざ特別の言葉でよんで、他の食べ合わせと区別している。[37]

その他の地域

中央地域のタブー・システムは冬／夏、海／陸の二元的対立を基本的な枠組にして構成されたものであるが、こうしたシステムはエスキモーの居住地城の東西端に行くほど変形してゆく。比較的このタブー・システムが維持されているのはコッパー・エスキモー、マッケンジー・エスキモー等の北極海沿岸の地域のエスキモーである。

コッパー・エスキモーでは、カリブーの移動中に衣類をつくることのタブーが存在し、針仕事は専用の雪小屋をつくるまで待たなくてはならない。[38]また、カリブーの肉をアザラシ・サケと一緒に置くこともタブーとされる。[39]中央地域にみられないものとしてはタラをヒゲアザラシの獣脂と食べ合せることを禁止したタブーがある。[40]

マッケンジー・エスキモーの場合はサケの聖性が特に強調されている。サケのヤナ場附近のテントでは、女の針仕事がタブーとなるだけでなく、男の仕事までが禁止されている。サケは普段の出入口から持込んではならず、壁に穴を開けて持込む。ここではサケはカリブーとも対立しており、とりたてのサケをカリブーの肉と同じテーブルに置いてはならない。[41]

北アラスカのポイント・バローでも、海と陸の動物の対立的表象が比較的明確に認められる。カリブーの毛皮で衣類をつくっている女はアザラシに触れてはならず、カリブー猟の前には、冬の間にたまったアザラシの脂肪を身体から洗い落さなくてはならない。また、カリブー猟に使用した猟具は海で使用することができない。だがアザラシ猟の猟具は川沿いに内陸に入る場合は陸の猟に使用してもよいとされる。(42) このタブーは猟具使用の技術的必要によるより、象徴的理由に基くものである。ここでは海／陸の対立が川／陸の対立へと移行することによって両者のへだたりが縮小されるのであろう。

カリブー・エスキモーは専ら内陸でカリブー、サケ猟に従うグループであるが、ここでは象徴的次元に於ても陸が海を圧倒している。海獣の狩猟は全く行われないため、海の動物は交易によって手に入れるだけで、直接の狩猟対象としての動物が有する聖性を全く失っている。それでも海岸から手に入れたヒゲアザラシの毛皮を細工するのは女、それも特別の護符をもった者に限られている。(43) 反面、カリブーやサケの聖性はきわめて高く、特にカリブーの渡河地点で、セイウチの毛皮や牙を使用して仕事をした人間は死ぬとまで云われている。(44)

同じ内陸狩猟民でも、アラスカのヌナミウト・エスキモーではこうしたタブーは殆ど存在しない。ここでは陸の民と海の民の起源、両者の交易の起源が神話的に説明されているが、そこにみられる海と陸の関係は対立的というより、相補的な性格を濃くしている。(45)

六、むすび

世界は、差異のない連続した現実に差異性を認め不連続の部分を創出することによって、はじめて世界として構成される。エスキモーにあってはまず、人と動物が最も基本的な世界カテゴリーとして区別されている。人と動物を分けるのは、前者が食べる主体、後者が食べられるものという関係である。この点で人ではないが、しかも食べる対象でない犬は、エスキモー世界の根源的な差異性を危うくするために特にマークされる存在となっている。

人／動物の関係では、動物によりすぐれた象徴価が付与され、動物は聖なる存在として人間と区別される。この聖性がなにによるものかは本質的な問題であるが本稿ではこれを保留した。ここでは、動物が様々なタブーを通じて一貫して人間と聖別されていたという結果を指摘するにとどめたい。

人／動物の関係はエスキモーの空間を根源的な次元で分節する。人間の日常的な居住空間＝内が、動物の生息する聖なる空間＝外と象徴的に対置されていることは、動物の屋内への持込みに関するタブーや、カリブーの渡河地、サケのヤナ場附近のキャンプでの仕事のタブーからも明らかに認められる。

男女の分業も単なる生業上の区分以上の、人／動物との関係でなされる象徴的な次元のものとなっている。聖なる動物に直接かかわる男の狩猟は、これと間接的にしかかかわらない女の料理・針仕事と鋭く対立し、双方を同一の時空で行うことはきびしいタブーの対象である。

人／動物の対立は時間をも分節する。一年は猟期＝男の時間と間猟期＝女の時間に分けられる。中央地域では、陸上の猟生活が夏という時間区分に、海氷上の猟生活が冬に整合的に対応することによって世界構成の二元性が鮮明なものになっている。動物はこの双極のカテゴリーのいずれかに編入され、他の分類規準が働く余地はない。特にアザラシ・カリブー・サケはこうしたカテゴリー帰属が明確であり、それによって自らの聖性をすぐれたものにしている。動物をめぐるタブーは、これらの動物の固有のカテゴリー帰属を具体的な状況において体験させこの体験を通じてエスキモー世界の基本的秩序を認識させるという機能を果している。屋内のテーブルに一緒にならべられたアザラシの肉とカリブーの肉という一見ささいな状況の背後では、人／動物、内／外、女／男、陸／海、冬／夏といった大きな世界カテゴリーが作動しているのである。

註

（1）カナダ北部の北極海沿岸地域、バフィン島等に居住するエスキモーをここでは中央エスキモーとよんでいる。本稿に引用した民族誌は主に、ネツィリク・エスキモー、イグルーリク・エスキモー、バフィン島エスキモーに関するものである。

（2）本稿の対象とした時代はエスキモー文化が白人との接触を通じて大きな変容を体験する以前の伝統的な文化に限定した。特に動物をめぐるタブーは白人からの銃器の導入によって一変したが、ここではこの問題は取り上げていない。

（3）Gubser 1965：191

（4）Rasmussen 1932：22

（5）arnakäphaluk は Sedna, Nuliajuk と同じ「海の動物の主」。中央地域を中心に広範に分布する神話の主人公である。

（6）Rasmussen 1931と Balikci 1970 参照

（7）Dupré 1975：193

（8）Søby 1969：45

(9) Ibid.
(10) Spencer 1959 : 270
(11) Boas 1901 : 167-168
(12) Rasmussen 1931 : 142
(13) Ibid. : 169
(14) Rasmussen 1929 : 192
(15) Ibid. : 184
(16) Ibid. : 185
(17) Ibid. : 184
(18) Ibid. : 184
(19) Rasmussen 1931 : 166
(20) Boas 1901 : 148-149
(21) Rasmussen 1929 : 191
(22) Boas 1901 : 123
(23) Ibid. : 122
(24) Ibid. : 123
(25) Rasmussen 1929 : 187
(26) Boas 1901 : 148
(27) Ibid.
(28) Rasmussen 1929 : 185
(29) Ibid. : 194

（30）Ibid.
（31）Rasmussen 1931：179
（32）Rasmussen 1929：194
（33）Weyer 1932：370
（34）Rasmussen 1931：186
（35）Rasmussen 1929：190
（36）Ibid.：190
（37）Rasmussen 1931：186
（38）Rasmussen 1932：38
（39）Ibid.
（40）Ibid.
（41）Rasmussen, 1942：57
（42）Spencer, 1959：265
（43）Rasmussen, 1930：48
（44）Ibid.
（45）Gubser, 1965：29-32

引用文献

Balikci, A.
　1970 *The Netsilik Eskimo.*
Boas, Ff.

1901 *The Eskimo of Baffinland and Huasonbay.*
Dupré, W.
1975 *Religion in Primitive Society.*
Gubser, N.
1965 *The Nunamiut Eskimos : Hunters of Caribou.*
Rasmussen, K.
1929 *Intellectual Culture of the Iglulik Eskimos,* (Rep. 5. Thule Exp. VII 1)
1930 *Intellectual Culfure of the Caribou Eskimos,* (Rep. 5. Thule Exp. VII, 2)
1931 *The Netsilik Eskimos,* (Rep. 5. Thule Exp1-2)
1932 *Intelleetual Culture of the Copper Eskimos,* (Rep. 5 Thule Exp. IX)
1942 *The Mackenzie Eskimos* (Ostermann, Rep. 5. Thule Exp. X, 2)
Søby, R.
1969/79 The Eskimo Animal Cult, *Folk Vol. 11-12*
Spencer, R.
1959 *The North Alaskan Eskimo.*
Weyer, E.
1932 *The Eskimos.*

産婦が凍った肉を食べるとき

第五次テューレ探検隊に参加したクヌート・ラスムッセンは、一九二三年にネツィリク・エスキモーを訪れ、約七ケ月におよぶ滞在の成果を浩瀚なモノグラフにまとめあげた（Rasmussen 1929）。筆者の注意をひいたのは、このモノグラフの中の、産の忌明けにあたって行われる風変りな習俗に関する次の記事である。

ネツィリク・エスキモーの産婦は、産後一年間という物忌に服しナマの肉を食するのを禁じられているが、一年を経過して初めてナマの肉を食べるときは、屋外に出て凍った肉片をかじることから始めなくてはならない。これをしてはじめてナマの肉を食べることができる。

忌明けの産婦はなぜこんな奇妙な行為をしなくてはならないのか、一見ナンセンスとも思えるこのような行為に意味を求めることは可能であろうか。詮ずれば、なぜ凍った肉なのか。これを本稿の問題とする。

まずはこの問題に単刀に入ってゆく前に、産婦とはいかなる存在とされているのか、彼女をとりまく状況について、ネツィリク・エスキモーだけでなくイグルーリク・エスキモーやカリブー・エスキモーなど周辺のグループの資料も随時援用して説明を加えておきたい。

ネツィリク・エスキモーの妊婦は陣痛が近くなるとふだん起居している住居やテントを離れて、冬ならば犬小屋ほどに小さな雪小屋、夏ならば小テントに引移り、ここに隔離される。この小屋はエルニヴィクとよばれている。さしずめ本邦の産屋、もしくは産小屋がこれに相当しよう。彼女は数日間はここにとどまる。この間は、獲物や男たちの目からみると不浄な状態にあるため極度に厳格な忌に服さなくてはならない。

分娩を終えて一日経つと彼女は生児を伴ってこれよりスペースをとったテント（夏）、あるいは雪小屋（冬）に引越す。ラスムッセンはたまたまこの場面に立ち合ってこうしるしている。

　キャンプにいたときニフタヨックの妻が子供を産んだ。母子ともケガレているとみなされたので雪小屋を出るときはふだんの出入口を使えなかった。そこで雪小屋の壁に穴が開けられ、若い母親が赤ちゃんを背負ってはい出たのだが、われわれにはとても奇異な感じがした。

二次的に設けられるこの産屋は、ネツィリク・エスキモーではキネルセヴィック、イグルーリク・エスキモーではキネルヴィクとよばれている。キネルヴィクの語義はいささかあいまいであるが、ラスムッセンは「不浄でケガレたものをキヨメるために水に入れるところ」と訳している。産婦と新生児はこの産屋で一ケ月ほど夫や家族から隔離された生活を余儀なくされる。ここでの生活が終了するときには、母親は分娩時から着つづけていた衣服を棄てて全身を洗う。新生児の着衣も、毛皮などの貯蔵小屋にしまい、のちになってカラスやカモメの巣に置きにゆく。

キネルヴィクを出て夫の家に住むようになっても、産婦は食べるものや他人との往来に様々な制約をうけ、不自由な忌の生活が産後一年目まで続くのである。

一九二三年当時の、カナダ北部のエスキモーの産婦をとりまく状況のおおよその経過はこのようなものであった。まず目につくのは、産婦のケガレが異様なまでに強調され、それに周囲が細心の注意をはらっていることだ。即ちケガレは当の母子だけに限った問題ではなく強い伝染力をもつものと観念されているため、隔離のための小屋をわざわざ二度も建て、夫や家族、余人との関係が切断されねばならなかった。また、ケガレが最も集約された分娩時の衣服の処理をカラスやカモメに委ねたのも、それが常人の手には負えぬほど汚染されているとの思いがあってのことだろう。というのもカラスやカモメは鳥であることによって人間の行き及ばぬ遠方へケガレを運び去ることができると考えられていること、さらには彼らは腐肉を食べるという点に於て、他の聖なる動物たちを括っているカテゴリーからはじき出された、異例な、マージナルな存在であるからである。

かほどに不浄視される産婦をネツィリク・エスキモーは危険な「テキナルトク」つまり「不浄の

者」とよんでいた。産婦は目に見えぬ煙もしくは気を発して狩りの獲物を遠ざけるとされ、さらには新生児までもが、生れた瞬間に不浄で危険な気を発するとみなされることよって出産前後の不浄効果は相乗されている。

それではこの不浄性はいかなる性質のものなのか、何に対しての不浄なのか、不浄の志向するところを明らかにしなくてはならない。

前述したように産婦の発するケガレた気は獲物を遠ざける。産婦は獲物と鋭く対立する存在なのだ。ではこの対立はどこに由来しているのだろうか。ここで考察の手がかりをまずはエスキモーの分業体制に求めることにする。

エスキモーの分業体制は、基本的には性の軸に沿った形でごく単純明快に編成されている。すなわち男は狩猟、女は料理と縫物をそれぞれの主たる生業活動としている。生業活動というプラクシスの次元におけるこの差異は、象徴的次元での差異を創り出す。男は狩猟の場で獲物に直面することによって直接的に動物と関りをもつが、女の場合は既に仕止められ解体された場面に限られており、より間接的な関り方をするからだ。あるいは両者の相違は男がより原形的なものとの関りであるのに対して、女のそれは変形されたものとのそれであるともいえよう。いずれにせよ動物との関り方に見られる両性の差異は男性の女性に対する優位という象徴効果を産み出すことになる（この点は、象徴的レベルにおける差異が生業レベルでの差異を生ぜしめると考えることも可能）。なぜ男性優位なのか。エスキモー世界では動物＝獲物が人間に対して上方に聖別されているため、獲物と直接的な関りをもっている男性の方が女性より動物の側により近い存在であるというわけだ。動物の人間に対しての聖別志向は次のタブー例からも明らかに読みとれよう。

イグルーリク・エスキモーではアザラシの肉を捕獲後ただちに雪小屋に持込んではならない。翌日まで待つか、緊急に必要な場合は狩人がいったんアノラックを脱いでから持ち込まなくてはならない。

この場合ではアザラシという動物に固有の空間＝外と、人間に固有の空間＝内とが対立しているが、人間の側はプラクティカルな要請、つまり早く食べたい、早く温まりたい等の欲求を犠牲にするほどにアザラシを聖別して扱っている。さらに女性の登場する段になると両者の対立はますます大きくなる。

アザラシを汚れた床や人が踏んだ雪、女性が歩いた場所に置いてはならない。新雪を運び込んでその上に置く。

アザラシが解体されるまでは、女性が髪をすく、顔を洗う、ランプに油をそそぐ、氷窓についた霜をとる等の行為をしてはならない。

アザラシは解体されるまでは人間、とくに女性がその行為を最大限に制約されるほど聖性を強調されている。だがそれも相対的に原形に近い状態にあるうちであって、解体によって変形をこうむれば女性でさえも近づきうるものとなるということだ。

ここでひとまずこれまでの論点を〈図I〉のダイアグラムで整理しておく。

これでエスキモー世界の基本的構図の中で、女性が動物との関係で男性よりも劣性の象徴価を与えられていることが明らかになったが、これだけではまだ冒頭の問題「なぜ凍った肉か」への緒口についたというばかりで更なるツメが必要だ。女性の象徴的地位一般の問題から、その生理的条件の変異によるヴァリエーションをも考えなくてはならない。その足がかりとなるのが、イグルーリク・エスキモーの女性と食物のタブーについての次の記事である。

> 若い女性はカリブーの舌、頭部、髄を決して食べてはならない。少女たちはアザラシのそれらの部分を食べてはならない。もはや子供を産まなくなった女性はこの限りでない。

この事例はイグルーリク・エスキモーが女性を生理的条件にしたがってカテゴライズし、それを動物を媒介することによって象徴レベルでも差異化したカテゴリーにし

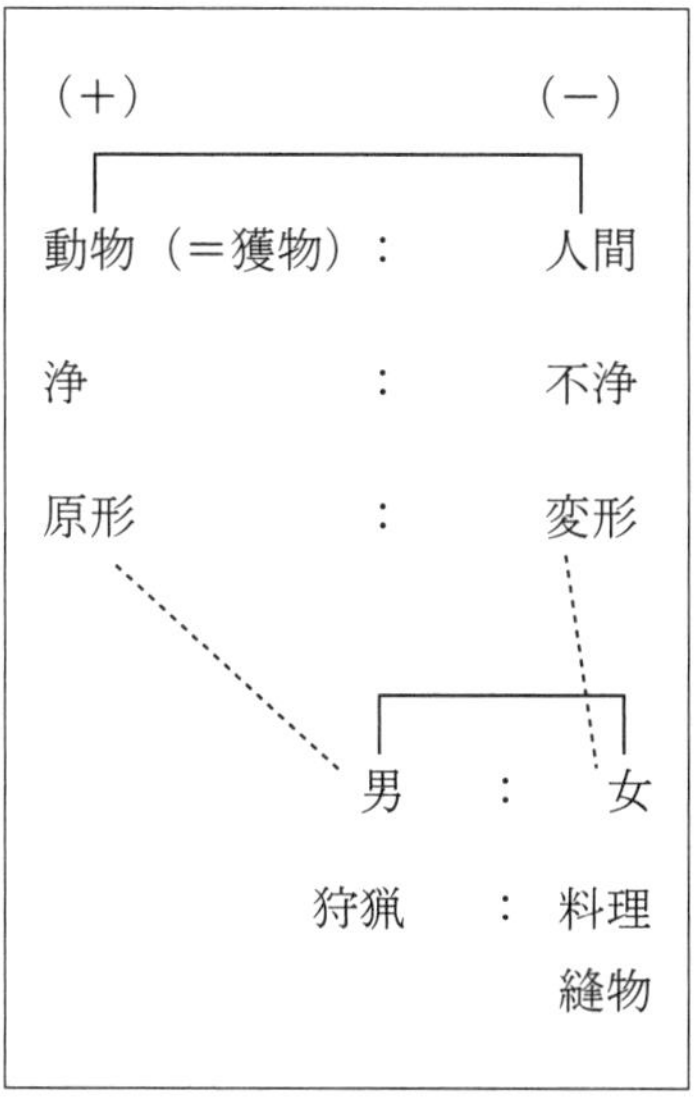

〈図I〉

ていることを示唆しているように思われる。すなわちここで若い女とあるのは初潮を迎えてから閉経に至るまでの女性、少女とはいうまでもなく初潮以前の女性であろうし、子供を産まなくなった女性は閉経期をすぎた女性を指すと考えられる。閉経した女性がこうしたタブーを免れているのはなにによるのであろうか。前二者にくらべて相対的に浄化されているからとも思えるが別の解釈も可能なのだ。というのは、老女がエスキモーの象徴的世界の中にあってきわめて特異な地位を占めていることを推測させる習俗がイグルーリク・エスキモーにみられるからである。

かつては産婦がキネルヴィクをあとにするに際して〔それまで着用していた不浄の〕衣服を老女に与えた。老女〔閉経した女性〕はその衣服の上半身の部分を下半身用に作り直して着用するものとみなされていた（〔　〕内は筆者による）。

先述のカラスやカモメが産婦の不浄の着衣を社会空間の外部へ運び出すという構想のもとに仕組まれた不浄処理装置であるとすれば、老女はこれと対照的に、共同体の内部にあってあたかもブラック・ホールのように不浄を自身のうちに吸収しつくしてしまうかのようである。しかも老女は不浄を吸収しても自身は不浄でない。浄・不浄の対立を超越した圏外者的存在というべきか。

それでは初潮を境に類別される前二者についてはどうであろう。両者のタブー環境を比較してみると、初潮前の少女についてはさしたる厳しいタブーもなく比較的寛容な環境のうちにあるのに対して、月経時の女性に対しては産婦に匹敵するほど厳格で煩雑なタブーが課せられていることから、若い女性、すなわち妊娠可能の女性は前者よりも不浄であって、動物との距りはより大きいといわざるを得ない。ここで〈図I〉を一段下方へ拡張したダイアグラムを掲げておく（〈図II〉）。

この図から読みとれるのは、女性を動物の極とは反対方向へ引きよせているのが赤不浄、つまり月経であるということだ。だが月経はそれ自体は価値的に中性の単なる生理現象に過ぎず、あくまで動物との象徴次元での対立という脈絡においてのみ月経は不浄視されているのである。ではなぜ月経が不浄なのか。それは出血という現象によってである。レヴィ＝ストロースが「野性の思考」で展開した論理、さらには、リーチのタブー理論をここに援用すればおおよそこうである。

月経の出血は、狩猟の民たるエスキモーの生存の基本条件をなす最も枢要な行為である獲物の殺害が必然的に伴わざるを得ない出血という出来事との間に自動的な連想関係をうちたてる。その結果女性と動物という、本来しかるべき距りを互いにとるべき二つの項が必要以上に近接してしまうという不都合が生ずる。そこで項の一方をタブーとして日常の意識、とくに狩人の意識の射程外においておく、となるわけだ。

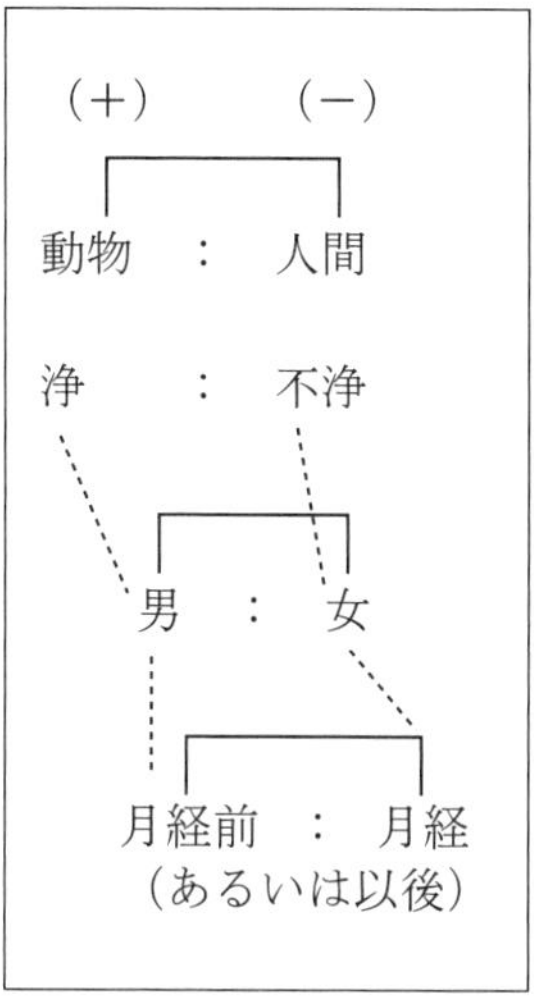

〈図II〉

出産を不浄視し産婦にタブーを課するのも月経と同様出血という現象によるのだろう。とくにここでとり上げたエスキモーのグループにあっては、産の忌と月の忌で当事者をめぐる環境はかなり類似している。ちがいは月の忌の方が比較的ゆるやかなことぐらいだ。両者は基本的には同じ論理によって不浄視されているのである。はじめの問題からいく分まわりくどくなったようだ。ここで歩を速め次の問題、すなわち不浄時の女性の食物の禁忌を考えることにする。

ネツィリク・エスキモーの産婦はナマの肉を食べてはならない。ということは彼女の口にするものは火にかけたもの（ここでは煮た肉）に限られるが、それも動物の内部の器官、例えば内蔵や卵は禁じられている。しかも産屋にいる間は夫の獲った肉しか食べられず、肉を切るのも法度になっている。肉を切るのは少女か老女である。

イグルーリク・エスキモーの産婦も産後の一年間はナマの肉を口にできない。さらに心臓や胃、胎児などの箇所を傷つけられた獲物の肉を食べることも禁じられている。また彼女は即死した動物の肉も禁じられる。例えばアザラシの場合だと、彼女が食べられるのは、傷ついたあと少なくとも一度は水面に浮上し、呼吸する余力を残したアザラシだけとなる。

バック・リヴァーの産婦もほぼこれらと似たタブー環境のうちにある。産後の一年間はナマの肉を食べられず、胎児や心臓を傷つけられた動物の肉も食べられない。

カリブー・エスキモーについてはラスムッセンの報告では、肉しか食べられず、骨をかじると夫が獲物をとれなくなるとあるだけで、ナマの肉が禁忌となっているか否かは判断しがたい。

右の事例から次の三点を指摘しておく。

まずナマの肉が料理された肉と対立させられている。この対立は単なる食事の嗜好のちがいだけではなく象徴的機能を果すものである。ここで産婦の不浄性を考慮に入れるなら両者に付与された象徴価のちがいは明白だ。すなわちナマの肉に対して料理した肉（ここでは煮た肉）はマイナスの価値を帯びた不浄の項をなす。ナマと料理の対立は食べ物だけでなく飲料水にも持ち込まれている。イグルーリク・エスキモーでは産婦は冷たい水を飲むことを禁じられ、ぬるま湯しか飲めない。食物と飲み水に通底している対立が火にかけたものと火にかけていないものとの対立であることは明らかだ。

第二に指摘すべきは、エスキモーの象徴的解剖学とも云うべき秩序に由来する対立がみられることだ。例えばカリブー・エスキモーでは骨が肉と対立させられており、産婦が肉の項と結びつくことによって骨＝浄、肉＝不浄という象徴価を帯びることとなる。さらに内蔵、胎児などより深部にある器官も肉と対立させられている。この場合骨との関係は不明である。いずれにせよ動物の象徴的解剖学では、表層にある部位と深部の器官との対立がみられ、後者をより本質的なものとみなしていることがわかる。

第三に即死した動物をめぐる扱いにも触れておく。即死した動物は生前の状態とのあいだに間がないことが象徴的効果をうみ出している。即死した動物が動物の原形により近いことが他の死に様に対する差異をつくり出しプラスの象徴価を与えられていることが推測できる。ここでの対立を〈図Ⅲ〉に挙げておく。

これでいよいよ結論に近づいた。問題はこうであった。産婦が産後一年後の忌明けにあたって、いきなりナマの肉を口にすることをせず凍った肉をかじるというクッションをおくのはなぜなのか。まずは妊婦から考えてみよう。妊婦とはいうまでもなく人間（男）の手にかかって受胎した者の

（＋）		（−）
浄	：	不浄
原形	：	変形
ナマ	：	火にかけたもの
ナマの肉	：	煮た肉
冷たい水	：	ぬるま湯
骨	：	肉
内蔵	：	肉

〈図III〉

ことだ。妊婦は変形した存在であるといえよう。これはたんに腹がせり出すという生理的、視覚上の変形を指すだけでなく、一つの身体に複数の生命を宿している点でまことに異例的な存在、象徴的次元でも変形をうけた存在なのだ。彼女の社会的機能は妊娠以前（原形）にくらべて漸次縮小されそれまでもっていた関係性が切断されてゆく。いわばスイッチを切られた状態におかれるのだ。それが分娩時にピークを迎え、以後は漸次もとの役割、かたちを回復していって原形に戻るという経過をたどってゆく。彼女は変形しっぱなしでは都合が悪い。原形をとり戻すことを社会的に期待されているのである。

それではエスキモーはこうした象徴レベルでの経過、そこでの諸項の関係をどのように表象しているのだろう。なにを表現媒体として用いるのだろうか。彼らは伝統的には文字をもっていなかった。文字を駆使して抽象的なアイデアを自由に操作するという手は使えない。そこで登場するのが知的ブリコラージュである。身のまわりのその都度のあり合わせのもので手をつくってゆくしかない。そんな思考法が身近なもののうちでまず目をつけたのが食べ物だ。獲物の肉の状態の変容することは日常的に経験されることがらである。ナマの肉は火と水という手段で煮られ変形をうける。

まさに女性も男性という手段を通じて懐妊させられる、変形をうけるのだ。だが女性の場合は変形をうけても変形しっぱなしでは都合が悪い。とりわけエスキモーのような小さなコミュニティーにあっては個人の果すべき社会的機能への要請はいちじるしく強い。この変形のプロセスは不可逆的の性質のものであってはならない。可逆的であることが必要だ。この可逆性というアイデアを具象して表現する格好の媒体が凍った肉なのである。なぜなら凍った肉とは、ナマの肉（原形）をただ冷たい所に放っておくという自然のプロセスで変形したものであることに加え、溶ければもとのナマの肉になおるという属性をもっている。すなわち凍った肉というのは可逆的なプロセスを表現するまたとない媒体となっているのだ。だから産婦は妊娠以前のポジション・機能を回復するにあたって、凍った肉から食べ始め、次いで解凍したナマの肉を食べることによって社会復帰を完了したことを公示する（屋外で食べるとあるのは公示するということである）。

いささかこじつけめいた分析となったが、ネツィリク・エスキモーの産婦の忌明けに行うあの奇妙な行為が全くのナンセンスではないとするならば、われわれにも了解可能であるとすればこんな説明もあり得るということか。

拙稿中の資料はすべてラスムッセンの次の著書に拠った。

Rasmussen, Knud

1929 *Intellectual Culture of the Iglulik Eskimos*. Copenhagen.
1930 *Observations on the Intellictual Culture of the Caribou Eskimos*. Copenhagen.
1931 *The Netsilik Eskimos*. Copenhagen.

Ⅲ　シャーマニズムと修験

タブー・病気・シャーマニズム
——エスキモー世界の構造と医療の論理

生活の規則もしくはタブーを侵犯することを病気の原因の一つにあげる例はエスキモーのいくつかのグループで報告されている。たとえば、北アラスカ・エスキモーの病因論としてR・F・スペンサーは霊魂の喪失と異物の体内への侵入の二つを指摘し、このうち前者は、（1）邪悪なシャーマンが霊魂を外に連れ出す、（2）霊魂が夢の中で遊離したまま戻れなくなる、（3）生活の規則の侵犯によって霊魂が遊離することの三つが原因であると述べている。[1]

さらにバフィン島のエスキモーでは、病気はタブー侵犯に対する罰として考えられている。タブー侵犯の罪は侵犯者に黒い霧のような形でとりついて当人を病気にするのである。ここではシャーマンが守護霊の助けによって黒い霧を発見し、とりつかれた霊魂を解放するという治療を行う。タブー侵犯の罪は本人だけでなく、彼と接触した者にもとりつき、とりわけ子供の霊魂はその母親の犯した罪に攻撃されやすいと考えられている。従ってシャーマンは、子供が病気になるとなにより先に母親にタブー侵犯の有無を問い質すのである。またとりついたものはタブー侵犯の種類によって様々な姿をとると云われている。この場合は、母親が自らのタブー侵犯を認めると、とりついたものが子供の霊魂を離れ、子供は回復するというのが治療の過程である[2]。

同じバフィン島について別の報告者は、病人はなんらかの形で共同体の規則を破っていることを指摘し、シャーマンが治療にあたってなすべきは、病人に侵犯行為を想起させ、それを認めさせることであると述べている[3]。

コッパー・エスキモーでも、シャーマンが病人のタブー侵犯、特に死者の霊魂を侵害する行為を発見する。ここでは、たいていの病気は、シャーマンが処方した食事のタブーを遵れば、診断だけで治ると考えられている[4]。

これらの例はいずれもタブー侵犯がなんらかの形で病気の原因となることを示しているが、治療の実際については具体的な記述を欠いている。その点で次に紹介するイグルーリク・エスキモーの事例は例外的ともいえるほど詳細に治療の過程を記録している。この事例は第五次テューレ探険隊(一九二二年)が採録したもので、アグティンマリクという名のシャーマンが行った治療をJ・オルセンが記録し、その記録をもとにK・ラスムッセンが正確を期すべく前二者と検討を加えて報告している。治療は早朝からはじまり、夕方まで及んでおり、報告もその経過を逐一たどっていると思われるほど詳細にわたっている[5]。

患者はナノラックとよばれる女性。症状は重くまっすぐ立てないため屋内のベンチに横になっている。ムラ中の人間が招集されてシャーマンのアグティンマリクが彼の守護霊(複数)に病気の原因を質ねるところから治療ははじまる。シャーマンは、手袋をはめた手を前後に振りながら床の上をあちこち歩き、声音を変えてうめき声やため息まじりに話をする。ときには非常な心理的圧迫をうけているかのように深くため息をつく。彼はいう、「守護霊のアクシャルカルニリクよ、お前に尋ねる。この患者の病気はどこから来たのか。私が以前に、あるいは最近、タブーに逆らって食べた何かのせいなのか。それとも私と寝ようとした妻のせいなのか。それとも病人自身が原因なのか」。これに対して患者は「それは私のあやまちのためだ。私は自分のつとめを果さなかった。私の考えは間違っており、私の行為はよくなかった」と答える。ここでシャーマンがさえぎって続ける。「それは泥のようだがほんとうの泥ではない。それは耳のうしろにある。耳の軟骨のようだ。何か光るものがある。パイプの角か、それとも何だろう」。

ここで聴衆達が一斉に叫ぶ。「彼女は吸うべきでないのにパイプを吸った。だが気にすることはない。とりたてていうほどのことではない。彼女を許してやって下さい。タウグァ！」。

さらにシャーマンはいう。「これが全てではない。他にもこの病気をもたらした侵犯行為がある。それは私のせいか、それとも患者のせいだろうか」。患者は答えていう。「私自身のせいです。体の中、お腹がどこかおかしい」。シャーマン「家のそばに何か黒いものをみつけた。おそらく骨の髄か煮た肉、それとも、のみで砕かれた何かだろう。これが原因だ。彼女は触れるべきでない骨を砕いた」。聴衆、「彼女をその侵犯行為から解き放ってやって下さい。タウヴァ！」。このあともシャーマンと患者、聴衆の三者の間で、同様のやりとりが延々と続く。そのパターンは終始一貫している。シャーマンが、タブー侵犯にかかわることがらを、シャーマンだけに見える具体物という形で暗示し、患者に過去の体験を想起させそれを告白させる。聴衆は患者に心理的サポートを与え、患者のタブー侵犯による心理的負い目を軽くしてやる。あるいは患者自身が告白しない場合には、患者の行為を患者に代ってシャーマンに告げる。あるいは患者の体内に具体的なものの形をとって入り込んでいる侵犯行為をシャーマンに取除いてもらうよう訴える。だがシャーマンはそれらに満足せず次から次へと果てしなく患者の告白を誘導していくのである。結局この女性は三十近くものタブー侵犯行為を告白することになる。冗長に過ぎると思われるが、エスキモーの個人、特に女性がいかに煩瑣を極めたタブーにとり囲まれているかを知ってもらうために、シャーマンに見えた具体物と患者の告白、聴衆の指摘するところを箇条書き風に述べることによって先を続けよう。（以下シャーマンS、患者をP、聴衆はLと略記する）

S：細工をほどこしたセイウチの牙を持って何かを訴えている女
L：Pはセイウチに触れてはならない時にセイウチの牙で鋸先を作った
S：櫛と睫で編んだ紐
P：子供を産んだ直後に櫛で髪をすいた。その櫛を隠した
S：カリブーのなまの胸肉
L：Pは晩夏、カリブーの肉を食べてはならない時にそれを食べた
S：毛皮をはがしたアザラシ
P：アザラシの毛皮に触れてはならない時に皮をはいだ

Ｓ：上と同じようなもの
Ｌ：Ｐの夫が病後すぐセイウチの牙を抜いた
Ｓ：禁じられた仕事（春）
Ｐ：夫の震えをとめるために使用した腰帯を娘に与えた
Ｓ：Ｐはカリブーに触れるべきでない時にカリブーの毛皮に触れた
Ｌ：Ｐは月経時の女性がいる家で毛皮をのばした
Ｓ：大地が足元で動き始めているようだ
Ｐ：大地に触れるべきでない時に苔を摘んだ
Ｓ：屋外にある雪をかぶせた血
Ｐ：流産を隠していた。流産にまつわる面倒なタブーを避けるために
Ｓ：カリブーの角
Ｐ：タブーの時にカリブーを食べようとして頭部を盗んだ
Ｓ：近づいてくるが捉えようとすると消えてしまう何か。Amarualik とよばれる男が顔を赤くして何かを見せようとしている。別の男。ＳのイトコのQumangâpik. 大きな鼻をしている
Ｐ：不浄の時、男と寝てはならない時に寝た男たち
Ｓ：かすかに見えはするが全く捉えられない何か
Ｐ：雪のくる前、新しくつかまえたカリブーの仕事をしてはならない時に、靴皮にするために

カリブーの皮をはいで縫い物をした

Ｓ：舌

Ｐ：禁じられている時にカリブーの舌を食べた

Ｓ：禁じられた食べもの

Ｐ：サケを食べてはならない時にサケを盗んで食べた

Ｓ：Ｐは何かを隠そうとしている

Ｌ：たとえそうでもそれからＰを解き放ってやって下さい。Ｐをなおして下さい

Ｓ：邪悪な考えが大きな塊りのよう立ち昇ってきた。Ｐは浄められつつある。告白がＰを助け始めた

Ｌ：邪悪な考えが消えるように

Ｓ：禁じられた食べ物とカリブーの腱

Ｌ：Ｐは不浄の時に髪をすいた

Ｓ：秘密裡に行われた禁じられた仕事

Ｌ：Ｐはカリブーの毛皮の上で寝ていた時に流産してこれを隠した。夫もその上で寝ていたため、狩猟に際して不浄となった

Ｓ：スイバの花と実

Ｌ：Ｐは雪がとけて春となる前に不浄の衣服を着てスイバとベリーを食べた

Ｓ：海草と燃料のようなもの

Ｌ：Ｐは海草を焼やし、その上に脂肪油を用いて灯りを点けた。脂肪油を海草に用いるのは禁止されているのに

Ｓ：Ｐは未だ自らの非行を告白していない。Ｐ自身に語ってもらおう

Ｐ：死体に触れたのに、触れた者のタブーを遵らずそのことを隠していた

Ｓ：雪の上に何かがこぼれている。何かが注がれている音

Ｐ：雪の床に料理用の鍋から何かをこぼした（人々がサケ漁をしている時は、雪の上や、小屋の中、土の上に鍋からものをこぼしてはならない）

Ｓ：これまでずっと見えていた何か。守護霊のプンゴよ、名前をあげてくれ。それはケワタガモか

Ｐ：禁じられている時に雁の胃袋を食べた

Ｓ：始めからいつも見えている穴。半分むき出しで翼がついている何か

Ｐ：不浄で動物に触れてはならない時に娘がテントに持込んだスズメ

Ｓ：毛皮の衣服

Ｌ：Ｐは不浄の時に毛皮の上皮をだれかに貸した

Ｓ：かんで軟かくなった靴皮

Ｐ：ゴマフ・アザラシの毛皮をはいで、タブーなのに食べた

Ｓ：Ｐは今や健康に戻りつつあるのが見える。最後に一つだけ食べ物、不浄の時に寝た男、以前あるいは最近の行為、禁じられた仕事の名をあげよ。あるいはお前が借りたランプのこ

とを

P：死んだ者のランプを借りて使用した

ここでシャーマンは施療を終える。患者はすっかり消耗しており、まっすぐに座るのもやっとである。聴衆達は、患者が告白した全ての侵犯行為の刺し傷が取除かれ、それによって彼女もまもなく回復するだろうと信じて家を出る。

以上がイグルーリク・エスキモーにおける一つの治療例のあらましである。報告ではこの患者がその後回復したか否かについては触れていない。また患者の具体的な症状も明らかではない。だが本稿にとってそうした問題は本質的ではない。本稿の目的はエスキモーの治療法の効果や、病気の特定や分類を扱うことにあるのではないからである。問題は、エスキモーが病気という現象を彼らの世界のうちにどのように位置づけているか、とりわけ、病気という現象とタブーという伝統的な西欧医学では結びつきの考えられなかった二つの項の関係を明らかにすることにある。病人の症状やその部位等が具体的に記述されていないのは、恐らくはこの患者の病気が身体の一部に特定できない性質のものと考えられていたからであろう。心身二元論の前提に立ち、病気を専ら身体的現象として純化することによって自らを自然科学として定立してきた伝統的西欧医学と異り、エスキモーの医療ではまず病者の心身を統一体として把え、それを広い世界連関のうちにおく。そこで問われるのは病者のあり方一般、その体験構造なのであり、この体験構造を規定するうえで決定的な意味を持つのがタブーなのだ。上述の女性患者が告白したタブー侵犯は衣食から生業活動までに及んでおり、彼女の生活の殆どの領野が関っているといえるほどである。はじめにエスキモーがタブーをどのようなものとして把えているか、タブーの起源を語る神話を手がかりにして明らかにしてみたい。ネツィリク・エスキモーはタブーの起源を次のように説明している。

かつて人々は土によって暮らしをたてており狩猟の対象となる動物をもたなかった。今日われわれが遵らなくてはならないタブーは存在しなかった。なぜならいかなる危険も彼らを脅かすことがなかったからだ。一方楽しみもなかった。だがある日一人の少女が海に投げこまれて海の精霊となり、獲物をつくった。人々が愛しかつ怖れる一切は彼女に由来する。すなわち食料、衣服、飢え、不猟等。そして彼女のおかげで人々は、生活を面倒なものにしているあらゆるタブーを考え出さなければならなかった。(6)

短い話ではあるがこの神話からエスキモーにとってのタブーの本質が端的に読み取れよう。注目すべきはタブーが狩猟に起源しているという点である。狩猟はエスキモー世界の意味の結節点ともいうべき根源的行為である。エスキモーの食料や衣料、そして住居の重要な部分は狩猟によって獲得された動物から成っている。彼らを取りまく自然環境も、純粋に客観的に存立するものとしてあるのでなく、狩猟条件の適・不適という観点から意味を帯びてくる。だがエスキモーと動物との関係はそうした技術的・実用的な次元にとどまるものではない。動物は単に彼らの胃袋を満たすだけの存在ではないのだ。動物は人間と同じ本質＝霊魂を具えた存在であってたんなる〝もの〟ではない。人と動物は本質的には同じであって相違は姿形という外的なものにすぎないという観念は、人・動物相互変身の説話、さらには喪失した病者の魂の代りに動物の魂を置き換えることによって病気が治るという信仰等によく示されている。要するにエスキモーにとって動物とは人間の技術的・実用的利用の対象以上の象徴的次元での存在者でもあり、そこには実用的次元での合理性を犠牲にしてまでも優先される論理がはたらくのである。既に筆者はこうした人と動物との関係がエスキモー世界の存在者を分類し、秩序づける上での基本的な枠組となっていることを呈示している(7)。そこでの要点は、まず狩猟／非狩猟行為の対立がエスキモーの時間経験の根底にあり、年間の時間は猟期と間猟期の対立から構成されること、女性の針仕事によって規定される間猟期の存在が夏と冬という二つの季節概念を創り出しており、この二つの季節の対立は主要な獲物の対立に対応するものであることであった。さらに空間についても、人／動物の対立が空間の最も基本的な次元である内／外を分節し、外の空間は主要な動物の対立に対応して海と陸に二分されることを示した。そしてこのような基本的な分類構造を脅やかす類の行為を禁止・排除することによって、分類構造の輪郭を明確なものとして保持する点に、タブー・システムの客観的な意味を求めたのであった。イグルーリク・エスキモーの女性患者が侵犯した三十近くのタブーもこうした解読格子をあてることによってその意味を読み取ることが可能である。

この神話はまた、エスキモーにとってのタブーがもつもう一つの側面についても示唆的に言及している。すなわち、自然に対立する文化としてのタブーである。神話では、タブーがつくり出される以前には、人々は土によってくらしを立てていたという。土を食べる、あるいは土から子供を得るというモチーフは、エスキモーが反文化の始源的状態（＝自然）を措定する際に好んで用いられる象徴となっている。従ってタブーの非在が土と結びついて語られていることは、逆にいえばタブーの獲得がすぐれて文化を象徴することに他ならない。その意味ではタブーを侵犯する行為とは文化から自然への頽落を意味する。上述の女性患者が犯した行為はいずれも自然の側に分類されるべきなまの行為とされる。彼女は髪をすきたい時に髪をすき、サケやベリーが食べたければそれを食べ、男と寝たくなれば男と寝る。また差し迫った必要があれば、セイウチの牙に細工をしたり毛皮をはいだりの仕事をする。流産にまつわるタブーの煩雑さをきらってそれを秘匿する。これらの行為はいずれも個人のなまの欲求、必要にまかせた行為である。彼女と彼女が関係したものとの間にはなにものも介在することはなかったのである。これを裏返せば、個人の行為すなわち人と世界の事物との関係はその間にタブー・システムを介在させることによってはじめて文化の側にもたらされるのであるといえよう。一切の行為はタブー・システムという一種のフィルターを通すことによって構造化された世界にはめ込まれ、文化的な意味賦与がなされるのである。しかもこのフィルターは個々の人間に先立って常に既に存在しているもの、その起源は神話的にしか与えられない性質のものであり、人々の私的な行為が社会化される媒体ともなっている。

タブーの存在意義をめぐる以上の考察は、タブー侵犯と病気という二項の関係についての見通しを与えよう。すなわちタブー侵犯をしてその結果病気になった（とみなされた）者は自らの内なる野生をドメスティケートし損なった者、自らを分類構造としての文化へ止揚できなかった者であると云える。その意味では、病気を次のように定義できよう。病気とは構造の埒外《らちがい》に置かれた状態である。すなわちエスキモーにとって病気とは身体的次元にのみ位相するのではなく、個人と世界のかかわりのありよう＝体験の次元の現象なのである。

ところでこの定義における「構造の埒外に置かれた状態」は病気だけに限られない。エスキモーでは個人を構造の埒外に連れ出す契機は他にも用意されている。妊娠中や出産、初潮、死などの契機、換言すれば他の社会にも共通してみられるリミナルな状況がそれである。こうした状況は一般に非構造的なものとしてしばしば構造とは時間空間的にはっきり区別される手だてがとられる。エスキモーではリミナルな状況を構造から区別してマークするのに様々なタブーを適用する。病者に対して、イグルーリク・エスキモーは次のタブーを課しているが、これは妊娠や月経時の女性、死者の近親者等に適用されるものと原理的には変りはない。

1. 家の中に病人がいるときは天井（雪小屋）から落ちるしずくをぬぐってはならない。
2. 氷窓についた霜をとってはならない。
3. 屋内を掃除してはならない。
4. 回復後五日間は仕事をしてはならない。
5. 子供が病気の場合、父親は働けない。

1から3のタブーにみられる天井のしずく、窓の霜、屋内の乱雑等はいずれも病者のいる空間の仕切りをあいまいにする要素をあらわしている。病者の属する空間が秩序を欠いた非構造のものであることをしるすべくこれらのものを排除することを禁ずるのである。4と5では、病者とその近親者の属する空間を健康人のそれ、すなわち日常的空間＝構造から遮断する。いずれに共通するのも病者とその場を不浄なものとすることによって健康で浄なる世界からいったん分離することである。要するに病者をめぐるこれらのタブーは、病者とその他の世界との関係をまず明確にしておき、浄化＝構造への再統合という次なる治療の方位を定める機能を果しているのである。

これまでの考察でタブー侵犯と病気との関係がある程度明らかにされたと思うが、次に前項の末尾で示唆的に示された治療の問題をエスキモー世界の構図の中に定位してみたい。ここでとりあげるのは治療者としてのシャーマンである。はじめに紹介したイグルーリク・エスキモーのシャーマンは暗示、心理的圧力など様々な心理的テクニックを用いて患者の告白を導いてゆくが、ここではそうした治療者シャーマンの技術的側面を扱うのではなく、シャーマンがエスキモー世界でどのようにして治療者として位置づけられているのかという視点から考察してみたい。

イグルーリク・エスキモーは最初のシャーマンの出現を次のように語っている。

大昔人々は闇の中で暮して狩りすべき動物を持たなかった。彼らは貧しく、無知で今日の人々よりはるかに劣っていた。彼らは今日のように食べ物を求めてさまよっていたが今とは全く異なった仕方であった。キャンプをするとつるはしのようなもので土を掘った。彼らは大地から食料を得ていた。土に依って暮していたのである。彼らは今日ある獲物を一切知らず、そのために我々が狩りをして、他の魂を殺害することによって生きていくという事実から生ずる危険から身を守る必要がなかった、従って彼らはシャーマンを持たなかったが、病気は知っていた。最初のシャーマンの出現を導いたのも病気の怖れである。

遠い昔に賢者が現れ、皆が理解できない物事を明らかにしようとした。この頃シャーマンは存在せず、危険や邪悪なものから身を守るべき生活のルールの一切について無知であった。この世で最初の護符は、ウニの貝ガラであった。これに穴が開いていたのでイテック（肛門）とよばれていた。これが最初の護符となったのはそれが特別の治療力を宿していたためである。ある者が病気になると他の者が傍に座り患者を指す。それから一人が表に出て残ったものが手のひらをくぼめて患部を抑え同時に別の手のひらで病人が治される方向から息を出す。これによって風と息が一体となって体内に発するすべての病気を治すことができる力を結びつけると信じられていた。

この様にして皆が医者でシャーマンの必要はなかった。だがたまたまイグルーリクに飢饉があった。多くの者が飢えて死に、残った者達も皆苦しんでいた。そんなある日人々が一軒の家に集ったとき、一人の男が寝所のうしろの皮のカーテンの背後に行かせてくれと云った。彼は「海獣の母」のところへ下降するという。彼はいった通りに大地に潜って行った。彼が非常な孤独な状態でコンタクトした精霊達が助けてくれたという。こうして最初のシャーマンが出現

	飢饉以前	飢饉以後
明／暗：	−	＋
食　料：	±	動物（とりわけ海獣）
優／劣：	−	＋
タブーの有無：	−	＋
治療者：	全員	シャーマンのみ
治療法：	獲符 風と息	シャーマニズム
言語：	共通語	共通語＋シャーマンの言語
他界の有無：	−	＋
霊的存在者の有無：	−	＋

した。彼は「海獣の母」のところへ行って獲物を持ち帰った。そして飢饉は豊猟に席をゆずり、人々はまた幸福になった。のちにシャーマン達は隠れたものごとに関する知識を拡げ人々を様々な仕方で助けた。彼らはまた精霊達との交渉でのみ使用される言語を発展させた[8]。

この神話では飢饉を境にして世界の存在様式が大きく転回する。これを二項対立的に整理して得られたのが上の表である。

飢饉以前の諸項を特徴づけているのは、世界の差異化されない存在様式、つまり自然であり、飢饉を転回点としてこれを克服したシャーマンが差異化された世界＝文化を導く。シャーマンは自然の文化への転換者、文化英雄の役割を果しているのである。また飢饉とは人々とその基本的生活財である動物との関係が阻害されている状態、いわば宇宙論的次元での構造の異常であるとすれば、飢饉を克服した神話の中のシャーマンとは構造の修復者に他ならない。現実においてもシャーマンの主要な機能として病気の治療の他に悪天候を鎮める、不猟＝飢饉という共同体の危機を救うことがあげられる。

例えばこの神話でも言及されているように、シャーマンは不猟の際にはセアンスを行って海底にすむ「海の動物達の主」のもとに下降することが期待されているのである。不猟とは、エスキモーにとっては、この海の底にすむ女神が人々の犯したタブー侵犯に腹を立て、配下の動物を海底に収容したことの結果であると考えられている。海底に下降したシャーマンは海の女神の髪をすいてやる（彼女の髪には人々の犯した侵犯行為の数々が垢となってとりついているといわれている）。手の指のない女神は自分ではすくことができないのでシャーマンがすいてやると機嫌を良くする。そこでシャーマンは彼女から地上の人々の侵犯行為を具体的に聞き出し、地上に戻ってから当人達にタブー侵犯を告白させる。かくすることによって動物達は再び人間の猟場に戻ってくると期待されるのである。

雪嵐などの天候の異常もタブー侵犯に帰因すると考えられており、この場合もシャーマンが天候を回復するためにはたらく。

ネツィリク・エスキモーでは、女性が月経や流産を秘匿すると、ナルスクとよばれる天候を司さどる精霊が罪としてそのムラに雪嵐を見舞う。悪天候が何日も続くとシャーマンがセアンスを行いナルスクのいる空中に飛翔しこれと闘ってしばりあげると天候がしずまると云われている。(9)

これらの例が示すように、エスキモーではタブー侵犯は個人の身体のレベルから共同体、さらには宇宙論のレベルの構造の異常とも結びつけて考えられており、しかもそれへの対応までが同型である。その意味では病気とその他の異常現象とを区別する論理は持合わせていないといっても過言ではない。要するにシャーマンとは様々なレベルでの構造の異常を修復する者、言葉の最も広い意味での治療者なのである。

さて、先にも述べたように神話ではシャーマンは飢饉以後に現出する差異化された世界の存在である。シャーマンによる病気の治療とそれ以前の、風や息によるだれもができる治療との相違はその背景となる世界のあり方にかかわるものである。飢饉以前の差異化されない平板な世界にあっては病気に形而上的な「背後」は存在しなかった。これが飢饉以後の世界では、世界に霊的な次元＝他界がつくり出され、病気はそうした「背後」をもつ現象となる。この「背後」は常人には拒否された次元であり、シャーマンだけがこれを視ることができるのである。シャーマンが具えているこの「背後」を視る能力はそれではどこに由来するのであろうか。

シベリアその他のシャーマンと同様エスキモーにおいてもシャーマンは自らを極限的状況に置くことによって常人にはない能力を身につけると考えられている。イグルーリク・エスキモーではシャーマンはアガコック、人をしてシャーマンたらしめる本質はカウマネックすなわち「照明」、「悟り」を意味する語でよばれる。シャーマンは入巫の過程で突然体内に一種のサーチライトを経験する。これが彼に闇を通してものを視る力を賦与する。シャーマンには、常人には閉ざされた視覚の次元が開けているのである。(10)

この他にもシャーマンの治療者としての資質を補強するものとして、自らの身体を「骸骨」として幻視する能力がある。彼は極度の精神の集中状態において自らの身体から血と肉をはぎとって骨だけにして、骨の各部位の名をあげていく。この能力をもつ（とされる）ことによって彼は人間の体内が見透せるレントゲン器械のような存在になる（と考えられている）。かくして彼は内科的疾患も診断できるようになる[11]。

このようにシャーマンは通常の物理的世界を視覚的に超越する能力によって常人と区別されているが、その他にも彼は霊的世界と交渉する能力も有している。シャーマン自身にも不可解な現象に対しては、彼はシャーマンだけに使用できる聖なる言語をもちいて守護霊などの霊的存在者と交渉して、他界のメッセージをこの世に伝える。またセアンスのさ中に彼自らも海底、空、月など常人には近づけない空間を往来することができる。

シャーマンの能力をめぐるこうした表象がシャーマンをして常人と共有する次元を超越させ、多次元的な世界の構造をつかむ者たらしめるのである。その結果彼は、世界の構造の異常箇所をみつけ出し、手当することが可能な多面的な治療者となる。

註

（1）Spencer 1957 : 305.

（2）Boas 1907 : 124ff.

（3）Bilby 1923 : 225.

（4）Jennes 1922：171.
（5）以下の記述は Rasmussen 1929：133-141を要約。
（6）Rasmussem 1931：212ff.
（7）岡一九七九参照。
（8）Rasmussen 1929：110ff.
（9）Rasmussen 1931：226.
（10）Rasmussen 1929：112ff.
（11）Rasmussen 1929：114.

参考文献

岡　千曲
一九七九「アザラシ・カリブー・サケ―中央・エスキモーにおける世界構成と動物をめぐるタブー」『相模女子大学紀要』42Ａ（本書所収）
Bilby, J. W.
1923 *Among Unknown Eskimnos.*
Boas, F.
1907 *The Eskimo of Baffin Land and Hudson Bay.*
Jennes, D.
1922 *Life of the Copper Eskimos*
Rasmussen, K.
1929 *Intellectual Culture of the Iglulik Eskimos*

1931 *The Netsilik Eskimos*

Spencer, R.

1957 *The North Alaskan Eskimos*

極北の石こすり

前世紀の末頃から今世紀の初頭にかけて東グリーンランドのアマサリク地方に住むエスキモーを訪れたホルム、タールビッツァー、ラスムッセンらは期せずしてこの地方のシャーマニズムの最後の局面の目撃証人となった(1)。

彼らの書きのこした資料によって我々はかつてのアマサリク・エスキモーのシャーマニズムの概要をある程度知ることが出来るわけであるが、なかでも興味をひくのは石こすりの行《ぎょう》に関する記事である。この行はシャーマンのイニシェーションの過程でかなり広く行ぜられていたものとみえ、ホルムらの報告をみると多くのシャーマン行者がこれによってさまざまな護法を獲得するに至ったようである。例えばタールビッツァーはこう報告している。

はじめに行者は海草を採りに干潟にでかけそれで全身を洗う。そのあとで内陸奥深く分け入り、山間の湖や川の近く、あるいは急な斜面や洞穴をみつけそこで表面が平らな大きな石をさがしてそれをもう一つの小さな石でこすり合わせる。二つの石の間に小型の甲殻類をはさんですりつぶすこともまれではない。行者はなにかが起ることを期して何時間も円を描いてこすり続ける。と突然湖から一匹の熊が出現して行者を喰べる。彼は気を失って「死ぬ」。熊は彼を何度も吐き出して立ち去る。何時間か経って意識を取り戻したあと、彼の骸骨は再び肉をつけさらに衣服が一つずつ彼に向ってとんでくる。その後も毎年夏になるとこの行を続け様々な護法を獲得する。(2)

ラスムッセンの聞いた話もこれと大筋ではちがいはないが、怖るべき自己解体の瞬間に至るまでの行者の心身の内外に展開される光景の描写はより具体的である。

行者の行が進んだ段階に達すると湖や干上った湖床へでかける。そこは日の光が届かない所でなくてはならない。ここで彼は仰向けになって岩の上で石（行者が男なら黒い石、女なら白い石）を円に描いてこする。その際岩の上には湖や大地の小動物を置いてこれをあとかたもなくなるまでこすらなくてはならない。殆どの行者は何日も続けてもなにも見ずに終る。だがある日、行者は虫がブンブン鳴くような音を耳にする。その音は次第に大きくなりだんだん近づいてくる。湖に波が立ちその波は岸部に打ち寄せるが、中央部は静かな水面に一陣の風が吹きつけたようにあちこち波立っている。そしてそこが湖のへそのように渦が立ちのぼる。これが起った時には何かをみることが期待できるのだ。行者が座っていた場所は遥れ始め、湖の方へ次第に沈んでいくようだ。湖心の水は盛り上ってドームのようになり今にも爆発しそうになる。それが一瞬おさまった時一匹の熊もしくは犬のようなものが中から現れる。それは行者に向って左から右へゆっくり振り向く。行者は恐怖のあまり逃げ出そうとするがそこから動けなくなって観念する。彼はこの巨大な怪物が湖の中からだんだんと近づいてくるのを見て恐ろしさで無力になる。その間彼のいる大地はますます熊に向って沈んでいく。突然熊は岸辺の方に身を投げ出して水中から出る。それはやせた怪物で犬か熊のよう。脚は短いが、頭は胴体にくらべると異常に大きく長い鼻面をしている。それは行者がいた所に上陸すると行者のあとをつけ大きな足跡を残しながら近づいてくる。しばらくしてそれはまっすぐ行者へとふり向きさらに近づいてついには彼の全身にあごを拡げ歯で彼を捉え空中に放り上げる。さらに落ちてきたところにとびかかりアゴでつかまえてまた放り上げる。これを三回くり返す。熊が四度目にアゴでとらえた時行者はまた放り上げられるかと思うが今度はそうではなく彼を喰べ始める。それから彼は気を失う。どれだけの間そうしていたかは分らないが我に帰ったとき一つの声が「キキアキアガガ」という同じ言葉を何度も繰しているのが聞こえてくる。それは彼の護法で、彼を生き返らせようとしていたのだ。(3)

石こすりとはちがう手段によって決定的な時間を迎えた行者もいる。ある行者は他人から再三にわたってひどい仕打ちをうけたあげくシャーマンになる他ないと決心を固めた内陸氷河に接している湖にでかけた。

彼は氷河の反対側の方向に石を投じ、その都度大きな声で叫んだ。だが石を矢つぎ早に投げ続けてもなにごとも起らないので疲れ果ててやめて帰ろうとした。ところがそこを立ち去ろうとした時、最後の一投で生じた波が鎮まらないでいる。それどころか波が湖全体に拡がって岸辺に及ぼうとしていることに気づいた。そこでまた投石と叫び声をくり返していると波はさらに大きくなり湖の中央に渦がまいた。突然そこから一匹の白い熊があらわれこちらに背を向けて立上ったりしゃがんだりしていた。その熊の脚は異様に短く、鼻面は巾広くて長かった。はじめ彼は逃げ出そうとした。だがこの怪物を徹底して招び出してみようと思い直してその場にふみとどまることにした。熊がこちらを向いて歩き出した時には死ぬほどの恐怖を覚えたがなんとか自分を落着かせて静かに立つことができた。その熊は顎を用いておそいかかり彼は熊に喰べられる前に気を失ってしまった。しばらくして「起きろ」という声がして目を覚ますと二人の矮人がまわりをうろついていた。素裸の自分に気がつきこのままではムラに帰ったとき自分が何をしていたか皆にさとられてしまうと心配していると、突然上衣が傍らに落ちてきてつづいてズボンも落ちてきたのでそれを着て家に帰った。翌日も同じ所へでかけたが今度は最初の一投を行うや否や怪物の熊があらわれ、逃げようとはせずに喰べるにまかせた。彼はこれを三回体験した(4)。

さらにラスムッセンは山びこを利用した行の例をあげている。この行では行者は早朝に内陸深く入り込み海が見えなくなる地点まででかけるという。彼らは高山の谷間にある、山びこがよく響く場所を見つけそこで大声をあげ続ける。この行を何日も続けてある日彼は自分の声のこだまとは異なる声を耳にする。声は次第に近づいてきてやがて見知らぬ人間があらわれて自分に触るようにいう。これを三度繰返すとその男は彼の護法になるという。(5)

これらの行が目指すものはなにか。簡潔にいえば自我の解体、精神の構造の組み替えである。あの怖るべき態のモンスターが行者をかみくだくとき彼のそれまでの世俗的自我は解体して「死ぬ」。そしてバラバラの骨が再び組み直されて肉をつけるとき行者の自我は以前とは異なる構造をもったものとして再生する。さらに付け加えるならばこの新しい裸の自我は衣服をまとい直して再び社会に入ってゆくのである。したがって骨から肉そして衣服へという過程は自我のより本質的な中核から社会的自我へと表層化する過程を端的にあらわしているといってもよい。

それではなぜ行者は自我の解体というとてつもない企てに乗り出していくのであろうか。それは行者が自らの本然の自己に出会うためである。この本然の自己は、世俗的なあり方では触れることのない意識の内奥部にあり、意識の表層部を鎧っている固い外殻に包まれいると考えられている。この外殻は行者の自我が社会化し文化的世界に組み込まれていく過程で形成される。とりわけエスキモーの世界では煩雑なタブー・システムが至るところにはりめぐらされており、これを介することによって意識の運動は回路化されている。(6)

このタブー・システムが内在化して自我の外殻を形成し、野生状態の意識を飼い慣らすのに一役かうのである。そうなると意識はもはや世界をじかに捉えることは出来なくなってくる。個人の心の内と外は硬い界膜によってへだてられた状態に置かれるのである。

そこで行者に課せられるのはこの界膜あるいは自我の外殻を摩耗し亀裂を入れることだ(7)。その点で二つの石の間ですりつぶされる甲殻類はアマサリクの心理学が産み出した実に効果的な象徴なのである。あの甲殻類が行者の自我の外殻をあらわしていることはいうまでもない。さらにこれをすりつぶす二つの石は、行のクライマックスで行者を喰いつぶす巨大な熊の顎でもある(8)。

行者はその瞬間に起るできごとについてあらかじめ先達のシャーマンから予備的な教示を授けられている。石こすりはそのイメージを観想の力によって現実化するのを助けるのである。くる日もくる日も繰り返される単調な腕の不断の円運動は次第に観想エネルギーを高めてゆきこのエネルギーによって行者の心の内と外をへだてる界膜は薄くなり浸透性を帯びてくる。そして決定的な瞬間に意識の外殻に亀裂が走り内奥の意識ははじめて外界へと直接流れ出すのだ。その時の模様をサニムイナクという名のシャーマンはこう述べている。

春になって私はまた同じ場所へでかけ石こすりをした。疲れ果ててもうこれ以上は続けられなくなったとき二つの石はひとりでにまわり続けた。その時地中から矮人が出て来て日の出の方を向いた(9)。

ひとりでに石がまわるということは、腕に円運動を命ずる自我の感覚がなくなったことを意味する。そして自我感覚がそれほどまでにすりつぶされた時心の内と外をへだてる障壁がとりはらわれて行者は地中から出てくる矮人を観るのだ。

自我の摩耗解体をピークとする意識の変容状態へと行者を導く手段は石こすりだけではない。湖への投石というしごく単純な行為もアマサリクの心理学が編み出した効果的な技法である。他の行もそうであるがこの場合もまず行場の地形が重要な意味を帯びている。つまり湖は人間の意識という目にみえないものに形を与えこれを地形化しているのである。湖の水面には意識の表層が投影され水中は我々の意識の内奥にある未知の領界をあらわしている。行者は絶え間ない投石によって意識の表層（水面）を打抜き内奥部（水面下）に達しようと企てる。その際行場の地形が意識というものに近似的であるとすれば心の中の光景と外の世界の光景の差異が小さなものになることは明らかであろう。心の内外を分かつ障壁がとり払われて湖面に立ち起った波が心内で生じたのか外で生じたのか定かに判別できなくなるような意識の変容状態への移行がこれによって容易になるのである。

ラスムッセンが紹介している山びこの行でもその心身変容の効果は明らかだ。この場合は通常の意識が鋭く区別している外界の音響と自らの声との差異を極少化する試みである。絶え間ない発声とその反響を交互に繰り返していくうちに次第に行者の耳は内と外を判別できなくなっていくのである。

こうした変容状態の最初の兆候は前掲のラスムッセンの例ではブンブンという蜂のような鳴き声であった。これを耳にした時行者の鼓膜はもはや内部と外部を区別できなくなっている。次いで行者は湖面に波が異様な立ち方をするのを観る。この時は自我の外殻に亀裂が入った瞬間だ。内奥の意識は亀裂を通じて外の世界と直接触れることになりゆらぎ始め外へ流れ出ようとする。だがその流れは定まったかたちを持たず湖面に生じた渦巻きにみられるような運動をする。それまで意識は外殻というフィルターを介してしか外を経験する他はなかった。このフィルターは構造化した格子をもっているため意識の流れは常に回路づけられていった。だがこの回路の構造が今や解体してしまったために意識の運動はせいぜい渦巻き状のかたちをとらざるを得ない、あるいは意識がその本来の自然状態における運動のかたちを取り戻したというべきか。

さて湖の中央から湖全体へとひろがってゆく波のようにして外の世界へと流出していく意識は何を観るのであろうか。それは自然を観る。だが今までとは別様に観るのだ。自己解体を経た行者の知覚の構造はすでに変容しており、彼の知覚や思考からは習気ともいうべきものがはぎとられてしまっている。分類し概念化を行い、コミュニケーションを可能にする思考の習慣的構造が変容してしまったのである。行者を世界からへだてる界膜はすでに浸透性に充ちたものとなっている。人々には自明のものとなっている分類、すなわち自己と世界、人間と動植物、鉱物、気象、大地、大気等を仕分ける仕切りは彼にはもはや確かなものではなくなっているのだ。今や自然は彼の前に全く見慣れない顔をのぞかせる。様々なグロテスクな姿をした霊とはそのような自然の相貌にほかならない。行者はものごとにありきたりのかたちや意味を与えている思考の習慣を失ってしまったのだからそれらがグロテスクに観えるのは当然である。行者が観る霊は、海底にいて一切の海獣を司っている汎エスキモー的な霊セドナや人々のタブー侵反に制裁を加える月の男のような霊ではない。

セドナや月の男などは人々の共同主観によって上方や下方に超越させられた霊である。だがイニシェーションの過程で行者が観るのはこれとは異なりすぐれて個人的、状況的な霊なのだ。さらに行者は霊に出会うとこれを自分のものにしなくてはならない。そのためには霊をただ観るだけでなくそれに触れなくてはならない。怪物の態に喰べられるのはその接触の極限を示すものである。

さらに霊というものが、行者の変容した意識が見出す、通常の意識には隠された自然の相であるとすれば、霊との接触が意味するものは行者と自然との融一でもある。高名なシャーマンとして知られていたアヴホと山の矮人の霊との出会いは次の様なものであった。

彼はあるとき湖の近くでカヤックで遊んでいたとき、水の中に自分以外の者の影が映っているので振り向くと小さな男の子が立っていた。よく見るとヒゲを生やした大人だった。実はこの男は「山の矮人」で彼をとある山の頂きに連れて行っていうには「お前は今やシャーマンになるための行をしなくてはならない。おれが手伝ってやろう。お前の身体はとても輝いているから霊たちはすすんでやってくるだろう。彼らを怖れてはいけない。お前が恐がったら向うも怖気づく。今俺はお前に触るよ。そしてお前が俺に触ったとき俺はお前の護法になろう。」アヴホは荒野の矮人に触った。その時から荒野を歩いていてよくこの矮人に出会ったという。(10)

常人の目には閉ざされた自然も聖なる視力を備えた行者には自らすすんで開いてゆくのである。そして行者もこれに応えて自らを開き委ねたとき霊は行者の護法となる。行者の意識は自然と融一することによってこの世界を支配している時空物質性の因果のくびきから解き放たれ、それによって彼はこの世界とその背後に位相する霊妙な世界との間を融通無碍に往来できる存在、すなわちシャーマンと成るのである。

註

（1）一八八四年、ホルムひきいるウミアク探検隊が東グリーンランドのアマサリク地方で越冬したときここには一二人のアンガコク（シャーマン）がいたという。その一〇年後デンマークがこの地方を植民したときもその数は変らなかったが、タールビッツァーが一九〇五年から翌年にかけて滞在した際にはアンガコクは半分以下の五人に激減した。それから一〇年後にこの地方を訪れたラスムッセンにとってアマサリク地方のエスキモーのシャーマニズムはすでに伝承世界に属するものになっていた。

（2）Thalbitzer, W 1965：431-432.

（3）Ostermann,H 1938：106-107.

（4）ibid：111-112.

（5）ibid：105

（6）岡一九八四参照。

（7）のちにとり上げるシャーマンアヴホがそうであるがシャーマンになろうとする少年達の自我の外殻は生まれつき薄くてもろいようである。山の矮人の目をひいたものもこのうすい外殻を透して光る本人の本然の自己であった。

（8）Kalweit, H 1984：106-107.

（9）Holm, G 1912：299.

（10）Ostermann, H 1938：119.

参考文献

岡 千曲
一九八四「タブー・病気・シャーマニズム」『相模女子大学紀要』47 A（本書所収）

Holm, Gustav
1911 Ethnological Sketch of the Angmagsalik Eskimo. in W. Thalbitzer, ed. *The Ammassalik Eslimo.* Copenhagen.

Holm, Gustav and Johann Pefersen
1912 Legends and Tales from Angmagsalik. in W. Thalbitzer, ed. *The Ammssalik Eskimo*. Copenhagen.

Kalweit, Holger
1984 *Traumzeit und innerer Raum*. Bern : Schrz Verlag.

Ostermann, Hother ed.
1938 *Kund Rasmussen's Posthamous Notes on the Life and Doings of the East Greenlanders*. New York : AMS Press.

Thalbitzer, William
1965 Shamans of the East Greenland Eskimo. in A. L. Krober and T. T. Watermann eds Source Book of Anthropology. New York.

六根清浄
――秋の峰と内的浄化

即身即仏と胎内修行

本稿は、羽黒派修験道の「秋の峰」という修行・儀礼複合を「六根清浄」をキーワードにして読み解く試みである。「秋の峰」はテキストとしては「即身即仏」、「十界」あるいは「死と再生」などをキーワードにする読み解きもこれまでしばしば試みられてきた。こうした仏教的或いは民俗的概念は確かに整合的かつ包括的に修行・儀礼のプロセスを説明することが出来ている。

修験道の峰入り修行の究極の目的は教義の上では即身即仏にあるとされ、羽黒ではこの境地に至るプロセスが十界修行となっている。秋の峰の個々の修行・儀礼は十界、すなわち地獄から始まり、餓鬼、畜生、修羅、人、天、声聞、縁覚、菩薩と経て仏に至るそれぞれの界に充当されている。また峯中で用いられる様々な法具、衣体、儀礼的身振りやしぐさ、さらには道場や山岳などの空間もその細部にわたって、即身即仏という修行目的をめぐる抽象的な密教哲学の具体的な所記として、ときにこじつけと見まがうばかりに、象徴的意味付与が施されている。

だが一方にはこうした密教的シナリオと重ね合わせるように別のシナリオも用意されている。秋の峰を胎内修行として位置づけ、擬死再生というイニシエーション儀礼には普遍的に見いだされるモチーフを主題とするシナリオである。入峯修行者はこのシナリオに則り、まずオイカラガキという自身の葬儀によっていったん「死んだ」のち男女の交わりを擬した梵天投じによって受胎し、さらに山岳道場＝胎内で血肉骨などを順次備えて生育してゆき、修行の最後では産声を上げて誕生する。当然のことながら、このシナリオでは、法具、衣体、儀礼的しぐさ、空間には密教的なものとは異なる象徴価が与えられている。

それではこの二つの相異なるシナリオの関係をどう見るべきか。なぜ二つ用意されているのか。一見したところ両者は互いに脈を通ずることのないそれぞれ別個の系列をなしているように思える。これを歴史的先後の観点から見るとこうなる。まず擬死再生というイニシエーション的基盤が先にあって、それを後発外来の密教が哲学的に組織立てることによって両者はうまく習合した。両者の関係はあくまで歴史的な機縁によるもので、内在的な関係にはないのである。だがこの習合が首尾よくいっていることは、秋の峰が千年余にわたって様々な変更を加えられながらも連綿しているなかで修行思想の柱ともいうべきこの二つのシナリオには本質的改変が見られないという事実がよく物語っている。

では、十界修行を経たあげくの即身即仏という密教的シナリオと擬死・受胎・生育・誕生の民俗生理学のシナリオの両者がうまく重ね合わされたのは何によるのか。そこには修験道的思考の面目が遺憾なく発揮されているように思われる。修験道の思考には、哲学的な教理や概念を抽象的思弁のうちに留めさせない、それを出来るだけ、直接・具体の心身的体験に引きずりおろそうとする力がたえず働いているかのようである。即身即仏をめぐる密教教理はたとえ難解ではあっても知的に理解することは可能である。だが修験者はそんな頭の中の理解では満足しない。ほかならぬ自身のこの身が仏なのだという実感、心身にこれだとぴんとくるような了解の方がはるかに切実なのだ。擬死再生の胎内修行というシナリオはこうした具体的了解をするうえですぐれて効果的である。たしかに即身即仏という修行目的は究極の救いを求めるものにとってははなはだ魅力的なものである。だが仏になるとはどのような境地を指すのか。即身即仏という修行理念には「即」があらわすような速度、近さといったものが強調されてはいるが、悟りの手前にある多くの修行者にとってはこれをたとえ法具・衣体等に象徴的意味づけをほどこして説いたところで実感としてピンときにくい。

教理的説明はさておき、仏になるとはある面ではそれまでの世俗的な存在の仕方をあらため、聖なる存在として「生まれ変わる」ことである。このように俗から聖への転換を生まれ変わりのメタファーで捉えることは我々の自然言語では半ば無意識のうちに用いられ、それにとって代わる表現を見つけるのが困難なほどだ。秋の峰で即身即仏のプロセスに胎内修行のシナリオが重ねられる根拠の一つがここにある。また即身即仏の理念にとっては宇宙・大自然を象徴する大日如来と一体であると観じることが必須の要件を為す。この神秘的合一はこのシナリオでは男女の性的交わりになぞられて説明されるが、合一を体得するには、この方が三密相応などの教理によるより端的である。さらには、峯入り前のあるいは仏以前の世俗的な自己を否定するのに「死」のメタファーを用いることも同様だ。

このように胎内修行のシナリオは修行の目的を端的によりリアルに体得させるという点で密教教理と相互補完しあう関係に立っている。この点に関して宮家準は、秋の峰の構造を法具、家屋、儀礼などから抽出した擬死再生というイニシエーション的モティーフをもとに捉えた上で、擬死再生の主題の機能として、修行目的である即身即仏をよりリアルに体得させる点を指摘している。

六根清浄

即身即仏とは我々の日常世界を構成している意識の潜勢力＝習気を剝ぎ取ることであり、それによって一切の自然（密教ではこれを大日如来によって象徴する）と通ずる超個的な自己が立ち上がるということに他ならない。これを一方では、哲学的厳密さを持った抽象的な密教教理やそれに則って意味を付与された象徴をもってあらわし、他方は我々の誰しもが体験する性、出産、死といった卑近な生の事象に即してあらわそうとする。だが秋の峰にはこの両者とは通底するもののそれらとは位相を異にするモチーフが見え隠れしている。それが六根清浄、すなわち内的或いは霊的浄化なのである。

宮家はその大著『修験道思想の研究』のなかで「修験者は、峯入り修行によって、神秘体験のうちに宇宙そのものを神格化した崇拝対象と一体化したと観じることによって、即身、即身の境地に達する」と述べた上で、こうした不二の体験の根底にあるのが深い清浄感であると指摘する。金胎一致、理智不二、無相三密、阿字本不生といった密教教理の根底にもいずれも清浄心が認められるという。さらには修行の目的は、絶対不二という密教的境地だけでなく、その根底に潜む清浄感を得ることであるとまでいうのである。それではこの清浄感は秋の峰においてはいかにして得られるのか、浄化の観点から秋の峰の修行・儀礼を読み直してみることにしよう。

まず六根清浄について『修験道辞典』はおおよそ以下のように説明する。「六根清浄とは眼根などの六根に伴って生じた罪垢を取り除き、自らを清浄にすること。修験道では修験の修を本有法性の智、験を行としている。このため、必然的に行を修めれば真実の世界、真如の世界が現れてくるということになる。ところが現実に我々を迷わせているのは、六根により生ずる罪垢である。それゆえ六根を清浄にすれば自ずと真実の世界が現れてくることになる(1)」。

秋の峰で六根清浄を口にする場面はいくつかある。麓の正善院から山中の道場荒沢寺に至る道中とその帰りには左にみる駈念仏を法螺貝に合わせて唱和してゆく。

南無阿弥陀仏　六根清浄
お山御繁盛　大願成就
天神地祇

これは一応念仏ではあるが「南無阿弥陀仏」よりは「六根清浄」のほうが重きをなしていること

は明らかだ。まずは六根清浄を大声を張り上げて繰り返し唱えることによってこれをこれからの修行のキーワードとして頭に念じ、帰りは六根清浄となった我が身に思いをめぐらすよすがとする。

さて山中の道場での勤行は毎晩初夜と後夜の二度にわたって行われるが、そこでは法華懺法が毎回使われる。法華経の法師功徳品には「以是功徳　荘厳六根　皆令清浄」とあり、法華経の功徳によって人は六根清浄となり、ひいては透視力をはじめとする神通力を得るとある。天台宗の開祖智顗がこれを承けて講述したものが法華懺法で羽黒派だけでなく、本山派、吉野金峯山など修験道の各派で広く用いられている。羽黒ではこれをことのほか重視している。(2)そのあらましを『修験道辞典』によって紹介する。まず三宝を三礼し、供養文をあげ、ついで三釈迦をはじめとする十方諸仏・三世諸仏・法華経を中心とする諸経・法華経所縁の諸菩薩などを敬礼し、法界の衆生の三障を断除するように祈念する。そのうえで修法者の眼・耳・鼻・舌・身・意の六根がおかした罪を懺悔する。そしてさらに十方の諸仏を勧請し、随喜し、回向する。こうして六根を浄め、浄菩提心を発した修法者が六波羅蜜の修行をして解脱し成仏することを発願する。

法華懺法ではこのうちの六根段が全体の半分以上を占め、眼根《がんこん》から耳根《にこん》・鼻根《びこん》へとひとつひとつ事細かにおかした罪障をあげてゆく。ここでは六根にまつわる行者の過去の行為・思いの懺悔がもっぱら成仏への手だてとなっている。峯中ではこのほか大先達から授かる「我昔所造諸悪業　皆由無始貪瞋痴　従身口意之所生　一切我今皆懺悔」以下三句からなる懺悔文を三度唱える懺悔ノ作法もあり、さらにかつては三鈷沢の抖擻《とそう》ではのぞきの行も行われていたというから十界のうち人《にん》に充てられる懺悔の行は秋の峰の修行では成仏の手段としてはかなり重きを置かれていたと思われる。

さて秋の峰は一の宿から三の宿まで三つのそれぞれ様相を異にする修行・儀礼的局面から成っており、あからさまな移行を示す儀礼によって区切られている（かつては宿の名の示すように場所を変えて行われていた）。法華懺法の詠唱されるのは二の宿までで、三の宿にはいると勤行の内容もがらりと変わる。それまでの天台色の濃いものから神仏習合的あるいは東北的ともいうべきものへと。そのなかでも、筆者が十数年前の初入峯以来妙に気になっていたのが六根清浄大祓である。

六根清浄大祓

妙法蓮華経に宣わく人は即ち天が下の御賜なり須く静め謐ることを掌るべし心は即ち神明の本の主たり心神を傷むることなかれ是の故に目に諸々の不浄を見て心に諸々の不浄を見ず耳に諸々の不浄を聞いて心に諸々の不浄を聞かず鼻に諸々の不浄を嗅いて心に諸々の不浄を嗅かず口に諸々の不浄を言って心に諸々の不浄を言はず身に諸々の不浄を触れて心に諸々の不浄を触れず意に諸々の不浄を思うて心に諸々の不浄を想はず此の時に清潔よきことあり

諸々の法は影と像の如し清く浄ければ仮にも穢るること無し説を取らば得べからず皆花よりぞ木の実とはなる我身は即ち六根清浄なり六根清浄なるが故に五臓の神君安寧なり五臓の神君安寧なるが故に天地の神と同根なり天地の神と同根なるが故に万物の霊と同体なり万物の霊と

同体なるが故に為すところの願として成就せずということなし無上の霊宝両部神道加持

冒頭に「妙法蓮華経に宣わく」とあり、「両部神道加持」と結んでいることからこれが習合思想の産物であることは明らかであろう。この大祓も法華懺法同様法華経を承けているようであるが、懺法がもっぱら懺悔に終始しているのにたいしてこの大祓では懺悔は姿を見せない。法華経的な部分といえば願をことごとく成就するという神通力のようなものが六根清浄によって獲得されるというくだりだけである。

一方、この大祓では終始人間の「心」に焦点が当てられている。この「心」は本来的なあり方としては、「天が下の御賜」かつ「神明の本の主」であり、「天地の神と同根」「万物の霊と同体」となる可能性を孕んだ、いってみれば超個的な宇宙的拡がりを持つ意識として捉えられている。仏教でいう自性清浄心、本有の仏性などの捉え方に近い。

だが人のさしあたってのあり方を見ると、「心神」は「傷め」られ、染汚されている。この染汚はどのようにして生ずるのか。大祓で「目に諸々の不浄を見て心に諸々の不浄を見ず……」以下の段落がそれを示唆的に述べているところを自分なりに敷衍してみるとこうなる。即ちこの世界に存在するあらゆるもの（諸法）は「清く浄ければ仮にも穢るること無し」で、本来無差別であって、この世界には美しいものと醜いものの別、光の部分、闇の部分、善悪の区別さらには自他の別すら存在しない。世界の本来の姿（真如）は二元的あり方を絶した、修験教義の好む言い方では不二である。ところが我々の通常の意識には、六根つまり感覚・知覚器官を介して外界の対象を捉え、それを浄・不浄、善・悪、自・他等の二元的カテゴリーに分節してゆくような潜勢力が拭いがたく染みついている。こうして美しいものを見れば、それに愛執し、不浄のものは忌避するといった反応がほとんど自動的に起こる。したがい、六根清浄大祓の「わが心を傷むる」とは、この娑婆世界に生きる我々誰しもが免れない条件づけのようなもののうちで起こるのであって、法華懺法に説く懺悔の対象となるような倫理的性質のものではない。

このように六根清浄大祓では、六根に直接働きかけるというよりも、自性清浄の「心」を染汚している潜勢力、心の習気をぬぐい取ることを眼目においているように思われる。そうして本来の清浄さを取り戻した「心」は、もはや六根を介して得られた感覚・知覚情報を二元的に差別してその一方に愛執・忌避することを離れる。それが「目に諸々の不浄を見て心に諸々の不浄を見ず耳に……」以下「意に諸々の不浄を思うて」の境地であり、それによって「我身は即ち六根清浄なり」となる。

かくして六根清浄となった行者の心には、自他の別、人と自然、物質的なものと精神・霊的なものをわけへだてる障壁は存在しないも同然である。かれは「天地の神と同根」となり、「万物の霊と同体」となる。そのうえ「為すところの願として成就せずということなし」とあるような神秘的加持力、法華経に説く神通力に通じる力を我がものにすることになる。このような文脈、すなわち六根清浄→万物の霊と同体→諸願成就という文脈でこのテクストを読むときこの大祓が一群の巫者タイプの行者達を惹きつけていた理由が理解できる。かつての羽黒山は、いまでも峯中で見かけるさまざまなタイプの巫者達を一山の中に組織化していた。こうした巫者は、ホトケおろし等をする前にはかならず六根清浄大祓をあげていた。なぜ六根清浄か。憑依する巫者とは、いってみれば、この世とあの世、物質的なものと精神・霊的なものとの仕切の取り払われた存在、粗大なこの世界とは異なる霊妙な秩序を備えた世界へと穿ったトンネルのような存在である。このトンネルを死霊や動物霊、さらにはより高位の神仏といった霊妙な存在が往来する。したがって憑依という出来事が起こるにはこのトンネルが通じていることが必須の要件となる。ここがこの娑婆世界の粗大な罪垢で詰まっていては叶わない。そこで六根清浄による清掃が必要になるというわけだ。

だが六根清浄をこのようにたびたび口にのぼらせることは、これをしっかり肝に銘ずることで峯入り修行に一つの言語的方向付けを与えはするが、即身即仏という修行理念の体得という点では、密教教理や胎内修行などの象徴言語の使用にくらべてとりわけすぐれて効果を上げているわけではない。

六根清浄、これを内的浄化、あるいは霊性の浄化といい変えても良いが、これは修行者が象徴的な言語秩序にからめ取られる以前のところでその心身に作用する。すなわちこの浄化作用は心理・生理のレベルで起こるが故に即身即仏を体得的に悟る際の体をなす。こうした内的浄化が修行の個々の局面でどのように起こっているのか、思いつく点をいくつか拾い上げてみよう。

苔（虚仮）行

秋の峰は苔の行であるといい、また「苔」には「虚仮」の字を充てたりもする。こんな語呂合わせも、内的浄化の脈絡では妙につじつまの合う説明が可能である。苔の行とは文字通り苔のように汚くなるということだ。山伏は、山岳抖擻あるいは南蛮いぶし等の苦行によって汗や垢にまみれても、「水断ち」を申し渡されているため入浴はもちろん洗顔や歯磨きも許されない。身体の表面を絶えず清潔にしておかなくては気が済まない娑婆世界の強迫的な習慣を引きずっているものにとってはまさにこれだけでも苦行となる。自らの苔のような不浄な身体、とりわけ不快な臭いに悩まされるわけだ。「苔」に「虚仮」の字を充てるねらいはここにある。つまりこうした苔のように汚い姿はうわべのかりそめの姿にすぎず、要は内面の浄にあるとするのである。

またこれを六根清浄大祓をかりて、「眼に諸々の不浄を見て心に諸々の不浄を見ず」あるいは、「鼻に諸々の不浄を嗅いで心に諸々の不浄を嗅かず」と観じて、世俗的意識からの転換を図ることも可能である。

回峯行

母胎にたとえられる秋の峰の修行空間である出羽三山は、密教教理上は大日如来の金胎の曼陀羅であり、羽黒山には観音菩薩、月山には阿弥陀如来、湯殿山には大日如来がそれぞれ配当されている清浄で聖なる山岳である。したがいこの山岳に分け入ること自体清浄感を生み出すが、峯入りが観光登山と大いに趣を異にするのは、山伏が大日如来を象った衣体に身をつつんだうえで、山岳＝大日如来と融一するという動機づけがその清浄感を増していることである。また至る所に配された拝所という聖なる場所で読経し、祈り、供養することで、みずからをより高位の諸力にゆだねる。このときわれわれの日常的な意識を構成しているエゴ・モチーフははるか遠景化している。

さらに山岳抖擻にあって浄化を促進する上で見逃せないのは、発汗・疲労消耗といった生理がもたらすトランスパーソナルな効果である。発汗は単なる皮膚表面の洗浄とは異なり、身体内部の汚れを代謝する。この点は多くの非産業社会でも広く知られており、霊的浄化の儀礼を行う上で重要な手段とされている（余談になるが、筆者がかつてアラスカのネルソン島のエスキモーのムラで彼等の伝統的なサウナ小屋に招待されたおり、一緒に浴した若者が「サウナは身体だけでなく、心もきれいにしてくれる。サウナはとても瞑想的だ」と述べた言葉は強く印象に残っている）。

秋の峰で行者の心身の疲労・消耗がピークを迎えるのはなんといっても三鈷沢の回峯の時であろう。この消耗は登山に於けるような、長距離の険路を歩くことだけから来るものではない。内藤正敏が『修験道の精神宇宙』の中で指摘しているように、秋の峰にはあたかも山伏の心身がこのとき消耗のピークを迎えるような仕掛けが仕組まれているかのようである。三鈷沢回峯の前日は昼間修羅の行に充てられている天狗相撲をとったあと、初夜の勤行があり、夜半過ぎには秋の峰のハイライトともいうべき柴燈護摩に二時間ほどかけ、そのあと天の行である鳴子をすませて日の出前に出立する。この間山伏にはほんのわずかの仮眠をとるほどの間しか与えられない。ほとんど不眠状態のまま困難な山駈けをするのである。しかも餓鬼の行たる断食の期間（一の宿）は過ぎたとはいえ、口にする食事はわずかなもので、飢餓に近い状態にある。なかには峯中の間一切食をとらないものもこの山駈けに参加するのである。

断食がしばしば変性意識状態をもたらすことはよく知られており、霊的修行には欠かせないものとなっている。これは断食による代謝活動の著しい低下に一因があるように思われる。ふだん我々は日常の生活でなにもしていないようでも代謝活動にエネルギーの相当量をとられているが、断食によってうかした分のエネルギーをしかるべき流路をつけて望むべき方向へふりかえてやるのである。霊的修行の眼目の一つは我々の心身を世俗的に条件づけているものを外していくことにある。断食によって得られたエネルギーをこの方向に用いることで修行者の感覚能力をはじめとする心身は大きく変容するのである。

不眠についてはどうか。山駈けの前夜だけでなく、秋の峰では慢性的に不眠の状態におかれている。こうした長期に及ぶ不眠は、我々の意識の境界的なところを不分明にする。ノーマルな意識が疑いの余地のないものとして峻別する心の外にあるとされるリアリティと内側の想念・願望などが創り出すリアリティとの仕切がぼやけたものになってくる。ここで妄想・狂気・白昼夢といったものと隔てているのは、行者の側に即身即仏あるいは見仏への志向が残っているかどうかにすぎない。不眠のもつトランスパーソナルな効果をこのようにみれば、これが、われわれの心の内外のリアリティを二元的に峻別していく意識の潜勢力を殺ぎ、超個的な世界へと自らを開いてゆくすぐれた契機となっていることがわかる。

　三鈷沢の回峯という荒行を行う山伏の心身の疲労困憊は、困難な山駈けもさることながら断食に不眠が相乗することによってその極限に近づく。こうした極度の消耗はわれわれの身体器官のふだんの規則的な働きを中断、障害し、ひいては神経系の生化学的プロセスを変換することであらたな知覚能力を生み出すこともあり得る。自らも秋の峰の大先達をつとめたことのある修験道研究者戸川安章は、三鈷沢回峯には鎮魂という意味も籠められているという。三鈷沢という秘所にひそむ霊魂をみずからのからだにふりつける、いうならば、大自然のエッセンスをわがものにするのだ。このような融一を可能にするには、山伏と自然とを隔てている界膜が充分な浸透性を帯びていなくてはならない。それを可能にするのが消耗の極限にある清浄な霊的身体なのである。

音

　秋の峰を内的浄化の観点から見るとき、六根のうちで最もめざましい働きをしているのは、耳根ではないだろうか。

　峯中の勤行で用いられる経は、声明の法華懺法や十方念仏、それに阿弥陀讃、釈迦讃等メロディを伴うものもあれば、阿弥陀経のように随所に配した印象的なリズムを以てあげられるもの、あるいは千巻心経のように猛烈な速度の繰り返しで時に人をトランスに導くものもあるという具合にじつに音楽的多様性に富んでいる。勤行における経などの読誦、詠唱は、その言語的メッセージの知的理解によるよりもむしろこうした音楽性に富んだ聴覚的身振りによって我々の心身深く浸透させるはたらきの方が顕著であるように思われるのである。あのような創意に富んだ音楽的身振りには経を「読む」よりは「聴く」、すなわちわれわれに眼根よりも耳根のほうを使わせるような促しを感じさせるものがある。眼根より耳根を重んじることの意義をこれまでの文脈に即していえばこうだ。経を眼で読むとき、読むものとその対象テキストとの間には自他の二元的隔たりが超えがたいものとして存在する。だがこれを導師の音頭のもとに唱和・詠唱するとき、自ら発する声と外からは行って来る声との弁別は次第に定かでなくなっていく。われわれは振動する音にいわば「浸され」、不二の境地に近づくのだ。しかもその場は、灯明とランプの照明だけの、物の形の定かでない闇に浸されているのである。

ところで峯中で用いられる音には、勤行のただ中に唐突に侵入してくる音があり、これも羽黒の秋の峰を大いに特色あるものにしている。それはシラベと呼ばれている音で、法華懺法の六根段の箇所で、雨戸をドンドンとたたいたり（一の宿）、椿の葉を火鉢にくべてはぜさせてパチパチという音を出したり（二の宿）する。また床散杖《とこさんじょう》といい、盤台を二本の散杖でたたいて出す音もある。いずれも経の進行を見て笈送りが叩くのであるが、一心に読経している者あるいはうとうとしている者にとっても眠気をいっぺんに吹き飛ばすだけの唐突さがある。戸川によると、一の宿のシラベは胎児＝山伏のいまだ不安定な魂を安定させるためのものでこれが二の宿にはいると胎児も安定してくるので椿の葉や床散杖に切り替えるのだという。内藤はさきに引いた著書の中で、かつては三鈷沢の洞窟で胎内のぞきをし、帰ってからシラベを行ったとのべ、これを山から迎えてきた魂を肉体に憑ける鎮魂の呪術であるとしている。床散杖は、戸川によれば、胎児の吐く息（ア）と吸う息（ウン）をととのえ、その魂を鎮める鎮魂の作法である。

また内藤は『羽黒修験七部集』に拠って、床散杖の音は、天界二十八宿から三十七尊が住む須弥山にひびく宇宙音によって、胎児である修行者の穢れ、不浄を追い出し、出生を安らかにする呪術、新しい清浄な魂を憑けるための呪術であるという。

唐突に侵入する音としてはこのほかに勤行や峯中行事の始まりを告げる法螺貝の音がある。峯中の行事の進行は我々の日常生活のように時計を見ながら時間割にしたがって為されるのではない。不意をついて唐突に響く法螺貝の音とともに行われるのだ。

たしかに戸川や内藤のいう鎮魂呪術はシラベや床散杖の意義を理解する上では重要な鍵を提供してくれる。そればかりか秋の峰の修行・儀礼複合全体を鎮魂呪術的観点から読み直すことにも大いにそそられるものがある。だがここでは内的浄化に立ち戻ってこれらの唐突に侵入する音の効果を考えてみたい。

唐突、不意をつくとは連続性を断ち切ることだ。連続性とはわれわれの意識に習気としてこびりついているとりとめのない思考の連続性でもある。不断に続く頭の中のおしゃべり、様々な妄念、こうしたがらくたごとが我々誰しもがかけがえのないと思っている自己を作っている。くだらないがらくたに過ぎないとわかっていても、その連続を断ち切られることには非常な苦痛が伴う。法螺貝の唐突に鳴り響く音はそういう意味で我々の頭の中から様々ながらくたごとを追い出し一瞬白紙の無思考状態にするのである。こうした唐突の音が行では不規則な間をおいてしばしば用いられるが、それはすべての物事が予期されたスケジュールどおりになめらかに進行してゆく我々の日常生活ではあり得ない。

内的浄化の観点から秋の峰を見るとき、このほか火（とりわけ柴燈護摩）、水、煙（南蛮いぶし）などの自然の諸エレメントの果たす役割も見逃せないものがある。さらに戸川や内藤の指摘している鎮魂なども秋の峰の修行全体を理解する上では避けて通れないものがあるように思われる。今後の課題としたい。

註

(1)　岩波の『仏教辞典』の六根の項には、六根とは、「眼・耳・鼻・舌・身・意の六種の根。（中略）根は能力を意味し、さらにその能力を有する器官を云う。（中略）この六つの器官には、それに対応する色・声・香・味・触・法の六種の対象が入ってくるが、それによって六種の認識作用が生ずるとされている。（中略）六根がその対象に対する執着を断って浄らかな状態になることを〈六根清浄〉または〈六根浄〉という」。

(2)　羽黒修験の音楽的側面を研究している大内典氏によれば、法華懺法は羽黒山においてはその成仏観の核ともいえる位置を占めてると述べ、『羽黒山入峯功徳抄』の次の一節を引用する。「吾等入峯修行ハ如何ナル事ニヤト尋ヌルニ、即身成仏ノ秘術ト承リヌ。（中略）素ヨリ六根懺悔ノ道場ナレバ、座睡ナガラモ懺法ノ声聞トキハ、無始ノ罪障ヲ消滅スル也」。

本稿作成にあたっては主に以下の文献を引用・参考した。

戸川安章『修験道と民俗』岩波美術社、一九七二年
島津伝道『羽黒派修験道提要』名著出版、一九八五年
内藤正敏『修験道の精神宇宙』青弓社、一九九一年
宮家準『修験道思想の研究』春秋社、一九八五年
宮家準『羽黒修験――その歴史と峯入り――』、二〇〇〇年
宮家準編『修験道辞典』東京堂出版、一九八六年
大内典「あらがう音――羽黒修験の法華懺法――」『群馬県立女子大学紀要』第十六号、一九九五年
『三山勤行作法』羽黒山修験本宗大本山荒沢寺発行〔私家版〕

場所が闢くとき
――「王祇祭」考

だいちふみ　**大地踏み**　山形県東田川郡（現鶴岡市：筆者）櫛引町黒川、春日神社の王祇祭（二月一日、二日）に行われる五、六歳の男子稚児による儀礼。その名称は、王祇様と呼ばれる扇状の依代の前で、稚児が大地を踏む反閇《へんばい》の所作をすることに由来する。王祇様は一日未明、上下両座の王祇守・提燈持ち・座の諸役をはじめ冠りと呼ぶ白く長い木綿布を頭に結わえた子供たちなど供奉の一行が春日神社に迎えに行き、両座の当屋にまつられる。この王祇様は長さ二・四メートルほどの三本の杉の丸木で、頭部に紙のシデが固まりとなって結わえてある。根元を結わえた王祇様は白布を着けて開くと扇の形状となり、王祇様という名称は扇に因むと想定されている。一日夕刻上座・下座それぞれの当屋での能は大地踏みから始まる。この時王祇様は舞台上に出されて頭人が根元を押さえ、王祇守と提燈持ちが左右を持って前傾して開かれる。稚児はまず王祇様の方を向いて足を踏み、次に中啓を上下に振りながら足を踏みながら逆

（左）に回る。地謡は笛、鼓の囃子で「大地」という謡を謡う。王祇様がたたまれて神座に戻ると、稚児は御幣と中啓を持ち延年の開口風のめでたい言口《いいくち》を唱え、足を踏みながら回る。当屋ではこの後、式三番以下能・狂言を夜通し演じ、翌日の午前に春日神社で上・下両座の脇能の後大地踏みが行われる。（『日本民俗大辞典』太字：筆者）

筆者は近ごろ縁あって、庄内黒川の王祇祭を見学するという貴重な機会に恵まれた。ごく限られた見聞ではあったが、王祇祭の冒頭で稚児が演じる「大地踏み」にはとりわけて気をそそられるものがあった。開かれた王祇様の前で稚児が力足を踏むとき、そこでは何ごとが起こっているのか。なかでも扇の形状をした王祇様がそこに開き出している空間、「空間」というよりは「ところ・所」といったほうがふさわしいような場所のありようのうちには、今では日の目を見ることもまれになった、場所をめぐるきわめて古風な存在思想が埋めこまれてあるように思われた。

「大地踏み」とその地をなす「王祇祭」については、芸能史や民俗学の方面からのすぐれた研究の積み重ねが既にしてある。ここでそうした先行研究にあらたな解釈の蛇足を加えるつもりは毛頭ない。それでも、王祇祭や大地踏みと正面切って取り組むというよりは、それを場所をめぐる思想の方へと傾け、ずらしてみせるくらいのことはできそうである。王祇祭は、この列島の大地に埋蔵されてある古風な場所の思想を考えようとする「考古学」からすると、すぐにも試掘の探り棒を入れてみたくなるような、すこぶる見込みのありそうなサイトであるように思われてならない。

なべて存在するものは、場所の内に在るか、
場所なしには存在しないかである

アルキュタス（casey 1996 による）

まず、演能のはじまりのところで、大地踏みを演ずる稚児は、鏡の間から宿老の後見に抱きかかえられるようにして舞台に現れる。稚児とはいえ、歩けなくてはおかしい年頃の男の児が、嬰児、あるいは胎児をさえ思わせるような姿勢で抱きかかえられて登場するのは奇異にも思える。三十数年にわたってこの黒川能の里に通い続けた、歌人馬場あき子は『黒川能の里』でこうしるしている。

大人たちは終始この小さ神のような稚児をたいせつに遇し、揚幕の彼方の鏡の間から、決してこの世のものを踏ませることなく、大人によって抱きかかえられて登場する。そして踏むべき大地たる舞台の定位置に天降るように着地するのである。(1)

馬場はここで、稚児を「神の子」であるとみなし、稚児の舞台への登場を神の天降りになぞらえている。「この世のものを踏ませることなく」という言葉には、清浄無垢の神の子がわれわれの俗塵に踏みまみれた大地に触れて汚染されることのないようにという、彼女自身のと言っていいような思いが籠められている。稚児の登場にあたってのこうした所作が、馬場の言うような意味をもつことに異をとなえるものではないが、これをいささか、場所＝空間論の方へとずらしてみるとどう

なるか。

稚児が抱えられて舞台に運ばれるとは、歩けるのにあえて歩かないというところに要点がある。稚児は、足を地に着けて歩けないというよりは、「足が未だ地に着いていない状態にある」ことを表しているのだ。足が地に着いてないとは、いまだ「所を得てない」、未だこの世のどこにも存在していないということ。その意味では、こうした異例の登場の仕方は、場所を欠いた、つまりは踏むべき大地を持たない、「存在以前のとき」を儀礼的表現にもたらしたものと見ることが出来る。だから「なべて存在するものは、場所の内に在るか、場所なしには存在しないかである」のだとすると、この稚児は、この世界へと立ち現れようとしているいわば「前=存在の薄暗がり」のうちにあるといえる。

このことで思い合わされるのは、ケーシーが引用している古代ギリシャのペラスギ族の創世神話である。(2) すなわち、そこでは、創造の女神エウリユノメは、カオスから裸のままうまれたときに、「足を踏みしめることの出来る堅固なものが何もないのに気がついた」と語られる。大地踏み冒頭の、一見すると奇異な感じを覚える稚児の登場の仕方も、「踏みしめる足場をもつことが、人間が場所的に存在する上での必須の条件である」ことを、それとなくにおわせているようだ。

さて、後見に抱きかかえられた稚児は、王祇様の前で降ろされる。「足を踏みしめ」、「堅固な大地に」着地するのである。ここで稚児ははじめて「所を得る」。いわば、われわれの存在世界の「とばぐち」に立つのだ。そのさい、この稚児が「所=場所を得る」にあたって、決定的な役割を果たしていると思われるのが「王祇様」だ。では、この「王祇様」とはなにものなのか。われわれの場所＝空間論にとって、このものはいかなる意義を有するのであろう。その糸口を、まずは王祇様の形状に求めてみたい。

王祇様は扇様とも書かれるが、頭部に四垂シデのついた、長さ二メートル余の三本の杉である。これにつける白布は麻で、長さは八尋八匹といわれるが四丈八尺で、これを五段に分けて取り付けているのである。一本の鉾ごとに毎年新しく十枚ずつ補足する。この四垂をおころもといい、二十一年目ごとに全部新しいものと交換するのをおころも替えといい、更衣祭といって重要な神事とされている。（中略）庄内地方の農家に祀られているおこない神に似ている。[3]

王祇様はその形状、ひいては語呂の合いぐあいからしても、扇であることはおおかたの認めるところである。しかもその扇は、団扇のような折りたたみの叶わぬ類の扇ではなく、三本（かつては扇の骨は五本であったとの伝承もある）の杉の木の骨をそなえた折りたたみのきく「襞扇」である。扇を開くとは、折りたたみ込まれた襞を開いていくことであるとはいわずもがなのことだが、このことは、こうした古風な芸能儀礼の空間のありようを考えていく上での、良い手がかりとなる。つまり、扇を開くとは、扇＝王祇様のうちに潜在的に折りたたみ込まれてある「存在の襞」を闢くことを象徴的な仕方でほのめかすものなのではないか。このことを理解するにあたって踏まえておくべきは、現代のわれわれの骨の髄にまですっかりなじんだ、空間と場所の関係イメージである。

「時間」もそうだが、近代以降の「空間」は、場所に先在し、場所を包み込み、場所など無しですませてみせようといわんばかりの専制絶対の王として君臨している。そこでは、「場所」は、のっぺりと際限もなくひろがるうつろな座標空間の中にあって、測定対象として規定されるだけの意味しか持ち合わせていない単なる「位置」、もしくは、せいぜいテクノロジー体制の内での機能的な意味しか担うことのない「用地」としての地位にまで成り下がってしまっている（ケーシーの大著の表題もまさに、こうした成り行きを辿ることとなった『場所の運命』であった)。

それに対して、ここ黒川の能舞台で、王祇様の三本の骨を左右に拡げるときに顕われる「場所」は、まるで今はじめて生まれるかのようにして、その内に折りたたみ込まれた存在の襞をダイナミックに開いていくかのようだ。そのような「場所」は、「空間」とは異なり、ものごとの存在にさきだつ場としてあらかじめ与えられているようなものではないが、それでも、折りたたみ込まれた襞としては、既にして潜在するものであった。それが襞を押し闢いていくとともに存在の世界に顕わに「展開」するのである[4]。黒川の里での「場所」とは、そのような展開の「できごと」にかかわるものなのだ。

扇の形状を場所=空間論的な脈絡に沿って見ていくと、「襞」のほかにも示唆的なてがかりがいくつか見えてくる。その一つは、開いた扇の逆三角のかたちである。これについて研究者の多くは、「女陰」をかたどったものだとする。また、それと対照的に、すぼめられた王祇様は陽根にみなされる。とりわけ、当屋での徹夜の演能が終わった翌朝、すぼめられた王祇様が若者たちによって春日神社の左右の「サバロ」とよばれる狭窓から突っ込まれる「朝尋常」とよばれる儀礼におけるそのさまは、まさしく陽根そのものだ。[5]このような、扇＝王祇様の「性」を、吉野裕子は次のようのべている。

黒川の王祇様が、一物で扇と男根の二つの形相をそなえているあの見事さは一体誰の発案になるものか。王祇様は**拡げれば扇となり**、巻いてたたまれれば頭部に丸い「ぼんてん」をつけた巨大な茎となって、正に男性そのものの象徴となる[6]（太字：筆者）。

吉野が「拡げれば扇となり」というときの「扇」とは、もちろん女陰のことだ。羽黒の大先達でもあった戸川安章も、「扇＝王祇様は女陰であり、陽根でもあって、修験山伏の好んで言う「陰陽不二の理を具現したもの」であると指摘している。[7]

そうなると、王祇様＝扇様は、開／閉、陰／陽といった二項対立を止揚するもの、というよりは、この現象世界の生成分化にさきだつ前＝存在状態を具現したものであるということができる。ケーシーも、「創造という営みが進行するためには、分化が起きなければならない」と述べているが、[8]これを裏返せば、現象世界の場所が、分化したコスモス秩序として調えられるに先立つ前提として、潜在的でカオス的なもののひしめく場がなくてはならないということになる。そのようなカオス的というか前＝存在的な場は、場所を産出するところでもある。場所は**生まれる**、**生成する**のである。それが、上に述べた、近代のスタティックな座標空間の中で一切を捨象されてしまって、測定可能性としての、あるいは機能的な意義しか持ち合わせなくなった「位置」や「用地」としての場所と訣別する点である。そして、扇の形状や開閉があらわす性的なシンボリズムのすべても、「位置」ならぬ、実存的な「場所」がダイナミックに生まれることへと差し向けられているようにおもわれる。

その場所を「生む」のが王祇様であるとすると、王祇様とは、当然のなりゆきとして、「何かが生まれ、作られ、発展させられる場所」、さらには「発生および成長の場所」としての母胎であるとなる。そうなると、扇＝王祇様に張られた白布も「エナ胞衣」のように見えてくるのである。この白布は、大地踏みの舞台の背後をなす控えめなスクリーンとしてもあるが、より積極的には、胞衣をあらわしているのであろう（次頁写真：「エナ三態」）。戸川も「とじられた王祇さまは神の依代であるとともに、若宮の霊魂を育んでいる母胎でもあり、扇形に開かれたそれは胞衣、その下で大地を踏む稚児は、新たなる生命をもって誕生した神の若子なのではあるまいか」と推測している(9)（太字：筆者）。戸川はここで、閉じられた王祇様と開かれた王祇様を、母胎とエナに対応させることによって、母胎とエナを象徴的な二項対立にもたらそうとしているが、それでは、ここでの「できごと」、すなわち、生成分化にさきだつ場所で王祇様が闢きはじめる、潜在的なできごとをうまく説明することはできない。

そこで思い合わされるのが、中沢新一が『精霊の王』で紹介している諏訪地方の「湛え」である。湛えとは、ミシャグチという、縄文的ともいうべき古層のカミを祀ってある場所のこと。その一つ、諏訪の沢底（サソコ）にある湛えでは、樹木の根元に祀ったミシャグチの傍らの奉納板に、扇と胞

羽黒山伏の笈とエナ（伊藤武『出羽三山』）

大地踏みと王祇様（大石芳野・写真『黒川能の里』）

扇とエナ（中沢新一『精霊の王』）

衣がかけられてあったという（前頁写真：「エナ三態」）。さらに、中沢は、このミシャグチは中世の芸能の守護神たる宿神＝翁の祖型であるとも指摘している。一方、われわれの王祇祭では、大地踏みに続く式三番で「所仏則の翁」が演じられるのだが、馬場は、この翁を、「しゅぐしん」即ち『明宿集』にいう宿神ではないかと推定している。諏訪と庄内黒川とのこうした、たんなる偶然として見過ごすことのできない符合は、王祇祭の存在思想がおもいもかけないような時空のひろがりを持っている可能性の一端を示すものとして興味深い。

青年の面をかくして立ち出る白き翁ぞやはら耳もつ

馬場あき子

この、「所仏則の翁」という一風変わった魅力あるひびきで呼ばれる翁は、黒川では通常の翁とは区別された特別なものであり、この翁面は王祇祭にかぎって使用されるものとなっている。馬場はこれを、「所においては仏ともなり、神とも祖霊ともなって農事を守り、人びとに幸福をもたらす力の象徴」であるとする。(10) ここでいう「所」とは、一般的な場所というよりは、「住んでいる場所」あるいは「在所」という意味合いをもつもの、具体的には黒川の里をさしている。だから、それは「黒川独自の仏式の翁」であるということになる。戸川等も、おおむねこうした解釈をとっている。だが馬場は、その「黒川独自の仏式の翁」について、次のような解釈もしてみせる。

あの王祇祭当日、王祇様と対峙して、王祇様の大体をもどいてみせたような「所仏即」と呼ばれる翁面は、常は大切に春日神社に宝蔵され、王祇祭には「しゅぐしん（宿神か守護神か）」として舞台の脇に祀られているのも意味深い（太字：筆者）。

五月例祭には、この面をつけた「翁」は登場せず、王祇祭だけに用いられるのをみると、もしかしたら、この「所仏則」の「翁」こそ王祇様そのものかもしれない(11)。

馬場はここで、王祇様が、所仏則の翁面＝宿神であることを推定しているが、こうした推定は、菅原浩二や中村保雄らも支持するところでもある(12)。とくに菅原は、この、所仏則＝宿神の等号を、「摩多羅神」という中世芸能の「後戸の神」にまで及ぼそうとしている（中沢も『精霊の王』で宿神と「摩多羅神」との深い関わりを指摘している）。

馬場等のいうように所仏則の翁（面）が王祇様と同体とはいわぬまでも、きわめて近いところにある神格であるとすると、この翁は、母胎としてのはたらき、つまりは「生む」というはたらきを演じるものでなくてはならないことになる。その意味で、所仏則の翁の母胎的なはたらきを実に単刀直入に描いてみせるのが、黒川能の『伝書』の次の一段である(13)。

先さるかくをせんとて、かくや入りをして、まくをひきまはし、いまた物の色もみえす、用意する躰是即人間のむまるる躰、いまたたいないにあるてひなり。

一おきなたちという事はいわれのある事也。まつ、かくや入迄しては、いかにも心をひそひやかにしてゐくなり。さて、まくをあけ、ふたい（舞台：戸川）へ出候者、唯今子を生る心得迄して、くわんねんの心もちよし。**をきなという事は子を生るにたとへたり。**（中略）

一**めんはこ**（面箱：戸川）の次第は、こをしやうする（生ずるか？：筆者）ときに、うしろより子を生る物をいたきたるていなり。さてめんはこのををとく事は、ひほ（も：戸川）をとくといふ心得也。さて**又子をしやうしたる（生じたる：筆者）心は、おきなの面をとりいたす事也。**さて又太夫のおもてをかけてまふ事は、はやむまれたるてい也。[14]（太字筆者）

『伝書』の著者は実にあっけらかんと、「をきな（翁）という事は子を生るにたとへたり」と言い切っている。そうしておいて、翁とは子を生む母胎であるという、そのままではたんなる抽象的な思弁の表明にとどまりかねないものを、翁面を面箱から取り出すという身体所作として具体化するのである。

また、ここで母胎に見立てられているのは翁だけではない。「かくや（楽屋）入りをして」、「いまた（未だ）物の色も」みえないところ、即ち現象世界（「色即是空」の「色」）以前の空をあらわす楽屋空間までもが、「人間のむまるる（生まれる）」「たいない（胎内）」に見立てられるのだ。「エナ」に見立てられないこともない幕が「ひきまは」された「かくや」は、この存在世界に生まれ出ようとするものが「心をひそやかにして」待機する、存在世界の手前にある母胎としての「ところ」なのである。

さらには、『伝書』のあくなき象徴思考は、この翁面を入れてある面箱をも母胎に見立てるのだ。『伝書』では明記されていないが、この翁面が「所仏則の翁」のことであるとすると、馬場のいうように、所仏則の翁＝宿神の等式によって、当屋の舞台脇に「しゅぐしん（宿神あるいは守護神）」として鎮座している面箱も母胎であるということになる。[15]ともあれ、母胎としてあった翁は、ここ面箱の中では役どころを替えて、来たるべき誕生にそなえている母胎の中の胎児とされるのである。大地踏みに続く王祇祭の舞台でも、所仏則の翁面を面箱から取り出すときは、あたかも、もろくて繊細な胎児を取り出すようかのような手つきをしてみせる。そして翁面をかぶるときは、演者本人でなく、後見の者が後から面の紐をしばりつける。この「翁」がまるで、紐をしばることもままならぬ胎児ででもあるかのようだ。

こうした、『伝書』における母胎をめぐる象徴思考では、象徴とその指示内容とは、単純な一対一の対偶の関係として凍結してしまうのでもなく、また、構造主義の記号論がいうような「恣意的」な関係を取り結んでいるのでもない。「たいない」は、あくまでも「母胎性」という生理的意味の大地から離陸することなく、そのさまざまな指示内容とのあいだに、幾重にも折りたたみあい、ずらし合う関係を結んでいくのである。しかもこの折りたたみで生じる襞は、心の外にある世界を折りたたんでいるだけではない。「心をひそやかにしてゐく」、「くわんねん（観念：筆者）の心もちよし」や「子をしやうしたる心」とあるように、演者の心の内部に特異な力が働いて生じる思考の襞をも折りたたんでいくのである。そこにはもはや、心の内と外など存在しないかのように。

このように、王祇祭の伝書にみられる象徴としての「胎内」は、象徴記号ではあっても、生理的な「母胎」性の大地から離陸することなく、「母胎的なるもの」ともいうべき存在論的な概念へと仕上がっていく。だから、そうした存在論的なマトリクス＝母胎は、「生む」というはたらきを決して忘れることはない。とはいえ、それが生み出すものは人間の子供に限ろうとはしない。潜在的な状態にあるもろもろのものごとが顕在化するという、いわば、「できごと」を生み出すはたらきの一切がこの母胎には託されることになる。

そのような存在論的な母胎といえば、プラトンの『ティマイオス』の第三の種族、即ちモデルとしての「イデア（一）」と、そのコピーであるところの「生成するもの」という、プラトン哲学の根幹をなす二元論（二つの種族）をもってしてももはや手に負えない、「捉えどころのない厄介な種類のもの」にかかわる概念である、コーラーのことが思い合わされる。『精霊の王』の中沢も、宿神＝シャグジの空間を「プラトン哲学の後戸」に出現するコーラー空間になぞらえ、さらにはそれを「胞衣」であるとまでいう。黒川の、王祇様＝扇様＝エナ＝所仏則＝面箱＝しゅぐしん（宿神あるいは守護神）という一連の象徴連鎖のかかわる芸能空間が、コーラー概念によって余すところ無く説明しきれるものかはともかく、黒川の里の能舞台で開かれる空間を、プラトンのコーラーと照射しあうことで新たな読み取りの道が開けるのではないだろうか。

コーラーとは、「あらゆる生成の乳母のような母胎（ヒュポドケー）」であり、「生成するあらゆるものに席（ヘドラー）を提供する」[16]。

黒川の母胎＝受容者たる王祇様も、それが、あたかもなにかを受容するかのようにして扇の襞を開くとき、当屋の能舞台には動きのための余地 Spielraum（演技・空間）が贈与され、席（ヘドラー）としての「場所」が生まれる。それ以前の舞台空間は本来の意味での「場所」ではなかったかのように。なにごともおこることのない虚ろな等質空間のなかの単なる「位置」でしかなかったものが、これによって、ものごとが起こるところという意味での「席＝場所」となる。

また、プラトンのコーラーは、不均等な力のひしめきあう、一種のカオスとしてあるだけではない。それはダイナミックな震動の運動をはじめることによって、「箕で篩いにかける」ようにして場所の秩序を調えていくものでもあった。

…「あるもの（イデアー：筆者）」と「場（コーラー：筆者）」と「生成」とが、三者三様に、宇宙の生成する以前にもすでに存在していたのです。そこで生成の養い親（乳母：筆者）は、（中略）似てもいなければ、均衡もとれていない諸力（機能：性質）によって満たされていたために、そのどの部分も均衡がとれないで、自分自身がそれらによって、不規則にあらゆる方向へと動揺させられて、ゆすぶられながら、また自分の方も動かされ動くことによって、逆にかのものをゆすぶり返しました。そして後者はうごかされることによって、絶え間なく、選り分けられてそれぞれが違った場所へと運ばれていきました。**それはちょうど箕だとか、その他穀物の不純物を取り除く道具によってゆすぶられ…。**（中略）**容器そのものは、ちょうど、震動を与える道具の動いて、**相互に最も似ていないものをお互いから最も遠く引き離し、**また最もよく似ている物同士を最大限に同じところに集まるように押しやりましたから、**まさにそのことのために、宇宙がこれらのものから秩序づけられたときの前にも、すでにそれらのものは、それぞれが違った場所を占めていたのです[(17)][(18)]（太字：筆者）。

『ティマイオス』のこの引用箇所で目を惹くのはコーラーの震動する運動と、それに伴う場所＝空間の調えである。この観点から王祇祭を見てみると何が見えてくるのであろう。

ひとつは、『伝書』で、あるときは母胎、あるときは胎児に見立てられた「所仏則の翁」が舞うことである。翁の舞は祝賀のめでたい舞であることは言うまでもないが、この翁がコーラー的な母胎の性質を帯びているとすれば、翁の舞には、場所を産み出しそのカオスを調えるという意味も、それと重ね合わせてみることができる。それればかりか、この「所仏則の翁」の舞の詞章には、「加程目出度所哉、**所もまふなり**」の一節がある。「所もまふ（舞う）なり」には意味の取りにくいところもあるが、ここでは、「人だけでなく非人称の『所』でさえも『舞う』という動作の主体となるのだ」という風に理解しておく。さらに深読みをしてみれば、この「所」とは、黒川の里といったような、すでに顕在してしまった「在所」としての場所でなく、今まさに生成せんとするコーラー的な場＝空間である可能性も棄てきれない。胎児としての所仏則の翁が舞うとき、その舞いの震動はそれと半ば同体の、母胎である大地に潜在している場所＝「所」をも揺さぶり、生成への舞の震動を開始するということであろうか。

　稚児よごと寿詞《よごと》牛馬六畜家々に満てよと唱ふどつとなつかし　　馬場あき子

コーラー的な震動の運動といえば、稚児による大地踏みもまさしくそれに当たる。戸川はそのようすを次のように述べる。

　はじめは王祇様の中で、王祇様に向かって舞っていた童子は、やがてその下からでて、舞台の正面に向かい、幣束をてにして舞っている。その足つきをみていると、正面を南方とみたてているとすれば、北東の隅から踏み出して、南西にを反閇《へんばい》を踏んでいき、同じような足取りで南東へ行き、北西へ行き、南西から北東へ帰るのである。これは修験者が**結界安鎮**といって、修法の場を清め、地底にひそむ悪霊を踏み鎮めるとともに、上下四方を守護する神々が道場に降臨し、守護し給わんことを祈るために、五行を踏むさまに似ている（太字：筆者）。

反閇については、折口信夫も、「反閇といふものは非常にむづかしいことですが、これは徹頭徹尾さうした霊魂をおさへつけておく、と言う意味に終始したやうです[19]」と述べ、その実際は、「精霊をおさへつける、力足を踏む」ことだという。私も、これには異論がないが、それでも、稚児が「王祇様（という母胎）の中で」舞い、その前で反閇を踏むとなると、あのコーラーの余震を聴き取りたくもなるというものだ。そもそも母胎に見立てた王祇様の前にある稚児とは、「母胎に育まれた若宮」として未だ「胞衣」につつまれており、その意味では、母胎＝王祇様となかば同体の、この現象世界へのとばぐちに立つ存在であった。だからその稚児の動きは、当然のなりゆきで、母胎をゆさぶり、逆に母胎の方もゆさぶり動かされることで逆に稚児をゆさぶり返すのだ。それが大地踏みの震動である。

ぞれからの稚児の反閇の震動は、もっぱらカオス的な未分化の空間を調え構造化する方へと向かっていく。プラトンのコーラー的震動は、ものごとを「篩いにかける」はたらきによって空間の秩序を形成するものであった。稚児の踏む力足の震動も、大地に潜在するさまざまな力を篩いにかけ、「悪しき霊を封じ込め、寿詞を唱えて地に眠る精霊を呼び覚ま」してのぞましい力を引き出すといった、「篩い分け」のはたらきをすることで、「場所」の調えを行っていく。その調えかたをもう少し具体的に見ていくことにする。

稚児の反閇は、上座では四方を踏み、下座は五行を踏むものだった。

これを、戸川は、修験道でいう「結界安鎮」だという。この「結界・安鎮」の「安鎮」は、大地にひそむ悪しき精霊をふみ「鎮」め、のぞましい力を「安」んずるという意味で、『ティマイオス』の「篩い分け」に近づく。そして「結界」とは、場所＝空間に「限界（境界、あるいは地平というべきか）」を張り巡らすことだ。

この、場所＝空間の限界については、ハイデガーが、いささかうがった見方を開陳している。[20] 彼は、こうした空間の限界Grenze（ギリシャ語ペラス）を、そこにおいて何かが尽きる行き止まりの壁であるとするような見方、つまり空間の限界というものに否定的な制限の一面しか見ようとしないありきたりの理解をしりぞけるのである。彼の考える限界（ペラス）とは、それとは逆に、「何かがそこから立ち現れはじめ、その本質を開始するようなもの」である。少なくとも、古代ギリシャ人は、ペラスについてはそのような認識を持っていた。そして、この限界の内部で何かが起こる「余地」、すなわち根源的な意味での「場所」が生み出される。これを裏返せば、「限界を欠く」ということは、場所もないということであり、その意味では、限界とは、「その内部で場所が空けられるような積極的な力」であるということになる。稚児がその反閇によって踏み巡らす、四方と五行の結界のペラスは、その内部に、その後の能が演じられる余地＝Spiel・Raum（演技・空間）としての場所を創り出す。とはいえ、その余地＝場所は能舞台に限るものではない。そのことは、稚児の唱える「言い口」と呼ばれる、私などには外国語のようにしか聞き取れないどころか、書かれたテキストをもってしてもほとんど意味の読み取れない詞章からもうかがい知ることができる。この言い口の一部を引用すると。

上座の言い口
東西なつとかして　寺尾山の御祝に　けつこはんみん　いもつ平城くまもなし　東に月山高くさん　南にてふてふつらなって　ふしもよういくともしかむし　西に青竜寺ががんとして

千年の鶴　万がうの亀　**北に鳥海**まんまんとしてきんのねして
抑抑当所蘇民将来　左青竜右白虎　前朱雀に御玄武の地なり（中略）当べんがくはつくる
とも　能さるかくはつくすまじ　うちはやしてたまふ[21]（太字：筆者）
下座の言い口では
東西なり高ふして　寺尾山の御祝いにけっこう万民　それによって百姓万民にいたるまで
永楽寺かんがい事に至るまで　それようもんにめぐって（中略）観音さったのけしきあり
此山のかたち四州にして　慈悲にくわう神　日月のひかりあらたにして（中略）北にちゃう
ちゃう鳥の海　ちうちう一乗妙法蓮華経と囀る所に　日夜の当べんがくはつぐすとも　能申楽
はつくすまじ　打ちはやしてたまふ[22]

戸川は上下両座の詞章を比較して、上座のものには陰陽道的色彩が濃く、下座は仏教的、それも天台的内容に富んでいると指摘しているが、それはさておき、「稚児が踏みめぐらす結界＝ペラスが創り出す場所の調え」という、ここでの脈絡から注意を惹くのは、四方の方位とともに、黒川の里人との深い関わり合いを色どっている、いくつかの地名である。

開きはじめの、いまだ調うことのないカオス的な場所に、方向性という調えをもたらすのは、四方、五行を踏む稚児の反閇だけでない、それだけでは十分ではないといわんばかりに、言い口のなかでも四方の方位が強調されるのだ。しかも、この方位は、抽象的な座標空間にみられるような相対的な方位とも、また、地鎮祭などにみられる具体的な場所の特定を欠いた陰陽道の神話理論的な方位とも異なるものだ。[23]「言い口」で挙げられている方位は、陰陽道や仏教の装いをまとってはいるものの、その下には、里人との関わり合いの深いものごとによって規定されている絶対的で具体的な方位、そうなるとむしろ方面、あるいは「方域」と言った方がふさわしいような性質のものが透いて見える。

「言い口」では、南は、「てふてふ（重畳：戸川）連なって」とあるだけで具体的な地名は挙げられていないが、戸川によれば、黒川の南の山並みを指し、そのうちの伊東岳は水利の面での関係が深く、同様に高安山や八久和山も黒川の人には縁のある山だという。

そして里人がなによりも関わりあいを濃くしているが東の月山である。周知の民俗理論では、月山は、「死の山」、「阿弥陀の浄土」とされ、庄内の死者たちは、まずは近くの「清水のモリ」などのハヤマでしばらくは生者の供養を受けて「きよまり」、そこから中程度の高さの山（庄内では「虚空蔵」の名で呼ばれることが多い）におもむいて、そこで「きよまり」の度をいっそうと深めて、最後は月山で祖霊＝神となって成仏する。成仏した死者の霊は毎年お盆には、里人の焚く迎え火をしるしに訪れ降りてくる。月山の神は、それればかりか、王祇祭にも降りて来るふしがある。それは、正月（旧）の王祇祭に先立つ一月二十九日に、春日神社の下の禰宜の屋敷内にある「榊の庭」で行われる「神降ろし」である。神降ろしの儀礼は、シデをつけた三本の幣の依代を前にして行われる。これについて、真壁は、「神社は春日明神を祀っているのに、別に野外で（月山の方に向かって）降神の式をやるのはなぜか」を問い、「それは、水のみなもとでもある高い雪の山を在所とする神を招き寄せる意味にとれないこともない。二月一日当屋のまろうどとなる神は、この山からの旅人であるかみなのではないだろうか」と推測している。[24]

西の青竜寺については、戸川は「黒川の西方に位置する修験道の山である金峰山の学頭寺で、金峰山の山口部落である青竜寺村にある真言宗智山派の寺」であるとし、真壁は「羽黒山の開祖蜂子皇子（開山照見大菩薩：筆者）が開いたといわれる金峰山の青竜寺」であるともいう。真壁はこれに続けて「北にはこれも蜂子皇子を開祖とする鳥海山がうたわれている」と述べる。

われわれになじみの計測的な方位観では、ごく当たり前のようにして、「月山は黒川から見て北の方角に位置している」という。だがこの大地踏みの「言い口」はそれを反転して、「北というのは月山の在る処。生者が死者となって、浄化の過程を経て赴く処。死者の霊が、そこから、生者である黒川の里人をときを定めて訪れてくる在り処」と言わんとしているのではないだろうか。同様に、「重畳する伊東岳をはじめとする山々」は「南の方角に位置している」でなく、「黒川の『農』の拠って立つ水田稲作に欠くことのできない『水』が、そこから源泉する在り処」が「南」となる。かくすることで、この方位は、里人の生死の帰趨し、拠って立つ根源としての「在り処」を闢き示すものとして黒川の「場所」を調えるものとなる。

「言い口」の詞章はこうして、ふだんはことさらにそれとも気にとめることのない在所の景観に里人の気づきを差し向け、慣れ親しみのあまりの「近さ」のゆえに忘却されがちな「場所」の内に人びとをあらためて「住まわせ」ようとする。[25] 王祇祭が正月（旧）という新たな時空のはじまりにおかれているのも、このような「時空の初期化の儀礼」としての意味を持つからではないだろうか。

（「大地踏み」や「所仏則の翁」は王祇祭に限って演じられるのであって、五月の例祭などの所謂「黒川能」では演じられることはない）。

正月というはじまりの芸能＝儀礼である王祇祭は、せわしない日常の営為のなかでしらずしらずのうちに「住（澄）む」ことの襞の深みをなくしてのっぺりとした平板と化し、人びとの意識の閾にのぼることもまれになってしまった初元の「場所」をあらためて闢きなおし、その場所に、「他所」ならぬ「黒川の里」という「貌（かお）を与える」（ケーシー）のである。

月の山神ぞと呼びて老いびとら幽かに花をふく啣めるがごとし　　馬場あき子

註

（1）馬場あき子（文）、大石芳野（写真）二〇〇八

（2）ケーシー二〇〇八

（3）戸川一九七四

（4）ものごとが開く、「展開する」はドイツ語では entfalten である。この語は Falte（襞）に除去を意味する接頭辞 ent- を添えた語で、文字通りには「襞を取り去る」、つまりは襞を開くことにほかならない。

（5）羽黒修験では、「秋の峰」に向かうにあたって、前夜に正善院で「笈カラガキ」とよばれる修験者自ずからの「葬式」をすませた翌日、正善院の向かいにある黄金堂前で、母胎をあらわす笈を背負い、エナに見立てた班蓋を冠った大先達が、陽根状の「梵天」を投じて性交をもどく。梵天が、すぼめた王祇様に似ている

ことは、戸川も指摘している。

（6）吉野二〇〇七

（7）戸川一九七四

（8）ケーシー二〇〇八

（9）黒川ではいまでも、大地踏みの稚児舞の役を担うことは、本人だけでなく、その家族や縁者にとっても大変な名誉とされている。だから「男子が誕生すると、すぐに大地踏の願いを出す。**大地踏のシテを勤めた子供は無病息災であると信じられ**、大地踏を勤めることがその子にとってはもちろんのこと、親にとっても、黒川に在ることのなによりの誇りであると考えられてきたのである」（馬場一九八五　太字：筆者）。この稚児は王祇様の「胞衣」につつまれて生まれた「神の子」（馬場）でもある。中沢も『精霊の王』で、胞衣は、この世という存在世界の荒々しさから胎児を守るだけではなく、スピリットの世界からの福の贈与がやってくる通路としてもあるものとしている。そうであれば、「神の子」として「エナをまとって」いると思われる大地踏みの稚児が、無病息災の幸運に恵まれ、里人の羨望の的となるというのも、「胞衣をかぶって生まれてきた子供」のエナが福をもたらすとされ、とりわけ船乗りの水難除けとして人気があったとされてきた西欧の伝承世界と一脈通じるものがあるのではないか。

（10）馬場一九八五

（11）同書

（12）菅原二〇〇四、中村一九九〇

（13）真壁（一九七一）によると、「この伝書の奥書の日付は『天元三月一日』とあり、岩太夫なるものが、村井新五郎へ宛てて書いたもの」だという。彼は、この「天元」は「天文」だとし、岩太夫というのは、延徳から明応（一四八九―一五〇一）にかけて禁裏で能を舞っていた者で、それが黒川にうつってきて黒川に能を伝えたのではと推測している。

(14)　戸川一九七四
(15)　箱状のものを母胎に見立てるということでは、羽黒修験の「笈」もそうだ。羽黒の「秋の峰」においても、この「笈」＝箱は峰中修行の守護神のような存在となっており、きわめて大切に扱わなくてはならない。羽黒の「笈」の上には、胎児として峰中修行をおこなう山伏たちをつつみ保護する「胞衣」に見立てた「斑蓋」を乗せることで、箱の「母胎」としての象徴効果は相乗されている（写真：「エナ三態」）。
(16)　横山一九九九
(17)　プラトン一九七五
(18)　これをみると、プラトンは、コーラーというまるで空をつかむかのように捉えどころのない、手に負えない概念を、抽象的な思弁に陥らせることなくわれわれの目にありありと具体的に描写してみせる（哲学とはこうでなければという気にさせられる一節だ）。西洋形而上学の創始者の一人と目されるプラトンといえども野生の思考、具体の哲学を失ってはいなかったようである。中沢も、プラトンのコーラーが、日本列島では縄文晩期に当たる時期に、「ユーラシア大陸の広い範囲でじっさいに使用されていた『野生の思考』の知的道具なのであろう」と推測している。コーラーは、きわめてユニークな、ある意味ではプラトン哲学にもフィットしにくい異和的な概念なのだ。
(19)　折口一九五六
(20)　Heidegger 1954
(21)　真壁一九七一
(22)　同書
(23)　これに続く「幣の段」では以下の五行の方位の表白がある。
シテ　謹請東方に青帝青竜王　謹請南方に赤帝竜王　謹請西方に白帝竜王　謹請北方に黒帝竜王　謹請中央に黄帝竜王と申す処の神は　五帝五人の王子（以下略）

こうした陰陽道的、とりわけ土公神的な五行の方位は、地鎮祭という、場所の開きはじめにあたってもよく用いられるものだ。

(24)　真壁一九七七

(25)　Heidegger 1954によれば、「住まう」とはSterbliche「死すべき者」(「人間」をあらわす雅語)が、いかに大地の上に在るか、そのあり方をいう。人間であるとは、「住まう」ことに基づいている。それも、「死すべきもの＝人間」の地上での滞在という意味に基づいているのである。そしてこの「大地に」には既に、「天が下に」が含意されている。彼は、「この二つは『神々しい、崇高なものの前に滞在する』を意味し、『人間たちが互いに一緒にあることに帰属しながら』ということの輪郭を閉じるのだ」という。ここに挙げた四者のことを、ハイデガーはGeviert(日本語にのりにくい言葉であるが、とりあえず「四者」としておく)と造語して、「『死すべき者たち』は、彼らが『住まう』限りにおいて、この四者のうちに『存在する』のだ」という。だが、ハイデガーは、このいささか空をつかむかのような「住まう」は、たとえば「橋」のようなDinge「モノ・物」のもとに滞在することとしてはじめから具体化されているのだともいう。「橋は彼女なりの(橋は女性名詞。蛇足だが我が国にも「橋姫」が)やりかたで、大地と天、神々しいモノと死すべき者たちを自らのもとに集めるのだ」と。語源的にも、「集めること」はドイツ語の古型では、公の集会を意味するthingであり、ここに、「物」と「集める」の響き合いを聴き取ることもできる。これをわが黒川の王祇祭の脈絡に即してみるとどうなるか。まずはあの「扇」は、ハイデガーが例にとる「橋」に相当できそうである。扇とは、みずからのもとに、なにか、場所が開かれなければ存在を始めることのないなにかを集める「モノ・物」なのだ。そのなにかとは、稚児の踏む「大地」であり、月山をはじめとする「神々しいモノ」、そして当屋の能舞台に立錐の余地なく参集する「死すべき者たち」、つまりは黒川の里人ということになろうか。

参考文献

折口信夫
　一九五六「日本芸能史六講」（『折口信夫全集』第18巻）中公文庫
菅原浩二
　二〇〇四「摩多羅神について―黒川能との関連性の検討」『神道古典研究所紀要』⑽
戸川安章
　一九七四『櫛引町―黒川能史篇』中央書院
中沢新一
　二〇〇三『精霊の王』講談社
中村保雄
　一九九〇「翁面研究をめぐって」『芸能史研究』（１０９）
馬場あき子
　一九八五「黒川の祭と四季」馬場あき子、増田正造、大谷准編『黒川能の世界』平凡社
馬場あき子（文）、大石芳野（写真）
　二〇〇八『黒川能の里：庄内にいだかれて』清流出版
真壁仁
　一九七一『黒川能＝農民の生活と芸術』日本放送出版協会
　一九七七「儀式からまつりへ　黒川能ノート」『文学』45 ⑶
安江和宣
　一九七四「土公神思想と神道行事―特に地鎮祭及び立柱祭について」『神道史研究』22 ⑷
横山善裕

一九九九「トポスとコーラー　アリストテレース、プラトーンにおける二つの場」『哲学会誌』34
吉野裕子
二〇〇七『扇』（吉野裕子全集1）人文書院
エドワード・ケーシー
二〇〇八『場所の運命』江川隆男、堂囿俊彦ほか訳、新曜社
プラトン
一九七五『ティマイオス』（『プラトン全集』第12巻）種山恭子訳、岩波書店
Casey, Edward S
1996 How to get back Place in A Fairly Short Stretch of Time. in S. Feld and K. Basso eds. *Senses of place.*
School of American Research Press.
Heidegger, Martin
1954 Bauen, Wohnen, Denken. in *Vorträge und Aufsätze.* 1954 Günther Neske.

あとがき

本書刊行にまつわる因縁話を少々。本書に収録した論文のほとんどは、私が三十数年間奉職した相模女子大学の学部や学科の紀要という、今では世間の目に触れることもまれで、もとより査読の目からも免れているところで気ままに書き散らしたものだ。

私事にわたるが、民族学者であった亡父正雄も寡作であり、生涯ものにした著作と言えば晩年の論文集『異人その他』一冊きりであったが、私はその一冊出すことすら念頭になかったしそれらしい縁もなかった。それが二年ほど前にそれまで全く面識のなかった国書刊行会の伊藤嘉孝さんからの電話と居酒屋での熱心な御慫慂によりこんな運びとなったのだが、伊藤さんがなぜ私の紀要論文を目にされたのか、そこにはちょっとした因縁があった。

伊藤さんは以前から民族学への造詣、関心が深い方で、そんなことからあるとき諏訪の古層文化をめぐる研究会に参加された。そのとき、研究会を主宰していたのが、もと人類学・民俗学の雑誌『どるめん』を出しておられた茅野市在住の田中基《たなかもとい》さんで、彼の目に留まったのが *Kulturschichten in Alt-japan*（『古日本の文化層』）二巻を手に参加していた伊藤さんというわけだった。*Kulturschichten in Alt-japan* は父が一九三三年にウィーン大学へ提出した博士論文であるが、タイプ原稿しか残っておらず、それが法政大学のヨーゼフ・クライナーさんの編により二〇一二年にドイツで二巻本として出版されていた。

田中さんはその直後の私宛の電話で「若いのによくこんな本を持っているな」と心底驚いた風だった。伊藤さんは当初 *Kulturschichten in Alt-japan* の翻訳刊行を考えておられたらしいのだが、そっちの方はなかなかうまくいきそうもなかったところで、たまたま田中さんから渡された私の紀要抜き刷りを読んで本にしたいという気になったようだ。

本書に関して伊藤さんと並ぶキーパーソンである田中さんはまた、戦前に岡書院という正雄の兄茂雄がやっていた本屋から出していた雑誌、元祖『ドルメン』（こっちはカタカナ）のあとをつがんとの志をもって当時杉並にあった我が家の隣の茂雄宅に出入りしているうちに、正雄の方にも入り浸るようになり我が家の居候として話好きの父の相手を忍耐強くしていただいた。こんな因縁なのだが、はたして良縁なのか悪縁なのか。縁の不思議さを思いながら擱筆したい。

平成二八年七月

岡　千曲

初出一覧

Ⅰ　北方へのまなざし

北のオントロギー（「相模女子大学紀要」71Ａ　二〇〇八年三月）
流木の身になる――北方狩猟民の「視点」をめぐる覚え書き（「相模女子大学紀要」72Ａ　二〇〇九年三月）
イヌイト空間――生活空間の知覚、とくに定位法をめぐる覚え書き（「相模論叢―自然・人間・文化―」第六号　一九九四年三月）
北アラスカにおける海の民と陸の民――その現実と神話（「政経論叢」第五〇巻　第五・六号　一九八二年三月）
エスキモーの人名習俗（「相模論叢―自然・人間・文化―」第五号　一九九三年三月）
かぐや姫北へ（「相模論叢―自然・人間・文化―」第一二号　二〇〇〇年三月）

Ⅱ　動物と人

「サケの大助」拾遺（「相模女子大学紀要」69Ａ　二〇〇六年三月）
鮭を「はやす」ということ（「人間社会研究」第三号　二〇〇六年三月）
狩の夢路（「人間社会研究」第五号　二〇〇八年二月）
アビ鳥のまなざし（「人間社会研究」第八号　二〇一一年三月）

アザラシ・カリブー・サケ――カナダエスキモーに於ける世界構成と動物をめぐるタブー（「相模女子大学紀要」42Ａ　一九七九年二月）
産婦が凍った肉を食べるとき（「相模論叢―自然・人間・文化―」第三号　一九九一年三月）

Ⅲ　シャーマニズムと修験

タブー・病気・シャーマニズム――エスキモー世界の構造と医療の論理（「相模女子大学紀要」47　一九八四年二月）
極北の石こすり（「相模女子大学紀要」51　一九八八年三月）
六根清浄――秋の峰と内的浄化（「相模論叢―自然・人間・文化―」第一四号　二〇〇一年一〇月）
場所が闢くとき――「王祇祭」考（「人間社会研究」第七号　二〇一〇年三月）

※収録に際し、一部タイトルを改めた。

著者略歴
岡 千曲（おか・ちくま）

1943年神奈川県生まれ。明治大学卒業。東京大学大学院修士課程終了。文化人類学を専攻し、ユピック、イヌイトなど北方狩猟民の文化・精神史を研究する。その一方で長年、羽黒派修験に入峰修行をしてきた。2011年まで相模女子大学に奉職し、現在同大学名誉教授。

北《きた》のオントロギー

2016年８月19日初版第１刷印刷
2016年８月25日初版第１刷発行

著者　岡 千曲

発行者　佐藤今朝夫
発行所　株式会社国書刊行会
〒174-0056　東京都板橋区志村1-13-15
TEL.03-5970-7421　FAX.03-5970-7427
http://www.kokusho.co.jp

装丁者　山田英春
印刷・製本所　三松堂印刷株式会社

ISBN978-4-336-05950-5　C0039